思想道德与法治

案例实践教程

主 编 聂固国 洪步华

吉林大学出版社

图书在版编目（CIP）数据

思想道德与法治案例实践教程/聂固国，洪步华主编. —
长春：吉林大学出版社，2018.6（2022.4重印）
ISBN 978-7-5692-2494-8

Ⅰ.①思… Ⅱ.①聂…②洪… Ⅲ.①思想修养-高
等学校-教材②法律-中国-高等学校-教材 Ⅳ.
①G641.6②D920.4

中国版本图书馆CIP数据核字（2018）第133287号

书　　名：思想道德与法治案例实践教程
SIXIANG DAODE YU FAZHI ANLI SHIJIAN JIAOCHENG
作　　者：聂固国　洪步华　主编
策划编辑：吴亚杰
责任编辑：吴亚杰
责任校对：代景丽
装帧设计：林　雪
出版发行：吉林大学出版社
社　　址：长春市朝阳区明德路501号
邮政编码：130021
发行电话：0431-89580028/29/21
网　　址：http：//www.jlup.com.cn
电子邮箱：jdcbs@jlu.edu.cn
印　　刷：天津市蓟县宏图印务有限公司
开　　本：787×1092 毫米　1/16
印　　张：16
字　　数：320千字
版　　次：2022年4月第2版
印　　次：2022年4月第1次
书　　号：ISBN 978-7-5692-2494-8
定　　价：39.80元

版权所有　翻印必究

前　言

　　思想道德与法治（简称"思修课"）是大学生必修的一门公共基础课程。一个人正确的人生道路离不开优秀的道德素养与法律素养，大学生正处在世界观、人生观、价值观形成的关键时期，必须加强道德修养与法律素质方面的教育。中国特色社会主义进入新时代，实现中华民族伟大复兴的中国梦是我们所有中国人的共同理想，中国梦的实现离不开一代又一代人的共同奋斗。大学生作为新时代中国特色社会主义的接班人和建设者，必须有理想、有本领、有担当。学习本课程，有助于解决大学生在成长过程中面临的思想道德和法律困境，成长为自觉担当民族复兴大任的时代新人。

　　本书以习近平新时代中国特色社会主义思想为指导，坚持社会主义办学方向，落实立德树人根本任务，深入贯彻落实全国高校思想政治工作会议、全国教育大会、学校思想政治理论课教师座谈会等系列重要精神，按照《关于深化新时代思想政治理论课改革创新若干意见》要求，坚持思政课在课程体系中的政治引领和价值引领作用。为了做好新时代思想政治理论课教育教学工作，丰富思政课教材体系建设，坚持社会主义办学方向的重要阵地，开好"思想道德与法治"这门课程，我们结合多年来的教学经验，在把握学生学习情况的基础上，吸收部分高校关于思修课的教学成果，编写了这本与教材配套的学生辅导读本。

　　本书的编写，围绕培养什么样的人、如何培养人以及为谁培养人这个根本问题，坚持以学生为中心，吸收最新的教学成果与理论成果，将理论与实践相结合，试图让理论知识深入浅出，实践方式丰富多彩，提高学生的学习积极性，加深学生的知识认知。为达到上述目标，本书采用专题化教学方式进行编写。专题概述、教学目标、教学重难点模块将本专题的内容以及学生需要掌握的内容进行梳理；教学资源模块汇集了各种各样的教学资源，便于学生更好地理解教材上的理论内容；思维导图模块有利于学生对专题知识点有一个系统化认识；自我评测模块检验学生的学习成果。同时，在修订中我们针对"四史学习"教育，增加了平语近人模块；针对教学中探索出的"三题两化"教学模式，增加了成长话题模块。

　　在本书的编写过程中，我们参考了一些专家、学者的相关文献资料，搜集了大量网络资源，受教学经验与自身研究水平的局限，某些地方难免有所疏漏，敬请广大师生多提宝贵意见，以便本书不断完善与提高。

编　者

目录 CONTENTS

第一章　迈入新时代,时代新人说 1
　　一、我们处在中国特色社会主义新时代 2
　　二、时代新人要以民族复兴为己任 8

第二章　人生的青春之问 25
　　一、人生观是对人生的总看法 27
　　二、正确的人生观 30
　　三、创造有意义的人生 38

第三章　坚定理想信念 49
　　一、理想信念是什么 51
　　二、为什么需要理想信念 54
　　三、树立什么样的理想信念 58
　　四、理想怎么实现 62

第四章　弘扬中国精神 70
　　一、为什么要弘扬中国精神 72
　　二、中国精神的内容 77

第五章　践行社会主义核心价值观 91
　　一、全体人民共同的价值追求 92
　　二、坚定价值观自信 103
　　三、做好社会主义核心价值观的积极践行者 108

第六章　明大德、严公德、守私德 117
　　一、关于道德的相关理论 119
　　二、公民道德准则 125
　　三、吸收借鉴优秀道德成果 127

四、中国共产党成立100周年专题 ································ 130

第七章　法的相关理论　142

　　一、法律的含义及其特征 ································ 144
　　二、建设中国特色社会主义法治体系的重大意义 ················ 149
　　三、建设中国特色社会主义法治体系的主要内容 ················ 149
　　四、全面依法治国的基本格局 ································ 156
　　五、培养法治思维 ································ 161
　　六、宪法及公民的基本权利与义务 ································ 166

第八章　生活常用法律　194

　　一、区分劳动关系和劳务关系 ································ 195
　　二、什么是劳动法 ································ 197
　　三、劳动法规定劳动者的权利与义务 ································ 200
　　四、劳动合同 ································ 203
　　五、解决劳动争议 ································ 209
　　六、《民法典》简介 ································ 211
　　七、民法典之婚姻家庭编 ································ 215
　　八、婚姻家庭法的基本原则 ································ 218
　　九、婚姻家庭法的主要内容 ································ 222
　　十、民法典之继承编 ································ 228

附录　社会实践专题　237

　　一、调研报告的基本格式 ································ 239
　　二、调研报告的范文 ································ 240
　　三、实践教学形式 ································ 245

第一章 迈入新时代,时代新人说

● 专题设计概述

时光如箭,岁月如梭,一代人有一代人的时光见证。我们这一代,正处于中国特色社会主义新时代,也是当代大学生成长成才、拼搏努力的时代。青年一代有理想、有本领、有担当,国家就有前途,民族就有希望。当代大学生应珍惜历史机遇,提升自我思想道德素质与法治素养,只争朝夕,不负韶华,为实现中华民族伟大复兴的中国梦不懈奋斗。

▌思维导图

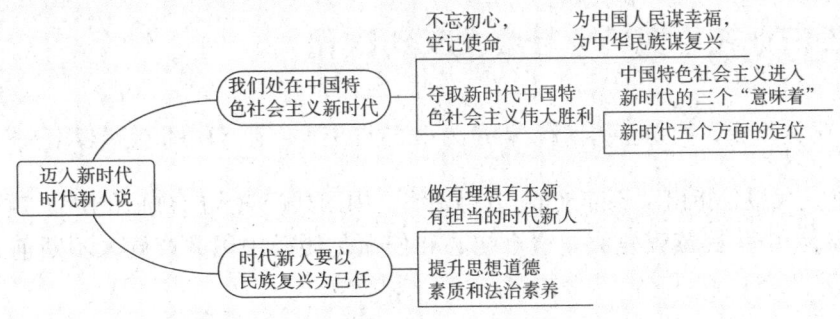

▌平语近人

"当代中国青年是与新时代同向同行、共同前进的一代,生逢盛世,肩负重任。"
——2021年4月19日,习近平在清华大学考察时的讲话

"新时代中国青年,要有家国情怀,也要有人类关怀,发扬中华文化崇尚的四海一家、天下为公精神,为实现中华民族伟大复兴而奋斗,为推动共建'一带一路'、构建人类命运共同体而努力。"
——2019年4月30日,习近平在纪念五四运动100周年大会上的讲话

教学主题

1. 与新时代同向同行
2. 共话新时代青年的青春担当
3. 探寻我的梦,我的初心和使命
4. 我眼中梦寐以求的大学
5. 我想对3年后的自己说

课时安排　2学时

教学目标

知识目标	了解中国共产党的初心是什么;能够解释为什么中国特色社会主义进入新时代
能力目标	做有理想、有本领、有担当的时代新人
情感目标	提升爱党、爱国、爱社会主义的强烈情感

教学重难点

重点	理解中国共产党的初心和使命
难点	为什么中国特色社会主义进入新时代

教学资源

一、我们处在中国特色社会主义新时代

(一)中国共产党人的初心和使命,就是为中国人民谋幸福,为中华民族谋复兴

党的十九大报告指出:"不忘初心,方得始终。中国共产党人的初心和使命,就是为中国人民谋幸福,为中华民族谋复兴。这个初心和使命是激励中国共产党人不断前进的根本动力。"

"不忘初心,牢记使命"主题教育经典诵读节选
夏明翰的"就义书"

夏明翰,1900年生,湖南衡阳人。"五四"运动时,他和蒋先云等同学奋起响应湖南省学联的号召,发动罢课、推动罢市,声援北京学生的反帝反封建的爱国斗争。中国共产党成立后,在毛泽东建立的中共湘区委员会的领导下,湖南省积极发展党员,并创办湖南自修大学,培养党、团骨干。夏明翰是自修大学的第一批学员。不久,经毛泽东、何叔衡介绍,他加入了中国共产党。

1924年,夏明翰担任了中共湖南省委委员,负责农委工作。这时候,他经常化装成农民,

深入长沙、平江、浏阳、湘潭等县做农村调查,了解农民的生活情况。

1926年,毛泽东在广州主持第六届全国农民运动讲习所工作期间,夏明翰被保送到湖南革命青年到广州学习,并在各县开办农民运动讲习所,为县、区基层培养成千上万的农运骨干和积极分子。

1927年2月,毛泽东到武汉举办中央农民运动讲习所。不久,夏明翰来到武汉,担任全国农民协会的秘书长,兼任毛泽东和农民运动讲习所秘书,并在农讲所授课,有时还到中央陆军军事政治学校武汉分校做报告。

"八七"会议后,夏明翰参与发动秋收起义,主要负责联络工作,他经常装扮成农民、商人,奔走于长沙郊区,向党的基层组织宣传和组织秋收起义。1927年10月间,夏明翰兼任平(江)浏(阳)特委书记,领导发动平江农民暴动。1928年初,党中央调夏明翰去湖北省委工作。3月,夏明翰因叛徒出卖被捕。他在监狱中分别给母亲、妻子、大姐写了最后的三封信。

他对妈妈说:"在我和弟弟妹妹投身革命的关键时刻,你给了我们精神上的关心、物质上的支持。亲爱的妈妈,别难过,别呜咽,别让子规啼血蒙了眼,别用泪水送儿别人间。儿女不见妈妈两鬓白,但相信你会看到我们举过的红旗飘扬在祖国的蓝天!"

他对妻子说:"同志们常说世上唯有家钧好,今日里才觉你是巾帼贤。我一生无愁无泪无私念,你切莫悲悲戚戚泪涟涟。张眼望,这人世,几家夫妻偕老有百年。抛头颅,洒热血,明翰早已视等闲。'各取所需'终有日,革命事业代代传。红珠留作相思念,赤云孤苦望成全。坚持革命继吾志,誓将真理传人寰!"

这些感人的话语,体现了夏明翰对革命理想的执着追求,为革命慷慨赴义的革命英雄主义。1928年3月20日,夏明翰被敌人押送到汉口余记里刑场。牺牲时,他挥笔写下了一首气壮山河的就义诗,永远为人们传颂着:

砍头不要紧,
只要主义真。
杀了夏明翰,
还有后来人!

意思是说,只要我坚持的信仰、选择的革命道路是正确的,就算被杀头也不要紧。杀了一个夏明翰,还会有千千万万个夏明翰站出来。

(资料来源:https://www.icswb.com/h/103544/20191002/622109.html)

赵一曼的"示儿书"

赵一曼,1905年生,四川宜宾人,原名李坤泰,字淑宁。1926年夏加入中国共产党,同年11月到武汉中央军事政治学校学习。1927年9月到苏联莫斯科中山大学学习,次年回国,在上海、江西等地做党的工作。

1931年九一八事变后,被派往东北发动抗日斗争,化名赵一曼。1932年春,赵一曼来到沈阳,在大英烟草公司和纺纱厂做女工工作。同年秋,党又派她到哈尔滨,先任满洲总工会秘书、组织部部长,1933年10月又兼任哈尔滨总工会代理书记,曾参与领导哈尔滨市电车工人罢工,取得了胜利。

1934年7月,赵一曼到黑龙江省珠河县(今尚志市)任中国共产党中心县委特派员、铁北区委书记，领导当地群众组织抗日武装，开展抗日斗争，1935年秋出任东北抗日联军第3军第2团政治委员后，经常率领部队打击日伪军。同年11月间的一次战斗中，第2团被日军包围，他们连续打退日军6次冲锋。在掩护大队突围时，赵一曼身负重伤，并于突围后的11月22日在珠河县春秋岭附近一农舍养伤时被日军发现，战斗中她再次负伤昏倒被俘。

面对敌人的审讯，她义正词严地痛斥说："我是中国人，日本侵略中国以来的行动，不是几句话所能道尽的。中国人民反抗这样的日军难道还用得着解释吗？我们中国人除了抗战外，别无出路。"他们用马鞭子抽打她左腕的伤口，又用鞭杆狠戳她腿部伤处。但不管敌人怎样威逼利诱，她丝毫没有动摇。每次审讯，她总是坚决地说："你们不用多问了，我的主义就是抗日，正如你们的职责是以破坏抗日会逮捕我们为目的一样，我有我的目的，进行反满抗日运动并宣传其主义，就是我的目的，我的主义，我的信念。"

日军为了得到口供，送她进医院治疗。她在医院里积极宣传抗日救国的道理，教育争取了看护韩勇义和看守董宪勋，帮她逃出。途中又被追捕，受到更为残酷的刑讯……但她坚贞不屈，始终没有泄露党的机密。经过一个月的审讯，敌人什么也没有得到，决定把她处死"示众"。1936年8月2日，她在车中给儿子陈掖贤写下一份遗书。

"宁儿：

母亲对于你没有能尽到教育的责任，实在是遗憾的事情。母亲因为坚决地做了反满抗日的斗争，今天已经到了牺牲的前夕了。母亲和你在生前是永久没有再见的机会了。希望你，宁儿啊！赶快成人，来安慰你地下的母亲！我最亲爱的孩子啊！母亲不用千言万语来教育你，就用实行来教育你。在你长大成人之后，希望不要忘记你的母亲是为国而牺牲的！"

这封信充满了母亲对儿子的歉疚和期望，表达出为国捐躯、虽死犹荣的坚定信念。当天，赵一曼被杀害于珠河。临刑时，她激昂高唱《红旗歌》，高呼"打倒日本帝国主义""中国共产党万岁"。

（资料来源：https://m.sohu.com/a/345116375_120054808/）

左权的"决心书"

左权，1905年生，湖南醴陵人。1924年入黄埔军校第一期，参加讨伐陈炯明的两次东征。1925年1月加入中国共产党，周恩来亲自主持入党仪式。从此，共产主义信仰"成为他以后近二十年政治生活的准绳"。

1925年10月，左权被组织选送到莫斯科中山大学学习。他刻苦攻读俄语，努力钻研各种必修课程。1927年9月，左权在中大毕业，遵照党组织指示，到伏龙芝军事学院继续深造。

1930年6月，左权奉命同刘伯承等一道从苏联回国，不久到苏区工作。从此，他把自己全部心血融于艰苦的革命战争中，十余年，未曾一日离开过人民军队。他先后任新十二军军长、红一军团参谋长等，参加了五次反"围剿"作战。长征中，红一军团为前驱，左权常随先头部队指挥战斗，参与指挥强渡大渡河、攻打腊子口等战役战斗。到达陕北后，参与指挥直罗镇、东征、西征等战役。

卢沟桥事变后，中国工农红军改编为国民革命军第八路军，左权任八路军副参谋长。改编后，部队随即由陕西出发，左权和八路军总指挥朱德、政治部主任任弼时，同舟渡过黄河，辗转进入太行山区。1937年12月3日，他给母亲张氏写了一封信，表达了自己抗击日本帝国主义侵略者的决心和信心：

"亡国奴的确不好当，在被日寇占领的区域内，日本人大肆屠杀，奸淫掳抢，烧房子……实在痛心。有些地方全村男女老幼全部被杀光，所谓集体屠杀，有些捉来活埋活烧。有些地方的青年妇女，全部捉去，供其兽行。要增加苛捐杂税。一切企业矿产，统要没收。日寇不仅要亡我之国，并要灭我之种，亡国灭种惨祸，已临到每一个中国人民的头上……

我军在西北的战场上，不仅取得光荣的战绩，山西的民众，整个华北的民众，对我军极表好感，他们都唤着'八路军是我们的救星'。我们也决心与华北人民共艰苦，共生死。不管敌人怎样进攻，我们准备不回到黄河南岸来。我们改编为国民革命军后，当局对我们仍然是苛刻，但我全军将士，都有一个决心，为了民族国家的利益，过去没有一个铜板，现在仍然是没有一个铜板，准备将来也不要一个铜板，过去吃过草，准备还吃草。"

为打击敌军对我抗日根据地的"囚笼政策"，破坏敌军进攻西安计划，克服国民党的投降危险，争取时局好转，八路军总部设想趁青纱帐和雨季对华北敌军展开一次大规模的进攻和反"扫荡"作战。1940年7月22日，由朱德、彭德怀、左权署名，发出了上报中央军委，下达一二○师、一二九师和晋察冀军区的《战役预备命令》。8月20日晚，全线发起攻击。左权根据实际参战部队的概数，始称此次战役为百团大战。历时3个多月，我全体指战员充分发挥英勇顽强、艰苦奋斗的革命战斗精神，证明了敌寇"扫荡"华北所采取的基本手段"囚笼政策"与堡垒主义，是能击破的。李达回忆说："我亲眼看到左权副参谋长，时常废寝忘食，运筹帷幄；冒着枪林弹雨，在硝烟弥漫的战场上，指挥部队勇猛杀敌。为了胜利，历尽千辛万苦，使我永生难忘。"

1942年5月25日，左权在山西辽县麻田附近指挥部队掩护中共中央北方局和八路军总部机关突围转移时，于十字岭战斗中壮烈殉国。中共中央北方局和十八集团军野战政治部颁发《关于追悼左权同志的决定》，号召全军将士继承左权遗志，坚持抗战直到最后胜利。

（资料来源：https://www.360kuai.com/pc/9e8326ef227a542e1?cota=4&kuai_so=1&tj_url=so_rec&sign=360_57c3bbd1&refer_scene=so_）

（二）夺取新时代中国特色社会主义伟大胜利

1. 中国特色社会主义进入新时代的三个"意味着"

习近平总书记在党的十九大报告中指出："经过长期努力，中国特色社会主义进入了新时代，这是我国发展新的历史方位。"对于进入新时代的伟大意义，习近平总书记用了三个"意味着"来加以表述："中国特色社会主义进入新时代，意味着近代以来久经磨难的中华民族迎来了从站起来、富起来到强起来的伟大飞跃，迎来了实现中华民族伟大复兴的光明前景；意味着科学社会主义在21世纪的中国焕发出强大生机活力，在世界上高高举起了中国特色社会主义伟大旗帜；意味着中国特色社会主义道路、理论、制度、文化不断发展，拓展了发展中国家走向现代化的途径，给世界上那些既希望加快发展又希望保持自身独立性的国家和民族提供了全新选择，为解决人类问题贡献了中国智慧和中国方案。"这三个"意味着"，分别从中华民族的伟大复兴、社会主义的生机活力、中国道路的世界贡献三个维度，表明了中国特色社会主义新时代的实践、理论和世界意义，是我们深刻理解习近平新时代中国特色社会主义思想的现实依据和逻辑起点。

党的十九大提出的进入新时代的三个"意味着",回击了哪些针对中国的谬论

有力回击"一盘散沙论"和"西化殖民论"

中国特色社会主义进入新时代,"意味着近代以来久经磨难的中华民族迎来了从站起来、富起来到强起来的伟大飞跃,迎来了实现中华民族伟大复兴的光明前景"。这个"意味着",是从近代以来中华民族由挫败不断奋起、从衰落走向振兴的奋斗历程,揭示了新时代的实践意义。

近代以来,在西方列强船坚炮利的侵略下,中国逐渐沦为半殖民地半封建社会,中华民族处在积贫积弱、内忧外患的苦难深渊,中国人民处于饥寒交迫、民不聊生的悲惨境地。面对亡国灭种的巨大危机,一些志士仁人提出了救亡图存的主张,并为此进行了艰苦卓绝的奋斗。经过无数次的探索和失败,最后在中国共产党的领导下,推翻三座大山,建立新中国,实现了民族独立和人民解放。随后经过社会主义改造,确立了社会主义制度,开启改革开放新征程,中国共产党团结带领全国人民走上了一条实现国家富强和人民幸福的康庄大道。从新中国的建立,到改革开放的成就,再到新时代的开辟,中华民族迎来了从站起来、富起来到强起来的伟大飞跃,迎来了实现中华民族伟大复兴的光明前景,中国的现代化建设也迎来了对西方世界"跟跑""并跑"再到"领跑"的重大转折。

这个"意味着",有力地回击了曾对中华民族悲观持有的"一盘散沙论"和"西化殖民论"。

——近代以来,曾有人形容中国国民麻木不仁、冷酷无情,对外不团结、对内窝里斗,奉行"各人自扫门前雪,莫管他人瓦上霜"的自闭哲学,被外国人讥讽为"一盘散沙"。历史已经雄辩地证明,在中国共产党的坚强领导下,中华民族具有强大的凝聚力、向心力、创造力和战斗力;亿万中华儿女能够"像石榴籽一样紧紧抱在一起,共同团结奋斗"。中华民族团结一心、凝心聚力,必定能够汇聚起实现中华民族伟大复兴中国梦的磅礴力量!

——在20世纪80年代末,曾有自由化论者鼓吹中国要"全盘西化",要被"西方殖民"才能现代化。他们无耻地叫嚣:"香港历经一百年殖民才变成今天这样,中国那么大,当然需要三百年殖民地,才会变成今天香港这样。"然而,不到三十年的时间,在中国共产党的坚强领导下,我国的经济实力、科技实力、国防实力、综合国力进入世界前列,国际地位实现前所未有的提升,党的面貌、国家的面貌、人民的面貌、军队的面貌、中华民族的面貌发生了前所未有的变化,中华民族正以崭新姿态屹立于世界的东方。发展的现实和改革的成就,给了西化殖民论者一记最响亮的耳光。

有力驳斥"马克思主义过时论"和"历史终结论"

中国特色社会主义进入新时代,"意味着科学社会主义在21世纪的中国焕发出强大生机活力,在世界上高高举起了中国特色社会主义伟大旗帜"。科学社会主义的实践,历经了近200年的沧桑和风雨。历史的接力棒光荣地交到了中国共产党人的手中。习近平总书记在党的十九大报告中强调:"十月革命一声炮响,给中国送来了马克思列宁主义。"十月革命让中国先进分子从马克思列宁主义的科学真理中看到了解决中国问题的出路。在近代以后

中国社会的剧烈运动中,在中国人民反抗封建统治和外来侵略的激烈斗争中,在马克思列宁主义同中国工人运动的结合过程中,中国共产党应运而生。从此,中国人民谋求民族独立、人民解放和国家富强、人民幸福的斗争就有了主心骨,中国人民就从精神上由被动转为主动。正是有了马克思主义的科学指导,有了社会主义的奋斗方向,中国共产党团结带领全国各族人民,经过矢志不渝的探索和艰苦卓绝的奋斗,取得了中国革命、建设和改革的非凡成就,让社会主义在中国大地焕发蓬勃生机,社会主义的旗帜在中国高高飘扬。

这个"意味着",有力地驳斥了西方诋毁马克思主义真理的"主义过时论"和"历史终结论"。

——20世纪80年代末90年代初,苏联解体、东欧剧变,社会主义运动处于低潮。一时之间,西方资本主义国家欢欣鼓舞、弹冠相庆。有西方学者提出:"马克思主义是19世纪40年代的产物,随着时代的变化,特别是20世纪50年代以来,资本主义在生产力、社会结构等方面发生了不同于马克思时代的巨大变化,因而马克思主义已经'过时'了。"这种论调把马克思主义的科学性与马克思主义产生的时空界限混为一谈,割裂了马克思主义的开放性、发展性和创新性,看不到马克思主义是"因事而化、因时而进、因势而新"。马克思主义中国化的诸多理论成果,包括毛泽东思想、邓小平理论、"三个代表"重要思想、科学发展观、习近平新时代中国特色社会主义思想,不仅有力回应了马克思主义没有过时,而且新时代中国的马克思主义展现更加夺目的真理光芒!

——美国学者弗朗西斯·福山曾提出"历史终结论"。苏东剧变时他鼓吹:"社会主义终将在20世纪被埋葬,资本主义与自由民主制度也许是人类意识形态发展的终点和人类最后一种统治形式,除了自由民主制和资本主义,人类社会没有别的进化可能,这就是历史的终结。"20多年过去了,中国不仅没有如他所预测的那样"改旗易帜""山河变色",反而在社会主义的道路上越走越宽广,创造了举世瞩目的人间奇迹。中国社会主义建设的成就,用短短几十年的时间,超越了西方资本主义国家几百年所走过的路,创建了彪炳千秋的历史伟业。

有力回击"一国利己论"和"专搭便车论"

中国特色社会主义进入新时代,"意味着中国特色社会主义道路、理论、制度、文化不断发展,拓展了发展中国家走向现代化的途径,给世界上那些既希望加快发展又希望保持自身独立性的国家和民族提供了全新选择,为解决人类问题贡献了中国智慧和中国方案"。中华民族有五千多年的文明历史,创造了灿烂的中华文明,为人类做出了卓越贡献,成为世界上伟大的民族。但近代以来,中华民族遭受西方列强的欺凌和侵略,陷入积贫积弱、内忧外患的黑暗境地,中国人民经历了战乱频仍、山河破碎、民不聊生的深重苦难。最后,在中国共产党的领导下,经过长期不懈的艰苦斗争,中国人民先后取得了民族独立、国家富强和人民幸福的伟大胜利;中华民族正以昂扬向上、奋发有为的姿态屹立于世界民族之林。

这个"意味着",有力地回应了西方诋毁中国发展道路经验的"一国利己论"和"专搭便车论"。

——在中国改革开放取得突出成就,中国的社会主义建设欣欣向荣之际,有些西方理论家怀着"吃不到葡萄说葡萄酸"的心态,提出"中国的道路是只适合中国的威权政治,中国的发展模式不可复制,中国的经验没有借鉴意义"等论调,认为中国的发展经验只能为中国一己所有,没有推广价值。随着讲好"中国故事"、传递"中国声音"、介绍"中国经验"、提出"中国方案"的日益深入和对外推广,给越来越多的国家尤其是那些既希望加快发展又希望保持自身独立性的国家和民族,提供了走向现代化的全新选择,呈现出"山重水复疑无路,柳暗花明又一村"的崭新境界。

——2014年8月,美国前总统奥巴马接受《纽约时报》专访时说,中国改革开放30多年的成就,都是在搭美国管理世界的"便车"。这是典型的西方中心论和美国优越论的思维在作祟。事实上,中国在不断加强自身建设的同时,也成为世界经济增长的引擎,现在中国对全球经济增长的贡献率占30%以上,超过了美国加欧元区加日本等国贡献率的总和。中国在发展自己的同时,也履行了与国际地位相匹配的国际义务,在"朝核六方会谈""伊朗核问题谈判"等国际事务中发挥积极作用。此外,中国提出"一带一路"倡议,成立亚洲基础设施投资银行,构建金砖国家战略合作框架,在应对全球气候变暖等方面也为解决人类共同的难题贡献了中国智慧,提供了中国方案。所以,习近平主席在第70届联合国大会上发言时表态,中国将始终做全球发展的贡献者,坚持走共同发展道路,欢迎各国搭乘中国发展的"顺风车"。这充分体现了一个负责任大国对世界发展的关切与担当,展现了一个大国领袖的博大胸怀和宽宏气度。

综上所述,中国特色社会主义进入新时代的三个"意味着",分别从中华民族伟大复兴的实践坐标、社会主义生机活力的理论坐标、中国道路世界贡献的国际坐标,回应了国内外对中国发展路向的指责、担忧和关切,阐释了中国特色社会主义进入新时代的重大意义,彰显了我国社会主义建设事业的历史贡献和时代价值。

(资料来源:https://www.jfdaily.com/news/detail?id=70988)

2. 新时代五个方面的定位

(1)它是承前启后、继往开来、在新的历史条件下继续夺取中国特色社会主义伟大胜利的时代。

(2)它是决胜全面建成小康社会,进而全面建设社会主义现代化强国的时代。

(3)它是全国各族人民团结奋斗,不断创造美好生活,逐步实现全体人民共同富裕的时代。

(4)它是全体中华儿女同心协力,实现中华民族伟大复兴中国梦的时代。

(5)它是我国日益走近世界舞台中央,不断为人类做出更大贡献的时代。

二、时代新人要以民族复兴为己任

(一)做有理想、有本领、有担当的时代新人

习近平总书记在党的十九大报告中提出了"培养担当民族复兴大任的时代新人"的新要求。这一重要思想观点,深刻回答了党在新时代"培养什么样的人、如何培养人、为谁培养人"等根本问题,为新时代中国特色社会主义的人才培养指明了方向。

第一章
迈入新时代,时代新人说

习近平总书记对"时代新人"的论述

奋 斗

新时代是"时代新人"追逐梦想的时代。要成为最好的自己,就必须努力奋斗。

广大青年既是追梦者,也是圆梦人。追梦需要激情和理想,圆梦需要奋斗和奉献。广大青年应该在奋斗中释放青春激情、追逐青春理想,以青春之我、奋斗之我,为民族复兴铺路架桥,为祖国建设添砖加瓦。

——2018年5月2日,习近平在北京大学师生座谈会上的讲话

同人民一起奋斗,青春才能亮丽

当代中国青年要有所作为,就必须投身人民的伟大奋斗。同人民一起奋斗,青春才能亮丽;同人民一起前进,青春才能昂扬;同人民一起梦想,青春才能无悔。

——2015年7月24日,习近平致全国青联十二届全委会和全国学联二十六大的贺信

理 想

"时代新人"首先要有理想、有梦想,要在中国梦的引导下,将自己的个人梦、个人理想融入国家和民族复兴的伟大事业中。

为了理想能坚持、不懈怠

要以国家富强、人民幸福为己任,胸怀理想、志存高远,投身中国特色社会主义伟大实践,并为之终生奋斗。心中有阳光,脚下有力量,为了理想能坚持、不懈怠,才能创造无愧于时代的人生。

——2016年4月26日,习近平在知识分子、劳动模范、青年代表座谈会上的讲话

当代青年梦想成真的前景空前光明

有信念、有梦想、有奋斗、有奉献的人生,才是有意义的人生。当代青年建功立业的舞台空前广阔、梦想成真的前景空前光明,希望大家努力在实现中国梦的伟大实践中创造自己的精彩人生。

——2014年5月,习近平在北京大学师生座谈会上的讲话

本 领

"时代新人"要不断提高自身素质和干事创业的能力,切实提高解决实际问题的水平,不断增强工作本领。

事业靠本领成就

把远大志向变成现实,既要求得到真学问、练就真本领,又要有锲而不舍、自强不息的奋斗精神,从一点一滴做起。要引导学生珍惜韶华、脚踏实地,把远大抱负落实到实际行动中,树立梦想从学习开始、事业靠本领成就的观念,让勤奋学习成为青春飞扬的动力,让增长本领成为青春搏击的能量。

——2016年12月7日,习近平在全国高校思想政治工作会议上的讲话

加强磨练、增长本领

"人才有高下,知物由学。"梦想从学习开始,事业靠本领成就。广大青年要自觉加强学习,不断增强本领。人生的黄金时期在青年。青年时期学识基础厚实不厚实,影响甚至决定

9

自己的一生。"纸上得来终觉浅，绝知此事要躬行。"所有知识要转化为能力，都必须躬身实践。要坚持知行合一，注重在实践中学真知、悟真谛，加强磨练、增长本领。

——2016年4月26日，习近平在知识分子、劳动模范、青年代表座谈会上的讲话

道　德

"时代新人"应当继承中华传统美德、弘扬社会主义道德，崇德向善、见贤思齐，具有善良的道德情感、正确的道德判断、自觉的道德实践。

常用真善美来雕琢自己

要正确对待一时的成败得失，处优而不养尊，受挫而不短志，使顺境逆境都成为人生的财富而不是人生的包袱。广大青年人人都是一块玉，要时常用真善美来雕琢自己，不断培养高洁的操行和纯朴的情感，努力使自己成为高尚的人。

——2017年5月3日，习近平在中国政法大学考察时的讲话

人生的扣子从一开始就要扣好

青年的价值取向决定了未来整个社会的价值取向，而青年又处在价值观形成和确立的时期，抓好这一时期的价值观养成十分重要。这就像穿衣服扣扣子一样，如果第一粒扣子扣错了，剩余的扣子都会扣错。人生的扣子从一开始就要扣好。

——2014年5月4日，习近平在北京大学师生座谈会上的讲话

奉　献

"时代新人"应当具有自觉的国家意识、民族意识、责任意识，主动担当民族复兴的历史责任，全心全意为人民服务。

选择奉献也就选择了高尚

无数人生成功的事实表明，青年时代，选择吃苦也就选择了收获，选择奉献也就选择了高尚。青年时期多经历一点摔打、挫折、考验，有利于走好一生的路。要历练宠辱不惊的心理素质，坚定百折不挠的进取意志，保持乐观向上的精神状态，变挫折为动力，用从挫折中吸取的教训启迪人生，使人生获得升华和超越。

——2013年5月4日，习近平在同各界优秀青年代表座谈时的讲话

服务人民、奉献祖国，是当代中国青年的正确方向

同人民一道拼搏、同祖国一道前进，服务人民、奉献祖国，是当代中国青年的正确方向。好儿女志在四方，有志者奋斗无悔。

——2014年5月，习近平给河北保定学院西部支教毕业生群体代表的回信

实　干

"时代新人"应当坚持实践第一、知行合一，求实务实、有为善为，脚踏实地干事创业，用勤劳的双手创造美好生活。撸起袖子加油干，始终干在实处、走在前列。

迈稳步子、夯实根基、久久为功

要力行，知行合一，做实干家。"纸上得来终觉浅，绝知此事要躬行。"学到的东西，不能停留在书本上，不能只装在脑袋里，而应该落实到行动上，做到知行合一、以知促行、以行求知，正所谓"知者行之始，行者知之成"。每一项事业，不论大小，都是靠脚踏实地、一点一滴

干出来的。"道虽迩,不行不至;事虽小,不为不成。"这是永恒的道理。做人做事,最怕的就是只说不做,眼高手低。

——2018年5月2日,习近平在北京大学师生座谈会上的讲话

把小事当作大事干,一步一个脚印往前走

成功的背后,永远是艰辛努力。青年要把艰苦环境作为磨炼自己的机遇,把小事当作大事干,一步一个脚印往前走。滴水可以穿石。只要坚忍不拔、百折不挠,成功就一定在前方等你。

——2014年5月,习近平在北京大学师生座谈会上的讲话

创　　新

"时代新人"应当勇于开拓,敢于创新,努力争当具有国际水平的战略科技人才、科技领军人才、青年科技人才和高水平创新团队,为建设科技强国、质量强国、航天强国、网络强国、交通强国、数字中国、智慧社会提供有力支撑。

让创新成为青春远航的动力

要敢于做先锋,而不做过客、当看客,让创新成为青春远航的动力,让创业成为青春搏击的能量,让青春年华在为国家、为人民的奉献中焕发出绚丽光彩。

——2016年4月26日,习近平在知识分子、劳动模范、青年代表座谈会上的讲话

青年学生富有想象力和创造力

青年是国家和民族的希望,创新是社会进步的灵魂,创业是推动经济社会发展、改善民生的重要途径。青年学生富有想象力和创造力,是创新创业的有生力量。

——2013年11月08日,习近平致2013年全球创业周中国站活动组委会的贺信

（以上论述来源:党建网微平台。）

（二）提升思想道德素质和法治素养

一方面,思想道德为法律提供思想指引和价值基础;另一方面,法律为思想道德提供制度保障。

推荐视频

1.《今日说法》
2.《大家看法》
3.《道德观察》
4.《时代新人说——我和祖国共成长》演讲大赛总决赛,见 https://www.mgtv.com/b/329834/6777488.html

▎学习笔记

授课时间		授课教师	
授课主题			
学习反思			

第一章 迈入新时代，时代新人说

自我测评

一、单选题

1. 党的十九大的主题是：不忘初心,（　　）,高举中国特色社会主义伟大旗帜,决胜全面建成小康社会,夺取新时代中国特色社会主义伟大胜利,为实现中华民族伟大复兴的中国梦不懈奋斗。
   A. 继续前进　　　　B. 牢记使命　　　　C. 方得始终　　　　D. 砥砺前行

2. 中国共产党人的初心和使命,就是为中国人民（　　）,为中华民族（　　）。这个初心和使命是激励中国共产党人不断前进的根本动力。（　　）
   A. 谋幸福　谋未来　　　　　　　　B. 谋生活　谋复兴
   C. 谋幸福　谋复兴　　　　　　　　D. 谋生活　谋未来

3. 全党同志要坚定"四个自信"。"四个自信"是指（　　）。
   ①道路自信　②理论自信　③制度自信　④文化自信　⑤体制自信　⑥思想自信
   A. ①②③④　　　　B. ①②④⑤　　　　C. ②③④⑤　　　　D. ②③④⑥

4. 中国特色社会主义进入新时代,我国社会主要矛盾已经转化为人民日益增长的（　　）和（　　）之间的矛盾。（　　）
   A. 美好生活需要　相对落后生产　　B. 精神文化需要　不平衡不充分的发展
   C. 幸福生活需要　物质文化相对落实　D. 美好生活需要　不平衡不充分的发展

5. 党的十九大报告指出,（　　）是实现社会主义现代化、创造人民美好生活的必由之路。
   A. 从站起来、富起来到强起来　　　B. 实行社会主义民主
   C. 科学社会主义道路　　　　　　　D. 中国特色社会主义道路

6. （　　）是更基础、更广泛、更深厚的自信,是一个国家、一个民族发展中更基本、更深沉、更持久的力量。
   A. 道路自信　　　　B. 理论自信　　　　C. 制度自信　　　　D. 文化自信

7. 中国梦是国家的梦、民族的梦,归根到底是（　　）。
   A. 国家的梦　　　　B. 民族的梦　　　　C. 人民的梦　　　　D. 个人的梦

8. 综合分析国际国内形势和我国发展条件,把我国建成社会主义现代化强国可以分两个阶段来安排。第一个阶段,从（　　）到（　　）,在全面建成小康社会的基础上,基本实现社会主义现代化。（　　）
   A. 2020年　2035年　　　　　　　B. 2025年　2040年
   C. 2030年　2045年　　　　　　　D. 2035年　本世纪中叶

9. 党的十九大提出,从（　　）到（　　）,在基本实现现代化的基础上,把我国建成富强民主文明和谐美丽的社会主义现代化强国。（　　）
   A. 2020年　2035年　　　　　　　B. 2035年　2050年
   C. 2030年　2045年　　　　　　　D. 2035年　本世纪中叶

13

二、简答题
1. 如何理解中国特色社会主义进入新时代的三个"意味着"?
2. 中国特色社会主义进入新时代五个方面的定位分别指什么?

关于《思想道德修养与法律基础》课程学情调查问卷

为进一步了解同学们对《思想道德修养与法律基础》课程的认知,更好地提升学生的思想道德与法律素质,特针对本校20级大一学生进行了问卷调查。

主要问题数据分析具体如下:

1. 你的性别是(　　)。[单选题]

选项	小计	比例
A. 男	856	63.93%
B. 女	483	36.07%
本题有效填写人次	1339	

2. 你的民族是(　　)。[单选题]

选项	小计	比例
A. 汉族	1270	94.85%
B. 少数民族	69	5.15%
本题有效填写人次	1339	

3. 你的政治面貌是(　　)。[单选题]

选项	小计	比例
A. 中共党员	1	0.07%
B. 中共预备党员	10	0.75%
C. 共青团员	867	64.75%
D. 其他	461	34.43%
本题有效填写人次	1339	

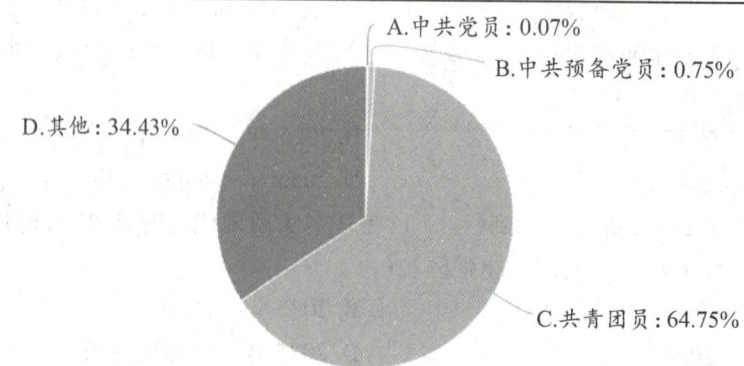

第一章 迈入新时代，时代新人说

4. 你来自(　　)。[单选题]

选项	小计	比例
A.农村	1066	79.61%
B.城镇	273	20.39%
本题有效填写人次	1339	

5. 你就读的高中是(　　)。[单选题]

选项	小计	比例
A.中职	87	6.5%
B.普高	779	58.18%
C.职高	473	35.32%
本题有效填写人次	1339	

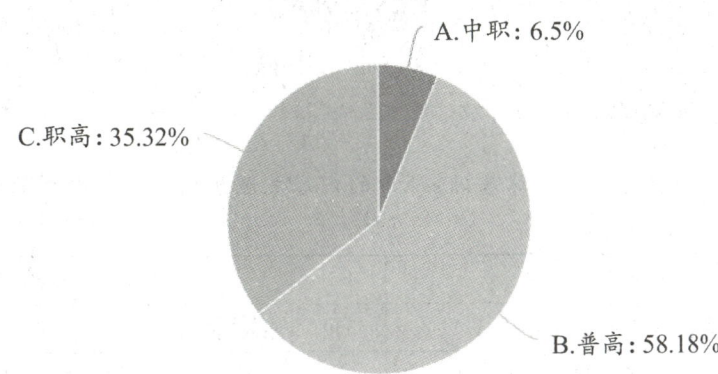

6. 你在高中阶段学的是(　　)。[单选题]

选项	小计	比例
A.文科	567	42.35%
B.理科	772	57.65%
本题有效填写人次	1339	

7. 你认为《思想道德修养与法律基础》课对于大学生来说是否重要？(　　)[单选题]

选项	小计	比例
A. 重要	1322	98.73%
B. 不重要	17	1.27%
本题有效填写人次	1339	

15

8.你对学习《思想道德修养与法律基础》这门课是什么态度？（　　）[单选题]

选项	小计	比例
A.对课程感兴趣	1141	85.21%
B.不感兴趣,只是为了获得学分	57	4.26%
C.无所谓,服从学校安排	141	10.53%
本题有效填写人次	1339	

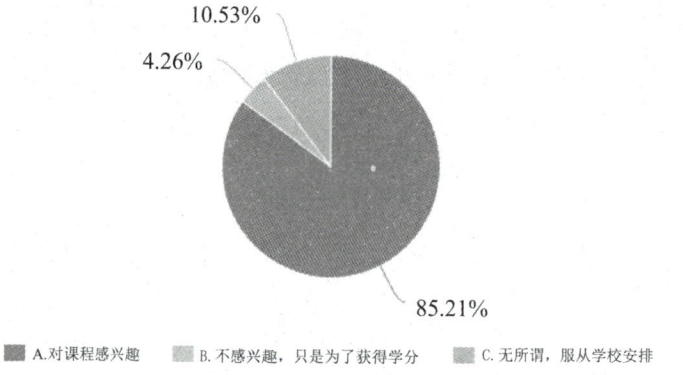

9.你对《思想道德修养与法律基础》课中的内容之理想信念有什么样的认知？（　　）[单选题]

选项	小计	比例
A.知道理想的概念,不知道信念是什么	359	26.81%
B.中学学习过相关内容,明确理想信念的概念	777	58.03%
C.只是听说过理想信念这个概念,不明确其概念	198	14.79%
D.完全不明白是什么意思	5	0.37%
本题有效填写人次	1339	

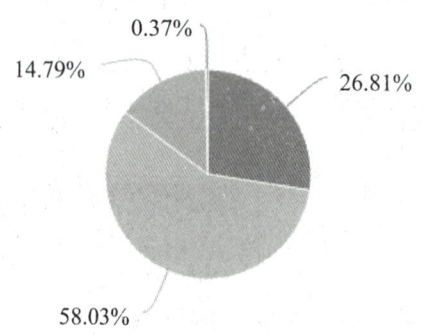

10.你对《思想道德修养与法律基础》课中的内容之中国精神有什么样的认知?(　　)
[单选题]

选项	小计	比例
A.听说过,但不了解具体内涵	359	26.81%
B.大致了解	632	47.2%
C.熟知中国精神内涵	343	25.62%
D.不知道	5	0.37%
本题有效填写人次	1339	

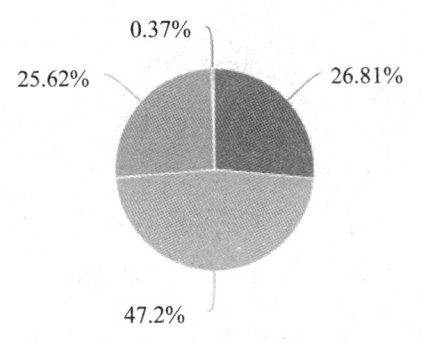

■A.听说过,但不了解具体内涵　　■B.大致了解　　■C.熟知中国精神内涵　　■D.不知道

11.在《思想道德修养与法律基础》的课堂上,你的状态是(　　)。[单选题]

选项	小计	比例
A.认真听课,积极思考,参与课堂讨论	794	59.3%
B.认真听课,不主动参与课堂讨论	407	30.4%
C.偶尔听一下自己感兴趣的部分	134	10.01%
D.几乎不听,做与思修课无关的事	4	0.3%
本题有效填写人次	1339	

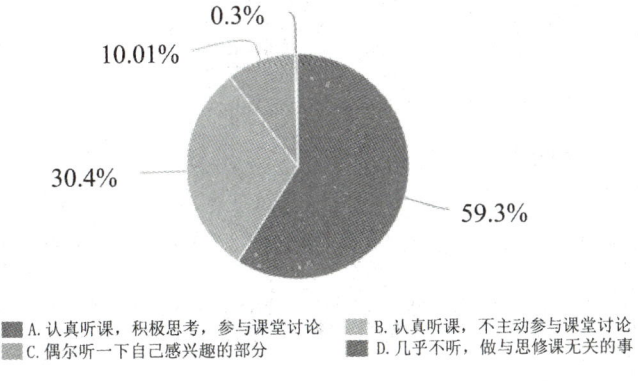

■A.认真听课,积极思考,参与课堂讨论　　■B.认真听课,不主动参与课堂讨论
■C.偶尔听一下自己感兴趣的部分　　■D.几乎不听,做与思修课无关的事

12. 与专业课学习相比,你课外花费在《思想道德修养与法律基础》课程的时间和精力是（　　）。[单选题]

选项	小计	比例
A.思修课课外投入更多	346	25.84%
B.思修课课外投入更少	501	37.42%
C.思修课与专业课课外投入相差不大	445	33.23%
D.几乎没有投入	47	3.51%
本题有效填写人次	1339	

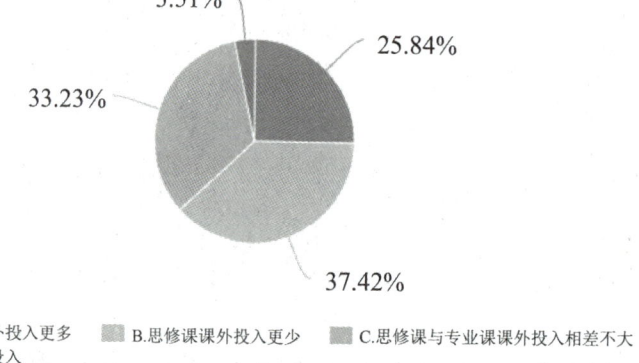

13. 你所在班级《思想道德修养与法律基础》课堂氛围怎么样？（　　）[单选题]

选项	小计	比例
A.同学们积极发言,课堂氛围很活跃	776	57.95%
B.同学们在有加分等激励条件下发言,课堂氛围较活跃	416	31.07%
C.很少有同学发言,但大部分都在认真听讲	132	9.86%
D.基本无人听讲,课堂氛围沉闷	15	1.12%
本题有效填写人次	1339	

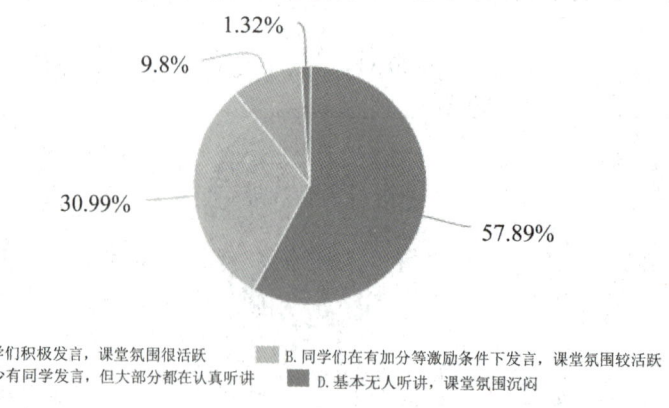

14.《思想道德修养与法律基础》课上哪些内容会让你认真听讲？（　　）[多选题]

选项	小计	比例
A. 时政热点	1131	84.47%
B. 历史人物事迹或学校周围实际案例	1170	87.38%
C. 与大学生活相关的内容	1030	76.92%
D. 马克思主义理论内容	800	59.75%
E. 考试知识点涉及的内容	898	67.06%
F. 其他	299	22.33%
本题有效填写人次	1339	

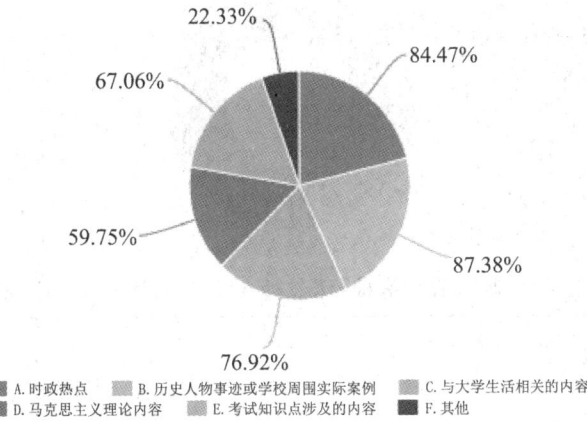

15. 你了解时政主要通过什么平台？（　　）[单选题]

选项	小计	比例
A. 腾讯新闻	384	28.68%
B. 哔哩哔哩	292	21.81%
C. 抖音	391	29.2%
D. 快手	74	5.53%
E. 其他	198	14.79%
本题有效填写人次	1339	

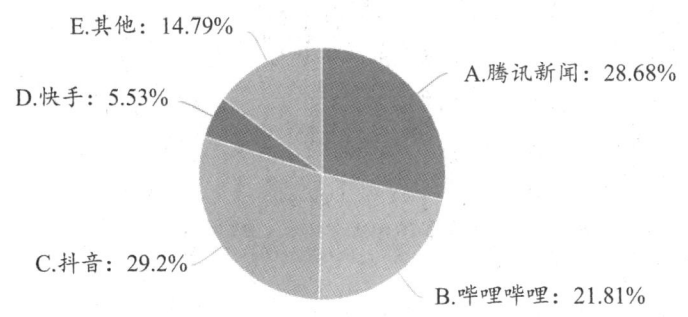

16. 你认为《思想道德修养与法律基础》课程的学习是否让你有收获？（   ）[单选题]

选项	小计	比例
A. 收获很大	847	63.26%
B. 收获一般	473	35.32%
C. 收获很少	15	1.12%
D. 没有收获	4	0.3%
本题有效填写人次	1339	

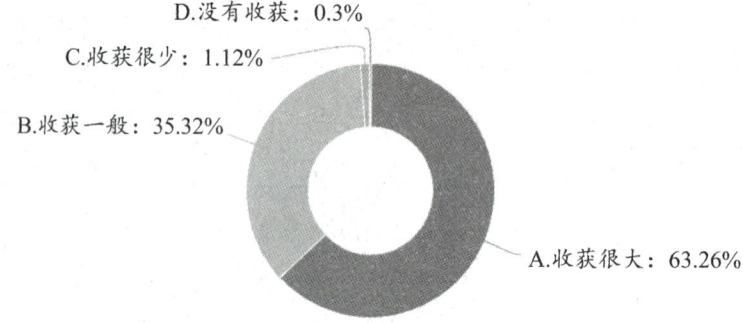

17. 你希望《思想道德修养与法律基础》课教师在哪些方面进一步提高？（   ）[多选题]

选项	小计	比例
A. 对教材的理解和阐释	780	58.25%
B. 语言表述更加生动风趣	874	65.27%
C. 及时掌握国内外热点问题并讲解	870	64.97%
D. 与学生互动良好并调节课堂气氛	800	59.75%
E. 有较好的选题讨论	660	49.29%
F. 其他	247	18.45%
本题有效填写人次	1339	

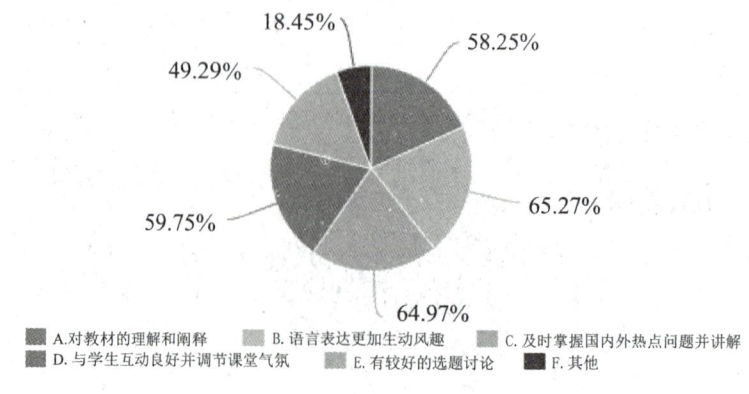

18. 你对《思想道德修养与法律基础》课程中哪部分内容最感兴趣？（   ）[多选题]

选项	小计	比例
A. 第一章人生的青春之问	987	73.71%
B. 第二章坚定理想信念	874	65.27%
C. 第三章弘扬中国精神	1008	75.28%
D. 第四章践行社会主义核心价值观	882	65.87%
E. 第五章明大德守公德严私德	809	60.42%
F. 第六章尊法学法守法用法	832	62.14%
本题有效填写人次	1339	

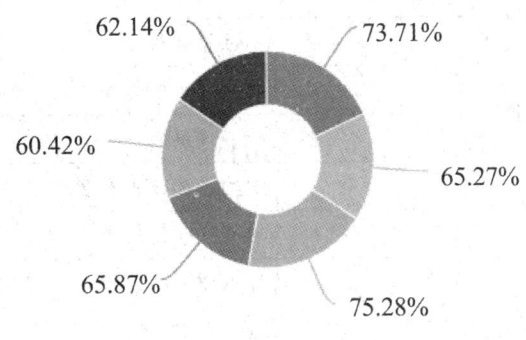

■ A. 第一章人生的青春之问　　■ B. 第二章坚定理想信念　　■ C. 第三章弘扬中国精神
■ D. 第四章践行社会主义核心价值观　　■ E. 第五章明大德守公德严私德
■ F. 第六章尊法学法守法用法

19. 你更希望《思想道德修养与法律基础》课程采取哪些教学方法？（   ）[多选题]

选项	小计	比例
A. 视频教学法	920	68.71%
B. 案例教学法	952	71.1%
C. 小组讨论法	747	55.79%
D. 演讲或辩论法	707	52.8%
E. 现场教学	759	56.68%
F. 问题链引导法	518	38.69%
G. 其他	193	14.41%
本题有效填写人次	1339	

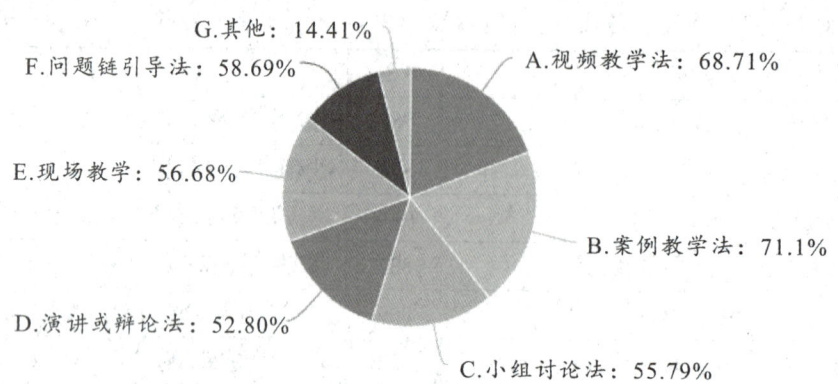

20. 通过《思想道德修养与法律基础》课的学习，你的收获是？［填空题］

把以前不知道的概念理清楚了	知法懂法用法
自主学习	学到了更多的知识，进一步了解了道德与法律
陶冶情操身心受到了培养	收获满满的
不忘初心	使自己的知识面更广
基本的法律	让我认识了法律
社会主义核心价值观	学如何看待事物
学习到了如何坚持信念	啥也没有
老师教的不错	收获到了爱情
对时政的了解	还好
完成了课时	让我们更加了解国家的时政与国家的法
自身的思想得到了质的提升	让我更了解了法律
思想境界得到了提高	非常有意思收货了很多知识
明确人生目标,掌握了基本的道德理论	非常有意思,收货了很多知识
明确人生目标,掌握了基本的道德理论	知识的充实
对课程内容有一定的了解	坚定理想信念
收获了课程学到的知识,让我对思修有了更多的了解	学习到以前很少接触的领域知识
了解时政	收获很大,能让我们学会
我知道了课本上的知识,了解了以前的知识盲区	我认为学好思修很重要
学到了更多新知识	变得更加优秀
提高了素质	还好
锻炼了思想品德,更好地投入学习与生活	对思想道德的更深层次理解
无	对概念有了更近一步的了解

收获很大	一般般
很多	丰富了自我,提高了思想状态
了解法律,道德	学到了一些关于祖国现状与我们应该怎么去做
了解一些国家大事及中国精神	学会了很多人生的道理
更好的学习到了自己在中国政治制度上面的一些内容,让自己对其内化于心,外化于形	更加了解祖国,了解社会公德法律法规
更棒了	提升了自我修养与法律意识
更懂法	思想进一步得到提升,对法律有更清晰的认识
知识	知道和了解了更多有关法律上的知识
了解到了很多实事	提高了自己的思想道德意识,在各方面都有所了解
更多了解中国法律与道德	知识增加
明白了当代大学生该做的事情	懂法律,懂人性
树立并确定了正确的三观	了解了更多国内国外的实事
知道如何运用法律保护自己,知道如何提高自身的道德修养	对人格的修饰
思想得到提升	老师很好,我学习到了很多
收获颇丰	收货颇多,丰富了知识
收获很多其他新东西	道德不可缺少,能用法律保护自己
了解了更多法律问题	遵法学法知法用法
学习到新知识	了解了更多
明确社会主义核心价值观,懂法律,正三观	提高了自己的道德素养
更爱我们的祖国	懂法
学习到许多法律知识	了解中国精神
收获满满,收获了一些以前不知道的知识和法律知识	懂得了很多为人做事,思想教育之类的
思想道德素质提升了	知道有法可依,有法必依,执法必严,违法必究的观点
没有	收获很大
获得了一些法律知识,让我更加理解人生价值	学到了对自己有利的一些法律,明确了国家的一些时事政治
知道了理想	明白更多的道理,丰富更多的知识
最大的收获是了解了法律与道德的知识	学习了很多其他科没有的道理

我明白了思想道德和法律对人民有多大的帮助	心态好
知道了关于中国和世界的一些东西	了解基本的法律,以及我国历史发展历程
增长了自身的学识	对我国的历史、时政了解的更加充分
提升自身意识	学到了很多之前不知道的知识
提升了我的精神内涵和修养	学会做一个有道德的人
学会了很多知识和法律	学习到了更多生活上的知识,可以学以致用
了解了历史	更好地了解了思政的相关知识
更加了解中国的实时政事	学习了很多知识
了解时政	会知法懂法
思想道德修养提高	学到了我不会的东西
弘扬中国精神	在道德和法律上比以往多了解一些知识
对法律更了解了	知道为什么要践行社会主义核心价值观,并知道作为一名大学生应知法,懂法,用法,遵法懂得了许多道理
学习了很多的法律知识	确立三观
让我更加了解国家时事热点	学会很多与法律和道德有关的知识
基本了解了劳动法	好
让我更懂法	明白了一些知识
详细了解了理想与信念	学到了很多东西,怎么尊重别人,怎么用法律保护自己,守法诚信,爱国情怀
要有正确的思想,有正确的人生观价值观,做一个有道德有担当并且知法、懂法、遵守法律的人	作好风,做好事,做好人!

第二章

人生的青春之问

● 专题设计概述

"人生的青春之问"通过"树立正确的人生观"贯穿整个内容。在迈入大学的新起点，让学生理解什么是人生观，如何树立正确的人生观，怎样去创造有意义的人生，从而不断在学习实践中发现新知、运用新知，实现最大的人生价值，创造无悔的青春。

思维导图

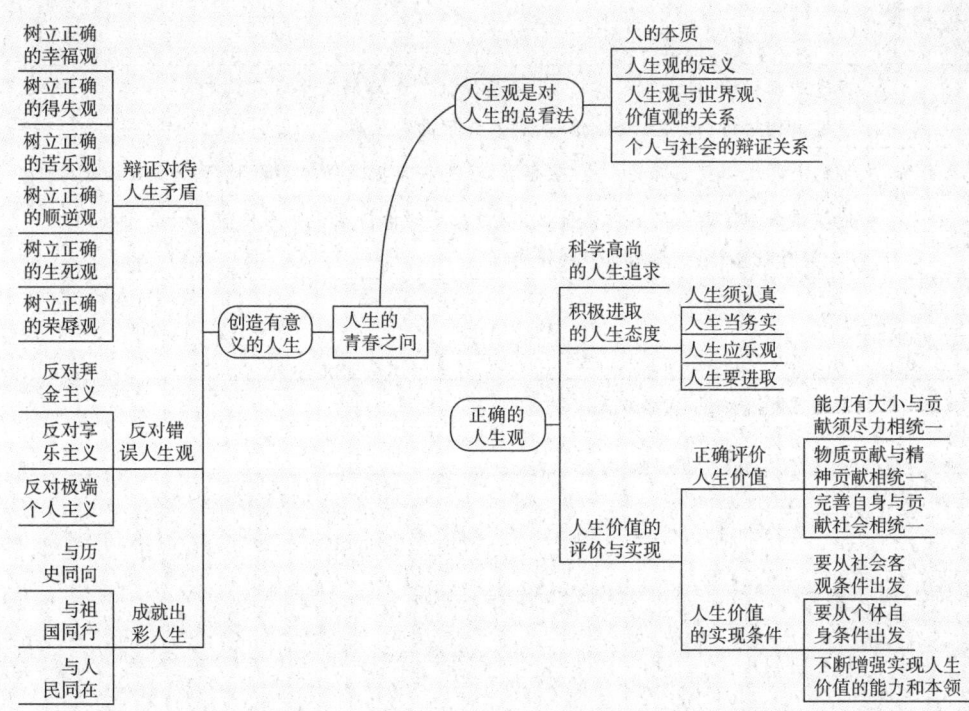

▎**平语近人**

"要树立正确的世界观、人生观、价值观,掌握了这把总钥匙,再来看看社会万象、人生历程,一切是非、正误、主次,一切真假、善恶、美丑,自然就洞若观火、清澈明了,自然就能做出正确判断、作出正确选择。正所谓'千淘万漉虽辛苦,吹尽狂沙始到金'"。

——2014 年 5 月 4 日,习近平在北京大学师生座谈会上的讲话

"青年是整个社会力量中最积极、最有生气的力量,国家的希望在青年,民族的未来在青年。"

——2019 年 4 月 30 日,习近平在纪念五四运动 100 周年大会上的讲话

▎**成长话题**

1. 青春问:我为什么而活?
2. 青春说:我该成为什么样的追"风"少年
3. 青春寻:我的成长"秘笈"
4. 青春秀:我的 3 年大学生涯
5. 青春畅:未来的我感谢现在的自己

▎**课时安排** 6 学时

序号	题目	课型	课时分配
1	《人生观是对人生的总看法》	理解认知	2 课时
2	《正确的人生观》	理解认知	2 课时
3	《创造有意义的人生》	理解认知	2 课时

▎**教学目标**

知识目标	通过教师讲授,使学生了解"人生观是什么",怎样的人生才有意义 通过案例分析,让学生重拾信心,树立正确的人生观
能力目标	帮助大学生树立正确的人生观、世界观,进一步提高分辨是非、善恶和美丑的能力
情感目标	使学生深刻了解人的本质是什么,明白人生的价值在于个人价值与社会价值的统一,提升服务社会、奉献自我的情感

▎**教学重难点**

重点	正确理解人生观、价值观及其关系
难点	如何理解人的本质

第二章
人生的青春之问

● 教学资源 ●

一、人生观是对人生的总看法

（一）人的本质是一切社会关系的总和

斯芬克斯之谜

古老的希腊神话斯芬克斯之谜是这样讲述的：斯芬克斯是希腊神话中狮身人面兽，传说她在古埃及的提佛城郊外守着路口，对过路者提出一个谜语，猜不中的就要被她吃掉。这个谜语就是："什么动物早晨四条腿走路，中午两条腿走路，傍晚三条腿走路？"后来，俄狄浦斯从那里经过，猜出了谜底是：人。于是，斯芬克斯就把自己杀死了。由神话带来了这样一个问题：人到底是什么？要回答这个问题我们要正确认识人的本质。

柏拉图给"人"下定义

柏拉图曾给人下过一个定义：两条腿走路的就叫人。一个调皮的学生就抓来了一只鸡，然后对柏拉图说：老师，这就是你说的"人"。柏拉图经过深入的思考，对自己的定义进行了补充："人是无羽毛的两腿直立动物。"这位同学还不肯善罢甘休，回去之后把鸡毛全拔了，第二天一大早找到柏拉图：老师，原来人就是拔光了毛的鸡啊！显然定义还不够准确。

狼孩儿

辛格夫妇在印度加尔各答的丛林中发现两个被狼哺育的女孩。大的女孩约8岁，小的1岁半左右。据推测，她们可能是在半岁左右时被母狼带到洞里去的。辛格给她们起了名字，大的叫卡玛拉（Kamala）、小的叫阿玛拉（Amala）。当她们被领进孤儿院时，一切生活习惯都同野兽一样，不会用双脚站立，只能用四肢走路。她们害怕日光，在太阳下，眼睛只能睁开一条窄缝，而且不断地眨眼。她们习惯在黑夜里看东西。她们经常白天睡觉，一到晚上则活泼起来。每夜10点、1点和3点发出非人非兽的尖锐的怪声。她们完全不懂语言，也发不出人类的音节。

她们两人经常动物似的蜷伏在一起，不愿与他人接近。她们不会用手拿东西，吃起东西来真的是狼吞虎咽，喝水也和狼一样用舌头舔。吃东西时，如果有人或有动物走近，便呜呜作声去吓唬人。在太阳下晒得热时，即张着嘴，伸出舌头来，和狗一样地喘气。她们不肯洗澡，也不肯穿衣服，并随地便溺。

她们被领进孤儿院后，辛格夫妇异常爱护她们，耐心抚养和教育她们。总的说来，小的阿玛拉的发展比大的卡玛拉的发展快些。进了孤儿院两个月后，当她渴时，她开始会说"bhoo"（水，孟加拉语），并且较早对别的孩子的活动表现兴趣。遗憾的是，阿玛拉进院不到一年，便死了。卡玛拉用了25个月才开始说第一个词"ma"，4年后一共只学会了6个字，7年后增加到45个字，并曾说出用3个字组成的句子。

进孤儿院后16个多月卡玛拉才会用膝盖走路，2年8个月才会用两脚站起来，5年多才会用两脚走路，但快跑时又会用四肢爬行。卡玛拉一直活到17岁。但她直到死也没真正学会说话，智力只相当于三四岁的孩子。

27

马克思指出:"人的本质不是单个人所固有的抽象物,在其现实性上,它是一切社会关系的总和。"

(二)人生观的定义

人生观就是人们关于人生目的、人生态度、人生价值等问题的总观点和总看法。

人生目的:决定人生道路,决定人生态度,决定人生价值选择。人生目的规定了人生活动的大方向,对具体活动起着定向的作用;人生目的又是人生行为的动力源泉,激励人们奋发进取、努力拼搏。

人生道路崎岖不平,面对各种各样的矛盾和斗争,不同的人生目的会使人采取不同的人生态度。正确的人生目的可以使人无所畏惧、顽强拼搏、积极进取、乐观向上;错误的人生目的则会使人违法犯罪、游戏人生、厌世轻生。正确的人生目的会使人懂得人生的价值在于奉献;错误的人生目的则会使人把人生价值理解为向社会或他人进行索取。

人生态度:人应当怎样对待生活。

人生价值:什么样的人生才有意义。

湖北男子大学毕业不工作,"宅"家14年后饿死

他曾是村里第一个大学生,毕业后放弃工作,不做事甚至不愿做饭,最终被人发现"宅"死家中,疑是饿死。

村里第一个大学生。 他叫王某林,生于1970年,湖北省郧县杨溪铺镇人。2012年3月12日,当邻居再次透过窗口看到他时,他的身体已经僵硬,没人知道他是哪天去世的。消息在当地传开,村民们纷纷感到惋惜。退休教师刘老师是王某林的启蒙老师。他回忆,小学时,王某林非常聪明,很有悟性,成绩一直很好,一次数学竞赛中,他考了全县第三名。刘老师清楚地记得,王某林从一年级到六年级一直当班长,年年被评为三好学生。

谈及王某林,他的一位中学语文教师仍记得他,说:"他的字写得好,成绩也很优秀,后来考上郧县一中。"邻居刘雄厚介绍,王某林小时候很听话,读书很用功,是村里第一个大学生。1994年,王某林从郧阳师专毕业后又到荆州师范学院读书,其间,姐姐为了他早早辍学。在王某林读大二时,父亲去世,很长一段时间家人都瞒着他。

大学毕业不愿工作。 1995年王某林大学毕业后,被分配到郧县一所中专教书。由于不满学校的安排,没多久,他就不干了。回到家,王某林很少帮助母亲干农活。有一次,因为干活的事,他与母亲发生争吵,甚至将母亲打成骨折。对于儿子,母亲也失望了,住到了女儿家,一住就是14年。此后,王某林无人管束更加懒惰。他不做事,整日在村里闲逛。想吃东西,就到别人家菜地里拔点菜。他姐姐每次回家,都给他买些吃的。家里东西吃完了,亲友看他可怜,有时给点钱,他买方便面度日。

冬天几乎只生吃蔬菜。 饥饿的时候,他碰见什么吃什么。没成熟的果子,地里的花生、玉米棒子,他都拿来充饥。一位邻居说:"一到冬季,王某林几乎只吃蔬菜,全是生吃。就连红薯叶也大把采着吃。"

在村民眼中,王某林就像野人一样生存着,不用厨房做饭,就在家里堂屋用三个石头支着一个钢锅烧水,有两年时间不睡床上,夏天睡在一块木板上,冬天睡在大衣柜里。近两年,

王某林更加反常，但村民们都不认为他是患了精神病。70多岁的老人刘某说："他说话清楚，一般人还说不过他，打牌、下棋像模像样，不像有精神病。"村小组组长介绍，王某林和人们谈论时政时有板有眼，有理有据，根本看不出他有精神病。

姐姐：我的心一直在痛。 3月5日，刘老师路过王家，喊了几声，王某林答应了。刘老师从窗户看到，王某林长发齐肩，露出又黑又瘦的脸。刘老师知道王某林喜欢抽烟，随即向屋内递了一根烟，他发现王某林接烟的手瘦若鸡爪。一个星期过去了，邻居们发现王某林的家里没了动静。刘老师再次走到他家窗户前，只见他趴在床上，四肢僵硬。村民进屋查看发现，王某林死了。"好些天没见他出门找东西吃了，多半是饿死的。"村民们对王某林的死感到惋惜。

（资料来源：https://news.qq.com/a/20120318/000063.htm）

"索道医生"邓前堆　三十六载行医路

"689009"，这是一个普通得不能再普通的数字，但在云南怒江傈僳族自治州福贡县石月亮乡拉马底村，却是家喻户晓。在这里的村民看来，这就是"120"，因为它就是乡村医生邓前堆的电话号码。

石月亮乡，一个非常好听的名字，但是在地图上却不好找。从乡镇所在地利沙底逆江北上，离乡政府6公里之处就是拉马底村。山高谷深、地势陡峭，6个村民小组被湍急的怒江一分为二。这些村民小组里，除少数几户居住在较为平坦便利的江畔公路边，其余大部分散居在坡度超过50°的崇山峻岭之间。曾经，江对岸害扎、拉娃达、格扎三个小组，最"现代"的交通工具就是溜索渡江。通往每一家的山路，都十分艰险崎岖。

邓前堆曾经多年靠着一副溜梆横跨怒江，冒着生命危险来往于索道两岸村寨，在两岸崎岖艰险的山路上来回奔波，为群众出诊治病解忧，被百姓亲切地称为"索道医生"。他积极向有关部门呼吁修桥，直到2010年，两座被称为"连心桥"的人行吊桥和公路吊桥终于横跨拉马底怒江两岸，邓前堆和乡亲们也终于告别了溜索的日子。

当了36年村医的邓前堆无论再艰难，也未想过离开，他说："我媳妇劝过我不要干了，我说病人找我，我不去怎么办？"抱着这样的信念，即使他到北京接受"最美奋斗者"颁奖，参加庆祝新中国成立70周年纪念大会之际，也没有做丝毫逗留，会后第二天就匆匆赶回怒江，回到与他相伴36年的村卫生室。

（资料来源：https://www.sohu.com/a/348158992_367071）

（三）世界观、人生观和价值观的关系

世界观是人们对于整个世界以及人与世界关系的基本看法和观点，人生观是人们关于人生目的和意义的根本看法，价值观是人们对客观对象有无价值和价值大小的一种根本观点和评价标准，三者有着不可分割的联系。

1.世界观是人生观和价值观的基础

世界观决定着人生观和价值观。作为对人生意义和目的的特定理解的人生观，以及作为主体设定其价值目标和行为取向的价值观，都要以一定的世界观为基础，并支配其人生思考和选择的表现形式。

世界观与人生观和价值观是统一的,其中起决定作用的是世界观。世界观是人生观和价值观的基础,它决定着一个人的人生追求和对现实生活的价值选择。没有科学的世界观,就不可能有正确的人生观和价值观。科学的世界观,能够指引人们正确地看待人生,想问题、办事情以为人民服务和为社会做贡献为根本立足点和出发点;反之,唯心主义的世界观则会把人们引向歧途,使人们产生错误的价值观念,并误导人们的言行。

世界观是人生观的理论基础,它为人生观提供一般观点和方法论指导,人生观是世界观的一个方面,是世界观在人生问题上的应用和贯彻。一般说来,有什么样的世界观,就会有什么样的人生观。世界观是形成价值观的基础,世界观不同,价值观也就不同。同时,形成正确的价值观,会使世界观更丰富、更完善。

人生观与价值观也是统一的,价值观是人生观的基本内容,人生观内在地包含着价值观,正确的人生观有利于指导人们从集体、从社会的整体需要出发,去看待事物对人的效用关系,从而把人生真正意义看作贡献,形成科学合理的价值评价。同时,正确的价值观,有利于人们客观地分析人自身的价值,树立正确的人生观。

可见,世界观、人生观、价值观虽然各有自己的特定内容,但三者是统一的、不可分割的。

2. 价值观是世界观和人生观的现实体现

一个人的世界观和人生观是怎样的,是看不见、摸不着的,需要通过观察其对具体事件的态度和行动来判断,一个人对具体事件的态度和行动就是其价值选择和判断,这充分展示了其价值观。

世界观对人生观、价值观具有指导作用。

世界观、人生观、价值观既有区别,又有密切联系。所谓区别就是表现在所指的内涵和范围的不同,世界观面对的是整个世界,人生观面对的是社会人生的领域,价值观则是指人在个人发展过程中的价值取向。同时,三者之间也有着内在的密切联系,一方面,世界观支配和指导人生观、价值观;另一方面,人生观、价值观又反过来制约、影响世界观。

世界观对人生观、价值观的指导作用,主要是通过揭示世界的发展变化规律,指明社会历史和人的发展方向,为人生目的、人生道路的选择提供保证和服务。一个人如果没有从世界观上解决唯物而辩证地、客观而全面地看待事物,就很难确立自己正确的人生观和价值观。当然,人生观和价值观也会对世界观发生作用,或是巩固、完善、促进世界观的发展,或是动摇、破坏、扭曲世界观。

我们如果想要在自己的人生旅程中立于不败之地,做出一番业绩,成为一个活得有意义的人,就一定要注意学习,培养正确的世界观、人生观和价值观。通过正确的世界观,把握客观规律,认清世界大环境、小环境;通过正确的人生观,懂得活着为了什么,要做一个什么样的人;通过正确的价值观,确立高尚、进步的价值追求,实现完美的人生价值。

二、正确的人生观

(一)科学高尚的人生追求

古往今来,人们对人生目的的探索从未停止过,高尚的人生目的总是与奋斗奉献联系在一起。大学生只有把自己的人生目的与国家前途、民族命运、人民幸福联系在一起时,才能自觉自愿地把自己的一生奉献于利国利民的事业。

"服务人民、奉献社会"代表了人类社会迄今最先进的人生追求。一个人确立了服务人民、奉献社会的人生追求,才能清楚地把握人的生命历程和奋斗目标,深刻理解人为了什么而活、应走什么样的人生之路等道理。大学生要把为国家和人民事业无私奉献作为人生的最高追求,在服务他人、奉献社会中收获成长和进步。

(二)积极进取的人生态度

蔷薇花与人生态度

故事一:路边开满了带刺的蔷薇花,三个行人经过这里,第一个人脚步匆匆,仿佛什么也没看见,直接走了。第二个人感慨万千,叹了口气说:"天哪,花中有刺。"第三个人却眼前一亮说:"不,应该是刺中有花。"

故事二:路边的蔷薇花热闹地开着,三个行人经过这里,第一个人欣喜若狂,伸手就摘,结果被刺得鲜血直流。第二个人见此情景立刻把想摘花的手缩了回来。第三个人则小心翼翼地伸出手来,只把其中最漂亮的那一朵摘了下来。

故事三:老师在上课,津津有味地讲着蔷薇花。讲完了,老师问学生:"你们印象最深刻的是什么?"学生一说是可怕的刺,学生二说是美丽的花,学生三说应当培育出一种不带刺的蔷薇花。多年之后,前两个学生都无所作为,只有第三个学生成就突出,远近闻名。

人生就像一朵带刺的蔷薇,你看到了花,还是看到了刺,你想摘花,还是因为有刺就放弃了。人生有花的美好,也有刺带来的痛苦,任何人的一生都不可能一帆风顺,会有坦途,也会有逆境。

人生需认真。要以认真的态度对待人生,不能游戏人生,否则会被人生所游戏。要对自己负责、对家庭负责、对国家和社会负责,自觉承担起自己应尽的责任,满腔热情地投身于生活、学习和工作中,认认真真地做好每一件事,在为国家发展和社会进步贡献力量的过程中实现自己的人生价值。

人生就像一本书,傻瓜们走马观花似的随手翻阅它。聪明的人则用心阅读它,因为他知道这本书只能读一次。

——南·保罗

凡事认真的人,运气都不会太差

2018年7月,世界500强公布,华为通信跃居排行榜72位,震惊了全世界。

华为到底有多厉害?

2015年,华为营收达到2882亿元人民币,2018年更是超过1000亿美元。

时至今日,全球有150多个国家在用着华为的通信产品。那么,这样一家能影响全世界人生活的通信公司是如何做大的呢?

2016年,就在华为正处辉煌时,创始人任正非却说:"我们没有什么复杂的价值观,特别是小公司,不要这么多方法论,认认真真地把豆腐磨好就有人买。"

有所成就之人,做事都很认真。

自1987年华为创建以来，任正非就心怀一个梦想：让华为成为全球最有价值的通讯品牌。30多年来，他都在"认认真真地磨豆腐"。

　　这期间，他本来完全可以涉足房地产、互联网，做资本运作，然而，他并未被这些高回报率产业吸引，他一直在认认真真地"磨豆腐"。

　　为掌握5G和芯片等通讯业的核心科技，华为十几年来，投入超过5000多亿元人民币，做国内同行业不敢做甚至连想都不敢想的事，因为在当时研发这些产品，一方面需要耗费巨资，风险极大，另一方面这些东西在当时根本没有什么实际意义。

　　但在任正非看来，并非如此。

　　十年磨一剑，今天，华为研发的5G和芯片技术已经达到了世界顶尖水平，成为真正的国家脊梁。这一切离不开任正非几十年来的认真和努力。

　　只有凡事认真的人，才会得到上天的眷顾。

　　人生当务实。大学生应以务实的态度对待人生，不能好高骛远，否则将一事无成。只有坚持实事求是、脚踏实地，才能一步一个脚印地实现人生目标。

生命就像一根火柴

　　"孩子，趁年轻，何不踏踏实实地工作，以成就一番事业呢？"一老人劝告一少年。

　　少年满不在乎地回答说："何必那么急呢？我的青春年华才刚刚开始，时间有的是！再说，我的美好蓝图还未规划好呢！"

　　"时间可不等人啊！"老人说着，并把少年引到一个伸手不见五指的地下室里。

　　"我什么也看不见！"少年说。

　　老人擦亮一根火柴，对少年说："趁火柴未熄，你在地下室里随便选一件东西出去吧！"

　　少年借助微弱的亮光，四处努力辨认地下室的物品，还未等他找到一样东西，火柴就燃尽了，地下室顿时又变得漆黑一团。

　　"我什么也没拿到，火柴就灭了！"少年抱怨道。

　　老人说："你的青春年华就如同这燃烧的火柴，转瞬即逝，孩子，你要珍惜啊！"

30岁要删除的3个梦想

　　阿文是我的编辑，毕业于复旦大学中文系，学生时代就在省级报刊发过作品，一毕业就被一家大报社高薪聘请，年纪轻轻就当上了部门主任。可谓少年得志。那天他打电话给我，谈了会儿稿子的事，就在谈话快要结束时，他告诉我他刚刚过了30岁生日，语气中透着些许感慨。于是，我问他有何感想？他说感想很多，最大的感想是终于明白了一个道理，那就是他一直埋在心里的3个梦想，永远也无法实现了！既然无法实现，藏在心里只能折磨自己，所以决定删除。

　　我一时无语，静静地等着下文。

　　"第一个要删除的梦想是英语。你知道吗？我从7岁就开始学英语，开始是被父母逼着学，为此没少挨打受骂，每天早晨睡得迷迷糊糊就被叫醒，起来背单词。到现在已经20多年了，用坏了3个录音机，2个复读机。结果呢，我的英语只能和中国人说，一遇到老外，就得去找翻译。现在回过头来想，真是傻透了！我既不想做职业翻译，也不想定居国外，一生中用英语的机会能有多少？需要时雇个翻译就行了，为什么这么折磨自己呢？这样一想，就通了,人也轻松了不少。"

我无声地笑了,暗想:像阿文这样被英语折磨过的人,在中国恐怕不是一个小数目吧?不知道他们听到这番话,会做何感想?是像阿文那样选择放弃,还是坚持到底?

"第二个要删除的梦想是浪漫。我承认,浪漫的感觉的确很好,但只适合年轻人。我已经30岁了,不想再要什么过程,我要直接步入生活。比如下了班两个人一起去超市,买新鲜食物,或给家里换一个新款窗帘。像那种情人节花20元买一枝玫瑰、圣诞节花几百元去吃哈根达斯的事,我不会再做了。这种事30岁之前做就叫浪漫,30岁之后再做,就是浪费。"

我忍不住想笑,但好像被噎住了,没笑出来。

"第三个要删除的梦想,就是野心。野心这东西好是好,但和浪漫一样,是年轻人的特权。我不否认,世界上也有大器晚成的人,但那是极少数。对大多数人而言,如果30岁无迹象、40岁无成果,恐怕一生就不过如此了。我今年30岁,虽然文章经常见报,书也出了几本,但我不得不承认一件事,那就是自己不可能成为海明威了!那种人是天才,而我最多也不过就是一人才吧!就算终其一生不吃不喝日夜兼程地写作,也不可能写出《老人与海》那样的杰作,不如不去做这个天梦,给自己定一个更现实、更适合自己、通过努力能够实现的目标吧。"

有人说,人生就是一个不断妥协的过程。依我看,人生更像是一部分为上、下两集的连续剧,以30岁为界,上半场是一个不断积蓄、不断体验、不断爆发的过程。下半场则是一个不断丢失、不断内敛、不断删除的过程,直到最后,抵达终点,我删除自己的最后一样拥有——生命。这的确不是一件令人欣喜的事情,但又能怎么样呢?主动删除总比被动接受要好,我尊重那些60岁仍坚持梦想的人,但像阿文这样30岁想要删除梦想的人,亦不敢轻看。

品味生活,坦然地面对生活,抛弃不切实际的想法,只有这样,你的生活才会轻松。

(资料来源:http://www.rensheng5.com/rengshengzheli/id-1770.html)

人生应乐观。乐观的人生态度体现了一个人对生活的热爱,充满对人生的信心,这种态度是人们承受困难和挫折的心理基础。现实生活并不是一帆风顺的,总是会碰到各种各样的挫折,此时应该保持乐观向上的人生态度,只有如此才能冲破荆棘,战胜困难,达到成功的彼岸。

革命乐观主义精神

在中国革命和建设的过程中,遇到了无数难以想象的困难和险阻,在这些困难险阻面前,老一辈革命家展现出了无惧无畏的革命乐观主义精神。

李大钊是党的主要创始人之一,1918年12月,那时候虽然中国共产党尚未成立,但是在李大钊看来,共产主义将来一定会胜利,他写下了:"人道的警钟响了!自由的曙光现了!试看将来的环球,必是赤旗的世界!"充满着革命必胜的乐观主义精神。1927年4月,李大钊不幸被奉系军阀张作霖逮捕。被捕之后李大钊在狱中坚贞不屈,最后被处以绞刑。在绞刑架面前,李大钊做了最后一次演讲,宣扬共产主义必胜的真理,之后从容就义。

在长期的革命生涯,毛泽东也给后人留下了许多诗词,在这众多的诗词中,很多都体现了毛泽东的革命乐观主义精神。一首就是作于1929年10月的《采桑子·重阳》。1929年6

月,当时红四军内部充斥着各种非无产阶级思想,影响了红军队伍的发展壮大,毛泽东主持召开红四军七大,本来是要解决这个问题的,但是由于种种复杂的原因,选举前委书记的时候,毛泽东却落选了。之后,毛泽东离开红四军到闽西去指导地方工作,因为心情不好再加上长期以来积劳成疾,生了一场大病。党组织为他请了当地的名医,经过一段时间的精心治疗,1929年10月,毛泽东大病初愈,这天恰好是农历重阳节,他在福建的上杭县临江楼写下了著名的《采桑子·重阳》:"人生易老天难老,岁岁重阳。今又重阳,战地黄花分外香。一年一度秋风劲,不似春光。胜似春光,寥廓江天万里霜。"抒发了毛泽东革命豪情万丈、革命前景万里的豪迈情感!还有作于1965年5月的《水调歌头·重上井冈山》,当时毛泽东已经72岁了,但是"世上无难事,只要肯登攀"的革命乐观主义精神丝毫不减。

(**资料来源**:中国共产党新闻网)

人生要进取。要创造精彩的人生,就必须积极进取。安于现状、因循守旧,最后只会落个虚度光阴、碌碌无为的结局。要让有限的人生绽放光彩,就应该只争朝夕,积极进取,努力奋斗。

中国女排,铸就体坛传奇的精神瑰宝

中国女排,是世界体坛不断创造奇迹的一支劲旅。从20世纪80年代的"五连冠"到再度夺取里约奥运冠军,到2019年世界杯征程中取得十一连胜的傲人成绩,成功卫冕。一路走来,中国女排团结奋进、勇于拼搏、永不放弃,不断用行动诠释和丰富着中华民族精神和伟大时代精神结合而成的女排精神。多年来,尽管女排队员换了一批又一批,但女排精神一直在激励着这支队伍成长成熟,向新的胜利目标奋进。

铸就从弱到强传奇的精神瑰宝。每一个世界冠军都要经历从弱到强的发展过程,中国女排也不例外。走向冠军的历程锻造了女排精神,而日益成熟的女排精神又引领着女排的成长。20世纪60年代,中国乒乓球运动已经取得了骄人的成绩,但排球运动却没有多大起色。在党中央的重视、关怀和指导下,中国女排引入"魔鬼式"训练法,注重严格要求、团结协作、顽强拼搏,开掘出女排精神最初的源头。此后,女排在艰苦训练中不断砥砺精神,增强问鼎世界冠军的实力和勇气,到1981年,中国女排终于夺冠!从1981年到1986年,中国女排创下世界排球史上第一个"五连冠",也创造了我国大球夺冠的奇迹。

世界体坛竞争激烈,没有永远的冠军。从1986年到2003年,中国女排有17年时间与世界冠军无缘。

然而,无论处在波峰还是在波谷,女排精神永在!正如郎平所言:"中国的女排精神与输赢无关,不是说赢了就有女排精神,输了就没有。要看到这些队员努力的过程。"这种筚路蓝缕的努力过程,其间有高低起伏,有质疑诘难……然而,这一切也砥砺着中国女排更加成熟。她们没有被挫折吓倒,在扎扎实实的拼搏奋斗中不断积蓄着取胜的实力。终于,在2015年的世界杯、2016年的奥运会和2019年的世界杯上,她们用冠军证明了这种努力的价值,也证明了女排精神永在!

积极进取的人生态度

艾森豪威尔是美国第34任总统,他年轻时经常和家人一起玩纸牌游戏。

一天晚饭后,他像往常一样和家人打牌。这一次,他的运气特别不好,每次抓到的都是

很差的牌。开始时他只是有些抱怨，后来，他实在是忍无可忍，便发起了少爷牌气。

一旁的母亲看不下去了，正色道："既然要打牌，你就必须用手中的牌打下去，不管牌是好是坏。好运气是不可能都让你碰上的！"

艾森豪威尔听不进去，依然愤愤不平。于是母亲又说："人生就和这打牌一样，发牌的是上帝。不管你名下的牌是好是坏，你都必须拿着，你都必须面对。你能做的，就是让浮躁的心情平静下来，然后认真对待，把自己的牌打好，力争达到最好的效果。这样打牌，这样对待人生才有意义！"

艾森豪威尔此后一直牢记母亲的话，并激励自己去积极进取。就这样，他一步一个脚印地向前迈进，成为中校、盟军统帅，最后登上了美国总统之位。

一个人所处的环境靠个人也许无力改变，但如何适应环境则是自己完全可以控制的。人的一生难免会碰上许多问题，遇到不少挫折，在面对问题和挫折时，怨天尤人解决不了任何问题；积极调整好生活态度，勇敢地迎接人生的挑战，并尽最大的努力去做好每一件事，这才是最佳的选择。

（三）人生价值的评价与实现

人生价值包含了自我价值和社会价值两个方面。

1. 正确评价人生价值

坚持能力有大小与贡献须尽力相统一。

坚持物质贡献与精神贡献相统一。

坚持完善自身与贡献社会相统一。

2. 人生价值的实现条件

实现人生价值要从社会客观条件出发。

治世之能臣，乱世之奸雄

曹操被世人评说"治世之能臣，乱世之奸雄"。意思是说，若是治世、平安时期，曹操是可辅国的能臣；若是乱世、战争时期，曹操则是雄霸一方的奸雄。（出自中国南朝范晔编撰的《后汉书·许劭传》）

实现人生价值要从个体自身条件出发。

战胜残疾的巴雷尼——坚持

巴雷尼小时候因病成了残疾，母亲的心就像刀绞一样，但她还是强忍住自己的悲痛。她想，孩子现在最需要的是鼓励和帮助，而不是妈妈的眼泪。母亲来到巴雷尼的病床前，拉着他的手说："孩子，妈妈相信你是个有志气的人，希望你能用自己的双腿，在人生的道路上勇敢地走下去！好孩子，你能够答应妈妈吗？"

母亲的话，像铁锤一样撞击着巴雷尼的心扉，他扑到母亲怀里大哭起来。

从那以后，妈妈只要一有空，就给巴雷尼练习走路，做体操，常常累得满头大汗。有一次，妈妈得了重感冒，发着高烧，她还是下床按计划帮助巴雷尼练习走路。黄豆般的汗水从妈妈脸上淌下来，她用干毛巾擦擦，咬紧牙，硬是帮巴雷尼完成了当天的锻炼计划。

体育锻炼弥补了由于残疾给巴雷尼带来的不便。母亲的榜样作用,更是深深教育了巴雷尼,他终于经受住了命运给他的严酷打击。他刻苦学习,学习成绩一直在班上名列前茅。最后,以优异的成绩考进了维也纳大学医学院。大学毕业后,巴雷尼以全部精力,致力于耳科神经学的研究。最后,终于登上了诺贝尔生理学和医学奖的领奖台。找准自己的位置,找到适合自己依附的枝头,生命才能达到极致。

一代先师孔子

一代先师孔子,初时以建立以"仁"治国的完美社会为志。周游列国之后,孔子没有成功,然而他却成了很好的老师。孔子的弟子遍及天下,他也最终成为我国伟大的思想家、教育家。由此可见,只有找到自己的枝头,生命的意义才能实现。

一代喜剧大师卓别林

一代喜剧大师卓别林,年少时因相貌不佳总是成为别人的笑柄,然而,在他的喜剧生涯中这恰恰成为一种优势,他主演的无声喜剧电影达到了无声胜有声的境界。这不得不说他那"不佳"的容貌促成了他"上佳"的表演。

世界首富比尔·盖茨

世界首富比尔·盖茨在上大学时,感觉到大学所教的内容并不适合自己,便毅然离开学校,从事自己喜爱的电脑设计工作,最终积累了世界上无人能比的巨额财富。

社会在发展,可是道理却没有变,找准自己的位置,找到适合自己的枝头,生命才能闪光。

《觉醒年代》点燃年轻人追剧热情

在近期热播的电视剧《觉醒年代》中,耳熟能详的革命先驱人物被赋予了极具个性的出场方式,在镜头语言的帮助下,人物形象更加丰满立体、画面感十足,引起了不少年轻观众的讨论。

《觉醒年代》以"南陈北李"从相识相知到相约建党的革命故事为叙事主线,全景展现了从1915年《青年杂志》问世到中国共产党成立这段波澜壮阔的伟大历史进程,圈粉无数。

该剧关注度和口碑持续走高,2月27日,停更九天后,"《觉醒年代》今晚更新第十七集"话题登上微博热搜。截至3月1日,该剧豆瓣评分8.9分,近六成网民给出五星好评。不少年轻人已经深深爱上了这部正剧,成为观剧大户,日常在线催更。

《觉醒年代》讲述的历史故事,年轻观众并不陌生,缘何这部作品能点燃年轻人的追剧热情?

有厚度也有温度,革命人物的塑造不仅有"接天气"的高光时刻,更有"接地气"的烟火气。陈独秀会不顾旁人目光狼吞虎咽涮羊肉;李大钊看到妻儿在院中捉鸡时会纵声大笑……在这部剧里,"南陈北李"等历史人物不再只是课本中"精神导师"式的高大全,而是血肉丰实、性情卓著的革命先驱形象。

"没有枯燥乏味的说教,没有简单粗暴的灌输,不回避曾经走过的弯路、不掩饰曾经遭遇的困难",观众更加真切地感受到那个时代青年"为天地立心、为生民立命"的矢志情怀和敢为人先的革命品格。

艺术化的镜头语言生动再现历史故事,"导演绝对是'细节控'"。比如陈独秀放生瓷碗

第二章 人生的青春之问

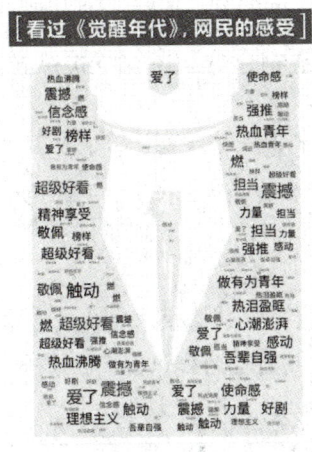
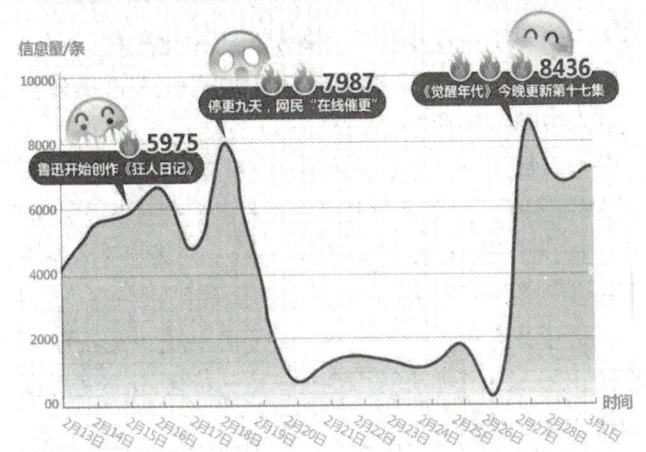

数据来源:新华睿思数据云图分析平台

下的青蛙,不仅和儿子放生蚂蚁相呼应,也为后续的命运轨迹埋下伏笔,更暗含着解放中国青年的意味。蚂蚁、青蛙、骆驼、黄沙、风雪……剧中对一系列意象的使用不仅增强了作品的艺术气息,丰富了角色内涵,也进一步激发了受众的观剧热情和分享欲望。年轻观众将自己的发现和感悟分享在社交平台上,也推高了电视剧的关注热度。

此外,该剧用暖色调烘托理想主义的浪漫情怀,用黑白相间的画面给人以深沉感,电影质感的视觉设计不仅增添了美感,也更加生动地将时代的风云际会全景式表现出来,极富感染力。

初心之纯、主义之真、信仰之坚和理想之美,剧中人物的觉醒感召着当代青年。该剧从历史纵深处回望马克思主义在中国的传播过程,在对救国救民道路的探索中,在人生价值的选择中,在百家争鸣的时代中,描绘出气势庞大的爱国群像。这些闪耀着思想光辉的革命先驱追求真理一往无前,今天的年轻人为先辈们的赤子之心热血沸腾,"信念感""触动""震撼""使命感""做有为青年"等成为年轻观众的心声。

剧中,百余年前的青年人在追求真理的道路上经坎坷而一往无前;剧外,今天的青年也被革命历史题材触动,为前辈的峥嵘往事动容。如一名年轻观众所言:"国难当头时青年当自强,现在和未来吾辈也更要永远自强!《觉醒年代》也许正在改变我的人生选择。"

社会在发展,可是道理却没有变,找准自己的位置,找到适合自己的枝头,生命才能闪光。乌鸦敢于拼搏,乐于学习的精神固然值得赞赏,然而它不能认清自己的实力,不能量力而行,注定是要失败的。人不只需要勇于拼搏的精神,更应认清自己,只有二者具备,才有可能成功,拥有自知与拼搏,光明就在眼前。

不断增强实现人生价值的能力和本领。

告诉孩子:读书是一种责任

为什么要读书?"武汉疫情"给出了最好的答案。

曾经，当孩子们问："为什么要读书？""为了将来能找份好工作，为了能过上富足的生活，为了……"我们的答案都显得那么的苍白。这次"武汉疫情"却给了孩子们最好的答案。

当各大媒体把"武汉疫情"情况公布于众的时候，我们开始慌张，家家户户大门紧闭，昔日喧闹的街道变得冷冷清清。孩子们巴望着窗外，渴望着早日结束寒假，走出家门。

危急时刻，当钟南山院士挺身而出，给我们无限的希望。我们这时才深刻地认识到，他才是我们应该追捧的"大明星"。

钟南山院士一直都在努力学习，刻苦钻研学术。20多岁于北京医学院（现北京大学医学部）毕业；40多岁赴英国进修，60多岁带领医护工作者抗击"非典"；如今80多岁的他依然挂帅亲征，赶到武汉，与新型冠状病毒战斗，着实令人佩服。

当孩子再问："妈妈，我为什么要读书？"

我们可以坚定地告诉他：要做一个像钟南山院士那样有知识的人。知识不仅能改变我们的生活，还能救人于水火。当危险来临的时候，你不是害怕，而是用自己的知识去战胜危险。

读书是一种责任。

我们的孩子是祖国的未来，是国家的希望，是共产主义的接班人，我们要把他们往正确的方向引导。国家兴亡匹夫有责，少年强则国强，少年智则国智。

（**资料来源**：http://sa.sogou.com/sgsearch/sgs_tc_news.php? req = IcigfIL5LPUNw2cc7nS9jDFf_jKB_cvRlepjhzyLy1Q = ）

三、创造有意义的人生

（一）辩证对待人生矛盾

1. 树立正确的幸福观

哈佛哲语

生活的方式有许许多多，生活的心态也各个不同，但就幸福而言，最简单的恰恰是最真实的。很多时候，当我们忙忙碌碌之后，才发觉自己历尽千辛万苦所追求的幸福竟是最平常的享受。

2. 树立正确的得失观

"草帽书记"杨善洲

"草帽书记"杨善洲似乎很傻。在位时，他手里有权，却不为自己和子女谋半分利；退休后，"自讨苦吃"垦殖荒山22年，将政府奖励的十几万元捐了出来；病逝前，又把价值3亿多元的林场经营权无偿交给国家……生为守大义，死成千古贤。从这个角度看，他得到的很丰厚、很珍贵、很长久。

3. 树立正确的苦乐观

匡衡凿壁偷光

西汉时期，有一个特别有学问的人，叫匡衡，匡衡小的时候家境贫寒，为了读书，他凿通了邻居文不识家的墙，借着偷来一缕烛光读书，终于感动了邻居文不识。在大家的帮助下，小匡衡学有所成。在汉元帝的时候,由大司马、车骑将军史高推荐,匡衡被封郎中,迁博士。

屈原洞中苦读

屈原小时候不顾长辈的反对,不论刮风下雨,天寒地冻,躲到山洞里偷读《诗经》。经过整整三年,他熟读了《诗经》305篇,从这些民歌民谣中吸收了丰富的营养,终于成为一位伟大的诗人。

4. 树立正确的顺逆观

柳公权戒骄成名

柳公权从小就显示出在书法方面的过人天赋,他写的字远近闻名。他也因此有些骄傲。有一天,他遇到了一个没有手的老人,竟然发现老人用脚写的字比用他手写的还好。从此,他时时把"戒骄"记在心中,勤奋练字,虚心学习,终于成为一代书法大家。

5. 树立正确的生死观

73岁"中国最美奶奶"健身抗癌

在你的印象里,73岁的年纪应该是什么样子呢?是追着孙子们后面到处跑?还是推着小椅子靠在墙角晒太阳?如果你是这样想的,那么一定是没有见过天津这位女士,她被称为"中国最美奶奶"。体态纤细、衣着时尚,有着花白的头发和大长腿,她会骑着自行车在天津的街头晃,也会穿着晚礼服、挽着高高的发髻出席重要的活动。

这位银发奶奶叫白金芹,单单看这精气神,很难想象她已经有73岁高龄了,精神状态和实际年纪的巨大差异,让许多人都感到好奇,白奶奶到底是有什么秘密武器呢?

其实保持青春活力的秘诀很简单,那就是健身。可白奶奶最开始接触健身的原因,并不是为了美丽,而是为了救命。

年轻的时候,我们仗着身体好,为了多赚钱,每天加班、熬夜,肆无忌惮地透支着自己的身体,白奶奶曾经也一样,长期久坐不动的她患上了许多职业病,宫内膜增殖症、皮肌炎、胆脂瘤……随着年纪越来越大,病痛时常折磨着她。

在60岁时,白奶奶的旧疾转化成了癌症,为了保住生命,她不得不切除了子宫。从那以后,白奶奶身体大不如前了,躺在病床上的她时常后悔与自责,如果时间能倒流,绝对不会为了任何事情而随意毁坏自己的健康。

但是生性乐观的白奶奶,并没有沉浸在负面情绪里无法自拔,出院之后的第一件事,就是锻炼身体。对于大病初愈已年过半百的白奶奶来说,零基础开始健身是一件极其艰难的事。

最初,她只能做一些最简单的动作,走走步、练练瑜伽,等身体渐渐适应了,开始增加训练强度,普拉提、战绳、核心训练、间歇性训练,流再多的汗都不会说一个累字。日复一日,白奶奶的身体发生了较大的变化,不到半年的时间,不仅减去了10斤的体重,更重要的是,腹部脂肪也减少了许多,大大降低了内脏患病的概率,整个人都变得精神饱满。白奶奶的体脂率、肌肉力量和心肺耐力指标,完全碾压年轻人。

"来健身就跟汽车去加油站的感觉一样,给自己加满油,生活的方方面面,譬如买菜、做饭、料理家务都更有劲了,没有觉得疲惫,从心底里喜欢。"

她的经历被越来越多的人知道，许多人深受影响，也加入到了健身的队伍。当同岁数的人在抱怨身体大不如前时，白奶奶却在逆龄的路上一往无前，她更加愿意与年轻人一起，讨论美食、旅行与健身，而且从来不会出现代沟。

60岁零基础健身到如今73岁，白奶奶用13个年头告诉了我们，不要在乎别人说什么，遇见更好的自己才更重要。"每个人都不能留住青春，我们唯一能做到的是优雅地老去。"73岁的年纪，17岁的心态，任何时候开始，都不算晚。

（资料来源：https://www.sohu.com/a/236917812_261364）

6. 树立正确的荣辱观

八荣八耻

以热爱祖国为荣，以危害祖国为耻；以服务人民为荣，以背离人民为耻。
以崇尚科学为荣，以愚昧无知为耻；以辛勤劳动为荣，以好逸恶劳为耻。
以团结互助为荣，以损人利己为耻；以诚实守信为荣，以见利忘义为耻。
以遵纪守法为荣，以违法乱纪为耻；以艰苦奋斗为荣，以骄奢淫逸为耻。

（二）反对错误人生观

（1）反对拜金主义。
（2）反对享乐主义。
（3）反对极端个人主义。

拜金主义、享乐主义、极端个人主义等错误的人生观，没有正确把握个人与社会的辩证关系，忽视或否认社会性是人的存在和活动的本质属性，对人的需要的理解极端、狭隘和片面，其出发点和落脚点都是一己之私利。大学生应当顺应时代潮流，在科学理论的指导下，认清这些错误思想和腐朽观念的实质，选择并追求高尚的人生目的，在服务人民、奉献社会的人生实践中完善自我、创造人生的美好价值。

大学生犯罪"非贫困化"趋势严重，拜金主义是诱因

拜金享乐主义是大学生犯罪的物质诱因。进入高校之后，面对着各种各样的新鲜事物所带来的诱惑，物欲的冲击淹没了心理的防线，才导致大学生盗窃、抢劫等侵财型犯罪案件激增。

现在大学生大多都是独生子女，存在"自我中心"思想。一切以"我"为中心的价值观容易形成争强好胜、固执偏执的性格，当这种意识发展到某种程度时，往往会成为犯罪的导火线。

据海口检察系统调研发现，2010—2013年海口市受理的在校大学生犯罪案件，2010年和2011年犯罪人数较为稳定，2012年和2013年案件增势明显，尤其是2012年的增幅为275%。从区域看，高等院校聚集的海口市美兰区、龙华区犯罪数量高发，4年来审查起诉的在校大学生案件占全市同类案件总数的77.8%，犯罪绝对发生量与辖区高校数量成正比。

"以往大学生犯罪，尤其是财产型犯罪，其作案动机常出于家庭贫困的原因。经调查发现，近几年非贫困化的作案动机越来越严重：有的出于追求享受，爱慕虚荣；有的为打击报复，泄私愤；有的可能是因为学习上的竞争或恋爱方面的原因；有的则是出于空虚无聊，寻求刺激。"

（资料来源：http://edu.china.com.cn/2013-11/22/content_30671956.htm）

（三）成就精彩人生

与历史同向。
与祖国同行。
与人民同在。

武汉火神山、雷神山

武汉火神山、雷神山两所救命医院的建设过程惊人，其中的艰辛和力量远超我们想象，建设者用中国速度与疫情赛跑。

首先，来自国家的紧急命令：由中建三局牵头，武汉建工、武汉市政、汉阳市政等企业参建，在武汉知音湖畔5万平方米的滩涂坡地上，指挥7500名建设者和近千台机械设备，向全体国人和备受煎熬的武汉市民立下军令状——"十天，建成一所可容纳1000张床位的救命医院"。

紧接着，你需要北京中元国际工程设计研究院在78分钟内，将17年前小汤山医院的设计和施工图纸全部整理完善完毕，然后毫无保留地提交给武汉中信建筑设计院，并由全国勘察设计大师黄锡璆博士监督实施。

你需要中信建筑设计院在1小时内召集60名设计人员，同时设立公益项目，联络全国数百名BIM设计师共同参与，全力以赴投入战斗：24小时内拿出设计方案，60个小时内与施工单位协商敲定施工图纸。

你需要武汉航发集团，迅速进场开始场地平整、道路以及排水工程施工；同时由两家上市公司高能环境和东方雨虹组成紧急工程建设团队，负责防渗工程、污水处理和医疗垃圾转运设施建设；还要在最困难的时候召唤中铁工业旗下中铁重工，火速增援追赶工期。

你需要国家电网，260多名电力职工不眠不休24小时连续施工。在1月31日前完成两条10千伏线路迁改、24台箱式变压器落位工作、8000米电力电缆铺设，并按时开始送电。

你需要亿纬锂能，在电力电缆铺设完成前，紧急提供静音发电车，以解决通信基站等关键设备的应急供电问题

你需要华为、中国移动、中国电信、中国联通、中国铁塔、中国电子、中国信科等前后方企业紧密配合、协同作战，在36小时迅速完成5G信号覆盖后，还交付了云资源、核心系统的计算与存储设备，并建成与解放军总医院合作的远程会诊系统。

然后你可以在三棵桂花树后架设一个摄像头开通直播，再召唤几千万个云监工，看着由三一重工、中联重科、徐工机械支援保障的工人们24小时忙忙碌碌。

你需要中石油现场加油车，并征用中石化知音大道加油站为项目现场提供油品保障，同时提供方便面、开水、开会场地和临时厕所。

你需要三峡集团鄂州电厂全部生产人员进厂，为武汉用电提供保证；中国铁建高速公路优先放行火神山医院物资；宝武钢、浙商中拓、五矿发展提供钢材；中国建材提供石膏板、龙骨。

你还得用中国外运送来的食品、中粮集团捐赠的粮油为数千名工人供应一日三餐；需要在一天之内由湖北中百仓储联手阿里巴巴旗下淘鲜达建成一个"无接触收银"超市，为工人和医务工作者便捷、安全地提供生活物资供应。

施工中，你需要华新股份的水泥、河北军辉的防火涂料、正大制管的镀锌圆钢、华美节能的橡塑绝热保温材料、惠达卫浴的5931件马桶和龙头、海湾安全的消防报警器、佳强节能等

三家企业的3500套装配式集成房、新兴际华的球墨铸铁管、永高股份的市政及建筑管道、中国一冶的4800套钢构件、株洲麦格米特的50套电源设备、上海冠龙公司的2000台阀门。

房子建好接下来装修,你需要中建深装的100名管理人员、500名施工人员,在3天内完成室内外地胶铺设、卫生间和缓冲间地砖铺设以及200余间病房的室内装饰任务。

信息系统建设,你需要联想集团提供的全套2000多台计算机设备和专业IT服务团队进场;TCL电子提供的全部公共LCD显示屏;小米提供的平板电脑;紫光、烽火通信、奇安信提供的网络及安全设备;卫宁健康提供的互联网医院云平台。

专业设备必不可缺,你需要影联医疗、上海信投、东软集团的CT设备、潍坊雅士股份的ICU病房和手术室专用医疗空调、上海集成电路行业协会的热成像芯片、上海昕诺飞的930套紫外消毒灯、欧普照明的专业照明设备、乐普医疗的2000支电子体温计与700台指夹血氧仪、汇清科技和奥佳华的专业空气净化器、猎户星空的医疗服务机器人;欧亚达家居的物管团队和床铺物资。

以上所有的物资运输,都依赖于顺丰、中通、申通、韵达、EMS、阿里巴巴物流平台等中国物流巨头联合开通的国内及全球绿色通道,免费从海内外各地为武汉运输救援物资。

最后,让专业团队安装好格力空调,等海尔的工程师因为道路封闭背着冰箱赶到现场,把美的饮水机、热水器安置到位。门外,由宇通客车和江铃集团捐赠的几十辆负压救护车已经整装待发。

你想到的,总会有人及时提供;你想不到的,也会有人提供。

价值20万元的文件柜,14家洛阳家具企业连夜赶工,发货后才告诉你:"不用买,我们捐。"

8000斤冬瓜、上海青、香菜,是河南沈丘白集镇退伍老兵王国辉驱车300公里,在大年三十直接送到工地的。

1吨"资中血橙",是并不富裕的四川资中县水南镇农民黄成精挑细选发来的。

400个板凳,是营业不到一年的淘宝店主金辰不忍看到昼夜赶工的工人们席地而坐捐献的。

……

哪有什么"基建狂魔"?

只有争分夺秒的"生死时速"。

不用无谓的"震惊、喝彩",

只要绝不放弃的咬牙坚持。

屏息,忍痛。

只要需要,中国龙把最硬的鳞给你!

(资料来源:http://blog.sina.com.cn/s/blog_e57a1bfa0102zkol.html)

树立正确的人生导向

李兰娟院士说,疫情结束后希望国家给年轻人树立正确的人生导向,把高薪留给一线科研人员,留给保家卫国的军警战士,不要让年轻人一味追演艺明星。

灾难来临的时候,是我们的军人和警察,是我们的医护人员,是我们的党员干部,义无反顾,舍小家顾大家,逆行冲锋在战斗的最前沿,与敌人、与病魔、与灾难做殊死的抗争,用自己的青春和热血谱写着一首首生命的赞歌!谁是最可爱的人?谁是值得平时点赞和推崇的人?每个有良知的人都应该燃亮自己的心灯,向这些迎向危难,勇于担当,守护安宁,用自己宝贵的生命去呵护百姓生命的平凡英雄致敬!

(**资料来源**:https://www.sohu.com/a/371618165_120142689)

▎**推荐阅读**

1. 刘同. 谁的青春不迷茫. 北京:中信出版社,2012.

2. 刘同. 你的孤独,虽败犹荣. 北京:中信出版社,2014.

3. 特立独行的猫. 不要让未来的你,讨厌现在的自己. 武汉:武汉出版社,2014.

4. 张德芬心灵四部曲:《遇见未知的自己》《遇见心想事成的自己》《活出全新的自己》《重遇未知的自己》。

5. 韦秀英. 哈佛凌晨四点半. 合肥:安徽人民出版社,2012.

学习笔记

授课时间		授课教师	
授课主题			
学习反思			

自我测评

一、单选题

1. 马克思主义揭示人的本质的出发点是(　　)。
   A. 人的自身需要　　　　　　B. 人的社会关系
   C. 人的自然属性　　　　　　D. 人类的共同利益

2. "人的本质不是单个人所固有的抽象物,在其现实性上,它是一切社会关系的总和。"这句话说明,人的本质属性在于其(　　)。
   A. 自然性　　　B. 社会性　　　C. 抽象性　　　D. 生物性

3. 人生观是人们在实践中形成的对于人生问题的根本看法。在人生观中,居于核心地位的是(　　)。
   A. 人生价值　　　B. 人生态度　　　C. 人生目的　　　D. 人生道路

4. 科学高尚的人生观是(　　)。
   A. 拜金主义　　　B. 享乐主义　　　C. 利己主义　　　D. 为人民服务

5. 属于个人主义人生观的是(　　)。
   A. 一切向钱看　　　　　　　B. 人生若朝露,行乐须及时
   C. 今朝有酒今朝醉　　　　　D. 人不为己,天诛地灭

6. 人的生活实践对于社会、他人和自身需要的满足,或对于社会、他人和自身所具有的意义,称为(　　)。
   A. 人生价值　　　B. 人生态度　　　C. 人生理想　　　D. 人生目的

7. 人生价值评价的根本尺度是(　　)。
   A. 人生活动是否符合社会发展规律,是否通过实践促进了历史进步
   B. 是否满足社会需要
   C. 是否促进自身发展
   D. 是否满足自我需要

8. 人生价值评价的基本尺度是(　　)。
   A. 是否促进了自我发展和完善
   B. 是否符合社会发展基本要求
   C. 努力工作得到了回报
   D. 通过劳动实践对社会和他人做出了贡献

9. 人的生命活动不同于动物的生命活动,人是以(　　)求得生存和发展。
   A. 劳动　　　B. 金钱　　　C. 道德　　　D. 法律

10. "人性自私"观点的错误在于(　　)。
    A. 不符合"人之初,性本善"的看法
    B. 违背人有追求自由、平等、幸福的天性
    C. 把人的自然属性当作人的根本属性
    D. 违背了"人的本质在其现实性上是一切社会关系的总和"的科学论断

11.我们时代最崇高的精神应当是(　　)。

A.全心全意为人民服务,毫不利己的专门利人

B.集体主义　　　C.爱国主义　　　D.民族主义

12.把金钱作为衡量人生价值的唯一标准的人生观是(　　)。

A.享乐主义　　B.拜金主义　　C.个人主义　　D.自由主义

13.资产阶级世界观的核心是(　　)。

A.享乐主义　　B.拜金主义　　C.个人主义　　D.自由主义

14.人生价值之所以是社会价值和自我价值的统一,是由于人的存在具有两重性,这两重性是指(　　)。

A.人既具有自然性又具有社会性

B.人既存在正当的个人利益又存在自私观念

C.人既是作为个体而存在又作为社会成员而存在

D.人既有社会性又有阶级性

15.人的社会性决定了人生的(　　)是人生价值最基本的内容。

A.社会价值　　B.自我价值　　C.人生态度　　D.人生目的

16.爱因斯坦曾经说过:"人只有献身社会,才能找出那实际上是短暂而有风险的生命的意义。"这表明(　　)。

A.人生价值就是自我价值

B.人生价值就是社会价值

C.人生的自我价值就是社会价值

D.人生的社会价值是人生价值的最基本内容

17.马克思认为:"人的本质是一切社会关系的总和。"社会中的每个人都不可避免地要与他人发生各种各样的社会关系。个人与他人的关系在本质上是(　　)。

A.合作关系　　B.竞争关系　　C.社会利益关系　　D.矛盾关系

18.毛泽东指出:社会实践及其效果是检验主观愿望或动机的标准。因此,评价社会成员人生价值还要坚持(　　)

A.能力大小与贡献的统一　　　B.动机与效果的统一

C.完善自身与贡献社会的统一　　D.物质贡献与精神贡献的统一

19.人的三观不包含(　　)。

A.职业观　　B.人生观　　C.世界观　　D.价值观

20.成就出彩人生不应该(　　)。

A.与历史同向　　B.与祖国同行　　C.与人民同在　　D.以自我为中心

二、多选题

1.学会合作(　　)。

A.是教育的目的　　B.才能适应竞争

C.是成功的要素　　D.目的是受人欢迎　　E.目的是改善人际关系

2. 人际关系在人们的社会生活中具有十分重要的作用,良好的人际关系能够(   )。

A. 使人不需艰苦劳动,便可坐享其成

B. 使人有不需原则,有求必应的朋友

C. 使人保持心境轻松、平稳、态度乐观

D. 为一个人事业的成功创造优良的环境

E. 使人的物质生活和精神生活获得更多的幸福

3. 关于竞争与合作的关系中正确的说法有(   )。

A. 竞争需要借助合作才更有可能获胜,合作增强了竞争的能力

B. 竞争中有合作,合作中竞争,二者相互渗透,相辅相成

C. 合作是为了更好地竞争,合作愈好,竞争中成功的可能性就愈大

D. 在现代社会中,无论竞争还是合作都是为了获取最大的物质利益

E. 合作则双赢,竞争则两败。

4. 人生观是人们对人生目的和人生意义的根本看法和态度。下列选项属于人生观范畴的有(   )。

A. 人为什么活着

B. 怎样生活才有价值

C. 思维和存在的关系如何

D. 人类社会的发展规律是什么

E. 如何对待人生道路上的困难和矛盾

5. 深圳青年歌手丛飞在8年时间内,捐资上百万元资助了很多贫困山区的失学儿童,而自己却身患癌症,负债17万元。有人这样评价他:"丛飞能够从帮助别人的过程中得到快乐。"丛飞的行为表明(   )。

A. 人的价值的大小取决于对社会的贡献

B. 人的价值不包含个人的价值选择和目标设计等主观方面

C. 人的价值不仅表现在物质方面,更表现在精神方面

D. 社会价值的实现总是以个人价值的牺牲为代价

6. 人生观是人们对人生目的和人生意义的根本看法和态度。人生观在人生中的重要意义体现在(   )。

A. 人生观决定一个人做人的标准

B. 人生观体现着一个人的知识水平的高低

C. 人生观是把握人生方向、抉择人生道路的指南

D. 人生观反映的是人们对整个世界的根本看法和观点

E. 人生观调节着个人与他人、个人于集体、个人与社会、个人与自然之间的关系

7. 合作具有极大的社会作用,人类社会的发展和进步离不开合作。这是因为(   )。

A. 合作是人生力量的源泉　　　　B. 合作能防止竞争产生

C. 合作是事业成功的土壤　　　　D. 合作能克服个人主义的产生

E. 合作是人类社会得以形成的根基

8.社会心理学家安东尼·罗宾认为:"人生中最大的财富是人际关系。"人际关系对人生的意义,具体表现在(　　)。

　　A.良好的人际关系是人生幸福的需要

　　B.良好的人际关系是人身心健康的需要

　　C.良好的人际关系是人事业成功的需要

　　D.良好的人际关系是人生奋斗的最高目标

　　E.良好的人际关系是个人成功的唯一条件

9.在竞争与合作中,处理好自己与他人关系的正确态度有(　　)。

　　A.要会欣赏别人,善于发现别人的长处,虚心向别人学习

　　B.一切都以是否有利于自己私利的实现为转移,完全不必考虑他人

　　C.能站在对方的位置上考虑,想想别人的难处和利益,理想和宽容别人

　　D.个人本身就是目的,具有最高价值,他人只是达到个人目的的一种手段

　　E.要会理解和谅解别人,对于竞争或合作中发生的分歧和误会,不心存怨恨

10.协调个人与他人的关系应坚持的原则(　　)。

　　A.平等　　　　　B.诚信　　　　　C.宽容

　　D.猜疑　　　　　E.互助

三、简答题

1.在当今社会,许多人都十分讲求"实际",思考人生目的这样的大问题有意义吗?为什么?

2.人生态度与人生观是什么关系?如何端正人生态度?

3.人生的自我价值、社会价值具有怎样的关系?为什么说人生价值在于人的创造性社会实践?

四、材料分析题

1.北大方正的创立者王选有一个著名的公式是"我 + 我们 = 完整的我"。这不仅是对他事业成功的一个总结,也是他悟出的人生座右铭。

请结合所学的有关理论对此进行分析。

2.一个自以为很有才华的青年人,一直得不到别人的认同和重用,为此,他愁肠百结,异常苦闷。有一天,他去询问一长者:"命运为什么对我如此不公?"长者听了沉默不语,只是捡起了一颗小石子,并把它扔到乱石堆中。然后说:"你去找回我刚才扔掉的那个石子。"结果,这个人翻遍了乱石堆,却无功而返。这时候,长者又取下自己手上的一枚戒指,然后以同样的方式扔到乱石堆中。结果,这一次,年轻人很快便找到了那枚金光闪闪的戒指。长者虽然没有再说什么,但是这位年轻人却一下子醒悟了:当自己还是一颗石子,而不是一块金光闪闪的金子时,就不要抱怨命运对自己不公平。

生活给谁的幸运都不会太多,面对不佳的际遇,大多数人都抱怨别人的不公,却很少有人能正视自己,问一问是否已经将自己磨炼成了一块金子,一块熠熠生辉足以让人看重的金子。

请分析和思考人生价值的标准是什么。

第三章 坚定理想信念

专题设计概述

大学生坚定科学信仰,追求远大理想,在为实现中国特色社会主义而奋斗的过程中实现个人理想,是自身成长成才的现实需要,也是国家和人民的殷切期盼。通过本章学习,帮助大学生理解理想信念对大学生成长成才的重要意义,帮助大学生理解为什么要信仰马克思主义,从而树立起马克思主义的崇高理想信念,形成共同理想,胸怀远大理想。帮助大学生正确处理理想与现实之间的矛盾,自觉将个人理想和社会理想相统一,积极投身社会实践,把理想转化为现实,实现中国梦。

思维导图

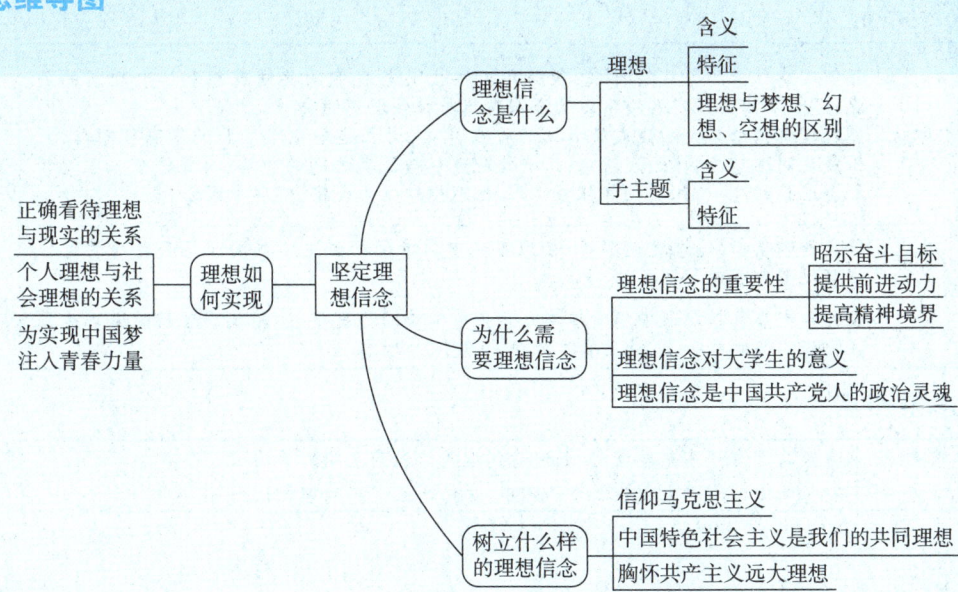

平语近人

中国共产党立志于中华民族千秋伟业,百年恰是风华正茂!我们要认真回顾走过的路,不能忘记来时的路,继续走好前行的路,坚定理想信念,牢记初心使命,植根人民群众,始终保持蓬勃朝气、昂扬斗志。

——习近平在2021年春节团拜会上的讲话

我国广大青年要坚定理想信念,培育高尚品格,练就过硬本领,勇于创新创造,矢志艰苦奋斗,同亿万人民一道,在矢志奋斗中谱写新时代的青春之歌。

——习近平致全国青联十三届全委会和全国学联二十七大的贺信

要加强理想信念教育,培育和践行社会主义核心价值观,深化中国特色社会主义和中国梦宣传教育,教育引导广大干部群众特别是青少年坚定中国特色社会主义道路自信、理论自信、制度自信、文化自信。

——习近平在深圳经济特区建立40周年庆祝大会上的讲话

▍成长话题

1. 解理想之惑,明青春之志
"躺平"还是"站立"?
生存重要还是理想生活重要?
2. 深理想之思,塑崇高之魂
"00后"在忧虑什么?
大家好才是真的好!
3. 破理想之迷,重践行之程
年轻人怎么在这个喧嚣的社会中不迷失自我和坚守理想?
"死磕"到底还是"算了"?如何平衡心态?

▍课时安排 6学时

序号	题目	课型	课时分配
1	《解理想之惑,明青春之志》	理解认知	2课时
2	《深理想之思,塑崇高之魂》	理解认知	2课时
3	《破理想之迷,重践行之程》	理解认知	2课时

▍教学目标

知识目标	了解理想信念的含义及特征;理解马克思主义与我们的共同理想和远大理想的关系;了解理想与现实的关系以及个人理想与社会理想的统一 掌握理想信念对大学生成长成才的重要意义;树立起马克思主义的崇高理想信念,形成共同理想,胸怀远大理想;正确处理理想与现实之间的矛盾,自觉将个人理想和社会理想相统一,积极投身社会实践,把理想转化为现实,实现中国梦
能力目标	坚定科学信仰,追求远大理想,在为实现中国特色社会主义共同理想而奋斗的过程中实现个人理想
情感目标	让大学生肩负起实现中华民族伟大复兴中国梦的历史重任,把实现理想的道路建立在脚踏实地的奋斗上,放飞青春梦想,实现人生理想

▍教学重难点

重点	为什么要信仰马克思主义,如何看到理想与现实之间的矛盾
难点	理想信念对大学生成长成才的作用,如何树立崇高的理想信念

● 教学资源

一、理想信念是什么

（一）理想

1. 含义

理想
流沙河

理想是石,敲出星星之火。
理想是火,点燃熄灭的灯。
理想是灯,照亮夜行的路。
理想是路,引你走到黎明。
饥寒的年代里,理想是温饱。
温饱的年代里,理想是文明。
离乱的年代里,理想是安定。
安定的年代里,理想是繁荣。
理想如珍珠,一颗缀连着一颗,
贯古今,串未来,莹莹光无尽。
美丽的珍珠链,历史的脊梁骨,
古照今,今照来,先辈照子孙。
理想是罗盘,给船舶导引方向。
理想是船舶,载着你出海远行。
但理想有时候又是海天相吻的弧线,
可望而不可即,折磨着你那进取的心。
理想使你微笑地观察着生活。
理想使你倔强地反抗着命运。
理想使你忘记鬓发早白。
理想使你头白仍然天真。
理想是闹钟,敲碎你的黄金梦。
理想是肥皂,洗濯你的自私心。
理想既是一种获得,
理想又是一种牺牲。
理想如果给你带来荣誉,
那只不过是它的副产品,

而更多的是带来被误解的寂寥,
　　寂寥里的欢笑,欢笑里的酸辛。
　　理想使忠厚者常遭不幸。
　　理想使不幸者绝处逢生。
　　平凡的人因有理想而伟大。
　　有理想者就是一个"大写的人"。
　　世界上总有人抛弃了理想,
　　理想却从来不抛弃任何人。
　　给罪人新生,理想是还魂的仙草。
　　唤浪子回头,理想是慈爱的母亲。
　　理想被玷污了,不必怨恨,
　　那是妖魔在考验你的坚贞。
　　理想被扒窃了,不必哭泣,
　　快去找回来,以后要当心!
　　英雄失去理想,蜕作庸人,
　　可厌地夸耀着当年的功勋。
　　庸人失去理想,碌碌终生,
　　可笑地诅咒着眼前的环境。
　　理想开花,桃李要结甜果。
　　理想抽芽,榆杨会有浓荫。
　　请乘理想之马,挥鞭从此起程,
　　路上春色正好,天上太阳正晴。

2. 特征

(1) 理想具有超越性。

(2) 理想具有实践性。

(3) 理想具有时代性。

3. 理想与梦想、幻想、空想的区别

梦想: 梦想更多的是代表一些偶尔会想想但不会去做的事情,且认为这样的事实现的可能性几乎不存在,可望而不可即。

一个穷人,有一天捡到一个鸡蛋,晚上躺在床上,对妻子说:"我捡到一个鸡蛋,明天那给邻居家的母鸡去孵化,出生一只小鸡,再把它养大,去生蛋。蛋又孵化。这样,鸡生蛋,蛋生鸡,就有了很多鸡。我们再把鸡卖掉,去买一头牛。牛又生崽,崽又生牛,有了很多牛,我们在把牛卖掉,就有很多很多的钱。那时,我们就去买山,买田,我还想买一个……"妻子问:"还想买一个什么?"这个穷人说:"还想买一个小老婆来过日子!"妻子一听,立刻大怒:"我叫你去发财!"随即将那个鸡蛋摔在地上,鸡蛋梦破灭了。

幻想: 与生活愿望相结合并指向未来的一种想象,与现实有很大差距,但在将来有实现

的可能。

从前有只不安分的猴子,它非常羡慕飞在天上的鸟儿,总想着自己也能在蓝天上飞翔。一天,猴子在树上遇上了一只老鹰,它对老鹰哀求道:"鹰大哥,求求您教我飞行的本领吧。""太荒唐了。"老鹰劝说道:"你们猴子本来就应该在地上生活,没有翅膀是不能飞上天的。""可我最大的心愿就是能飞上天空,哪怕一次也行啊!"猴子不听劝告,硬是要老鹰带它上天。老鹰只好用爪子抓住猴子,把它带到天上,猴子梦想成真,竟然得意忘形起来,大声嘲笑不会飞的同伴。这个举动让老鹰十分恼火,它出其不意地松开爪子。结果猴子跌落在岩石上,摔了个粉身碎骨。

这个故事说明,生活中总有一些好高骛远的人,他们追求不切实际的东西,最终往往以失败而告终。

空想:空想是人们对未来的一种想象,但它是缺乏根据的随心所欲的想象,是违背社会发展客观规律、不能实现的。

"朱评漫学屠龙于支离益,单千金之家,三年技成而无所用其巧。"(《庄子·列御寇》)

理想、幻象、空想都体现了人们的主观性,但理想的内容有客观性、符合规律性,幻象的内容是对客观性的超越,空想是纯粹的主观性。理想较多的是代表既定的并且经过努力可以实现的目标。

梦想与理想的相通之处,又同在一个"想"字上。人的想法很多时候都不是空穴来风,而是在一定基础上想到的,或是有别的一些东西来支撑的。任何一种想法,如果脱离了现实,就像不积跬步而想至千里,不积小流而要成江河一样荒唐。理想应当是可以实现的,但能不能真正实现还要看今后的努力。梦想中的"梦"不是想出来的,而是在实践中升华出来的,因此,梦想是需要生活积淀的。

(二)信念

1. 含义

信念——烈性的骏马

龚久湘

我的信念

如同烈性的骏马

一声长啸

力量如山洪暴发

飞蛾扑火,向往光明

山泉出谷,寻求博大

我构筑信念的大厦

远眺黎明的光华

我崇敬朴实的犁浪

谴责趾高气扬的飞沙

　　　　我信奉结实的谷粒
　　　　鄙视妄自尊大的泡米花
　　　　我不着金镂玉饰的铠甲
　　　　我爱赤裸的淬火、锻打
　　　　因为廉价的袒护
　　　　岂能孕有铁的筋骨,钢的身价
　　　　我是思索,却非善男信女
　　　　我是种子,情在秋实春华
　　　　目前,虽不过初绽的苞点
　　　　吻我有天边融融的朝霞
　　　　信念存在,生态会多一架平衡器
　　　　信念繁衍,世界会少一张讽刺画
　　　　为了信念,愿去莽莽荒漠探险
　　　　不屑与墙头草争个高下
　　　　这就是我的信念
　　　　山洪也似的烈性骏马
　　　　有信念就有神圣的力量和责任
　　　　啊,人生的诗韵——马蹄踏踏

2. 特征

（1）信念具有执着性。

（2）信念具有多样性。

（三）理想与信念

理想和信念总是相互依存、不可分割的。理想是信念所指的对象,信念则是理想实现的保障。离开理想这个人们确信和追求的目标,信念无从产生;离开信念这种对奋斗目标的执着向往和追求,理想寸步难行。也正因如此,人们常将理想与信念合称为理想信念。

二、为什么需要理想信念

（一）理想信念的重要性

理想使"人"成为人,理想是人类特有的精神现象。先哲们曾把理性确定为人之为人的本质。而人的理性不仅包括思考能力,而且包括想象设计未来的能力,这是人的高贵之所在。人之所以要强调要有理想,其实出发点就是要使人的生命更加丰满,最大限度地实现人的价值,使人的生命赞歌更加高亢悠扬。

弘扬"红船精神"走在时代前列（节选）

"红船精神"——党的先进性之源

一个大党诞生于一条小船。从此，中国共产党引领革命的航船，劈波斩浪，开天辟地，使中国革命的面貌焕然一新。伟大的革命实践产生伟大的革命精神。"红船精神"正是中国革命精神之源：中国共产党历史上形成的优良传统和革命精神，无不与之有着直接的渊源关系。中国共产党作为中国工人阶级和中华民族的先锋队，从这条红船扬帆起航，就始终代表着中国先进生产力的发展要求，代表着中国先进文化的前进方向，代表着最广大人民的根本利益，在推动中国历史前进中发挥着无可替代的领导核心作用。正如党的十六大报告所明确指出的，党的先进性"归根到底要看党在推动历史前进中的作用"。红船正是走在时代前列的象征，"红船精神"就充分体现了走在时代前列的精神，这也就集中体现了党的先进性，是党的先进性之源。

中国共产党沿着红船的航向，以开天辟地、敢为人先的首创精神，始终站在历史和时代发展的潮头。上世纪20年代的旧中国，是一个半封建半殖民地的社会。"十月革命"一声炮响给我们送来马克思列宁主义，"五四"运动中工人阶级登上政治舞台，这都为中国共产党的诞生作了思想和组织上的准备。中国共产党正是顺应求民族独立、谋人民解放的历史使命，勇立社会历史发展的潮头，在南湖红船上宣告成立，从此使中国革命的历史翻开了崭新的一页。对此，毛泽东同志称之为"开天辟地的大事变"。董必武同志在故地重游中欣然命笔："烟雨楼台革命萌生，此间曾著星星火；风云世界逢春蛰起，到处皆闻殷殷雷。"南湖红船点燃的星星之火，形成了中国革命的燎原之势，使四海翻腾，五岳震荡。我们党从这里走向井冈山，走向延安，走向西柏坡，由一个领导人民为夺取政权而奋斗的党，成为领导人民掌握政权并长期执政的党。

中国共产党扬起红船的风帆，以坚定理想、百折不挠的奋斗精神，矢志推动中国革命和建设事业不断前进。中国共产党是以马克思主义理论武装起来的先进政党。中国共产党的诞生，使中国革命从此有了坚定的理想信念和强大的精神支柱。在惊涛骇浪不断的革命大潮中，红船在升腾，共产党人的信念也在升腾。当初，党的"一大"会议在白色恐怖中召开，由上海转至嘉兴，在南湖红船上完成缔造中国共产党的使命，靠的是坚定的理想信念和百折不挠的革命精神。之后，我们党在长期艰苦卓绝的奋斗中，历经曲折而不畏艰险，屡受考验而不变初衷，由小到大，由弱变强，靠的还是坚定的理想信念和百折不挠的革命精神。中国共产党人不管风吹浪打，不怕急流险滩，始终坚定自己的理想和信念，以压倒一切敌人、战胜一切困难的大无畏英雄气概，矢志推动中国革命和建设事业的大船劈波斩浪、不断奋进。

中国共产党载着红船的意愿，以立党为公、忠诚为民的奉献精神，努力维护好、实现好、发展好最广大人民的根本利益。"革命声传画舫中，诞生共党庆工农"。中国共产党从诞生那天起，从来就没有自己的私利，而是以全心全意为人民谋福利为根本宗旨。密切联系群众是我们党区别于其他任何一个政党的显著标志。依水行舟，忠诚为民，成为贯穿中国革命和建设全过程的一条红线，也是"红船精神"的本质所在。肩负为人民谋利益的神圣职责和崇高使命，中国共产党人以自己的身体力行，宣传、发动和引领全国各族人民团结一心，和衷共济，英勇奋战，在推进中国革命和建设的进程中，不断维护好、实现好、发展好最广大人民的根本利益。

开天辟地、敢为人先的首创精神，坚定理想、百折不挠的奋斗精神，立党为公、忠诚为民的奉献精神，是中国革命精神之源，也是"红船精神"的深刻内涵。我们要高举"三个代表"重要思想伟大旗帜，始终保持党的先进性，就必须永远铭记我们党的"母亲船"，重温红船的历史沧桑，在继承和弘扬"红船精神"中永葆党的先进性，进一步激发为中国特色社会主义事业而奋斗的信念和力量。

（**资料来源**：光明日报，习近平，2005）

理想的重要性——"精神之钙"。习近平总书记指出："理想信念就是共产党人精神上的'钙'，没有理想信念，理想信念不坚定，精神上就会'缺钙'，就会得'软骨病'。"

1. 理想信念昭示奋斗目标

人生是一个在实践中奋斗的过程。要使生命富有意义，就必须在科学的理想信念指引下，沿着正确的人生道路前进。理想信念是人的思想和行为的定向器，一旦确立就可以使人方向明确、精神振奋，即使前进的道路曲折、人生的境遇复杂，也能使人看到未来的希望和曙光，永不迷失前进的方向。只有理想信念坚定的人，才能始终不渝、百折不挠，不论风吹雨打，不怕千难万险，坚定不移地为实现既定目标而奋斗。

为中华之崛起而读书

1898年3月5日，周恩来出生在江苏淮安。1910年来到东北，先在铁岭上小学，后又转到沈阳东关模范小学。1911年的一天，正在上课的魏校长问同学们：你们为什么要读书？同学们纷纷回答：为父母报仇，为做大学问家，为知书明礼，为让妈妈妹妹过上好日子，为光宗耀祖，为挣钱发财……等到周恩来发言时，他说："为中华之崛起！"魏校长听到一惊，又问一次，周恩来又加重语气说："为中华之崛起而读书！"周恩来的回答让魏校长大为赞赏。一个人能胸怀这样宏大的格局，具有这种昂扬向上的志向，是十分难得的。日后，周恩来果然为中华民族振兴崛起担当大任，做出了卓越的贡献，成为世人景仰的伟人。

"为中华之崛起而读书"的豪壮口号，回荡在神州大地上已有一百多年了。它穿越历史烟云，震撼着雄阔的时空，至今仍有其朝气蓬勃的生命力。它激励着一代又一代年轻学子报效祖国而奋发畅游学海，砥砺前行，一代又一代国之英才于是脱颖而出。

周恩来曾说过"一个人的幼年所受的影响，往往在他的思想上、生活作风上长期存在。"习近平总书记多次强调，家庭是社会的基本细胞。注重家庭、注重家教、注重家风，对于国家发展、民族进步、社会和谐具有十分重要的意义。在周恩来诞辰117周年之际，习近平总书记在《举轻若重的伟大公仆》文章上批示："周恩来的优良作风和优秀品德至今仍是我们学习的榜样。"

2. 理想信念提供前进动力

水调歌头·重上井冈山
毛泽东

久有凌云志,重上井冈山。千里来寻故地,旧貌变新颜。到处莺歌燕舞,更有潺潺流水,高路入云端。过了黄洋界,险处不须看。

风雷动,旌旗奋,是人寰。三十八年过去,弹指一挥间。可上九天揽月,可下五洋捉鳖,谈笑凯歌还。世上无难事,只要肯登攀。

3. 理想信念提高精神境界

大道之行也

大道之行也,天下为公。选贤与能,讲信修睦。故人不独亲其亲,不独子其子,使老有所终,壮有所用,幼有所长,矜、寡、孤、独、废疾者皆有所养,男有分,女有归。货恶其弃于地也,不必藏于己;力恶其不出于身也,不必为己。是故谋闭而不兴,盗窃乱贼而不作,故外户而不闭。是谓大同。(《礼记》)

(二)理想对大学生的意义

(1)理想使人具有方向感。
(2)理想使人的潜能挖掘。
(3)理想使人快乐与充实。
(4)理想使人简单与淡定。

"20世纪,高等教育自发地把如何使学生变得'聪明'当作了主要目的。高等教育忙于应付令人头晕目眩的新知识,无暇顾及价值观和道德教育。"

"教育有两个目的:一个是要使学生变得聪明;一个是要使学生做有道德的人。如果我们使学生变得聪明而未使他们具有道德,那么,我们就为社会创造了危害。"

——联合国发展计划署教育顾问　德怀特·艾伦

(三)理想信念是中国共产党人的政治灵魂

学习习近平总书记关于理想信念的重要论述

中国共产党人的理想是共产主义远大理想和中国特色社会主义共同理想;中国共产党人的信念包括对马克思主义的信仰,对社会主义和共产主义的信念,这是共产党人世界观、人生观、价值观的"总开关"。认真研读《习近平关于"不忘初心、牢记使命"重要论述选编》,深刻感受到习近平总书记"理想信念是中国共产党人的政治灵魂"的科学论断,是对理想信念之于共产党人重要意义的深刻把握,是对共产党人百年革命奋斗史精神源泉的高度提炼。

理想信念是共产党人精神之"钙"。习近平总书记强调:"对马克思主义、共产主义的信仰,对社会主义的信念,是共产党人精神上的'钙'。没有理想信念,理想信念不坚定,精神上就会得'软骨病'。"革命烈士、老一辈革命家之所以练就风雨不侵的钢筋铁骨,是因为他们的理想信念之"钙"无比充盈,对于自己认定的马克思主义、共产主义信仰和社会主义信念笃信终身、坚如磐石。在庆祝中国共产党成立95周年大会和纪念红军长征胜利80周年大会上,习近平总书记都反复论述理想信念的重要性。他多次推崇毛泽东、刘少奇、周恩来、朱德、陈云等老一辈无产阶级革命家都有着一份坚定的信仰,而且终其一生为他们的信仰而奋斗。共产党人正因为有着崇高的理想信念,才能始终坚持坚定正确的政治方向,做到"风雨不动安如山"。反过来,"理想信念动摇是最危险的动摇,理想信念滑坡是最危险的滑坡。一个政党的衰落,往往从理想信念的丧失或缺失开始。"总书记的重要论述,对于新时代共产党人如何克服精神上的"软骨病"、炼就"金刚不坏之身",筑牢共产党人精神家园,矢志不渝为信仰而奋斗,具有重大指导意义。

理想信念是共产党人胜利之"钥"。革命理想高于天,理想信念赋予共产党人的革命乐观主义精神和必胜信念,是打开革命、改革、建设事业胜利之门的钥匙。正如习近平总书记指出的:"我们党之所以能够经受一次次挫折而又一次次奋起,归根到底是因为我们党有远大理想和崇高追求。""心中有信仰,脚下有力量。"正因为有牢不可破的理想信念,所以我们取得了长征的胜利;强调要"用理想之光照亮奋斗之路,用信仰之力开创美好未来",理想信念赋予共产党人的这份革命激情,让他们对于社会主义中国的光明前途、对复兴中华民族的伟业始终充满着胜利的信念。这些重要论述,激励新时代共产党人极大增强"四个自信",披荆斩棘、破浪前行,接续开创中国特色社会主义事业新局面。

理想信念是共产党人忠诚之"源"。习近平总书记强调:"共产党人坚持的初心,就是对共产主义理想的坚定信仰,就是对党和人民事业的永远忠诚。"共产党人的伟大事业"绝不是轻轻松松、敲锣打鼓就能实现的",需要保持对党的事业的绝对忠诚,"衡量干部是否有理想信念,关键看是否对党忠诚"。坚定了理想信念,坚定了这份忠诚,共产党人"才会有强大的免疫力和抵抗力"。"断肠将军"陈树湘、共和国"第一号烈士"段德昌等革命先烈展现的正是这种对革命理想和党的事业无比忠诚的精神。这些重要论述,明确要求新时代的党员干部必须坚定理想信念,做到对党绝对忠诚。

"石可破也,而不可夺坚;丹可磨也,而不可夺赤。""不要忘记我们是共产党人,不要忘记我们是革命者,任何时候都不要丧失理想信念。"学习习近平总书记关于理想信念的重要论述,就要补精神之"钙"、固政治之"魂",做共产主义远大理想和中国特色社会主义共同理想的坚定信仰者、忠实实践者,为实现"两个一百年"的奋斗目标、实现中华民族伟大复兴的中国梦而英勇奋斗。

(资料来源:http://www.hnass.cn/item-7938.html)

三、树立什么样的理想信念

(一)信仰马克思主义

1. 马克思主义体现了科学性和革命性的统一

马克思主义

马克思主义是关于全世界无产阶级和全人类彻底解放的学说。它由马克思主义哲学、马克思主义政治经济学和科学社会主义三大部分组成,是马克思、恩格斯在批判地继承和吸收人类关于自然科学、思维科学、社会科学优秀成果的基础上于19世纪40年代创立的,并在实践中不断地丰富、发展和完善的无产阶级思想的科学体系。马克思主义理论体系覆盖了马克思本人关于未来社会形态——科学社会主义的全部观点和全部学说。马克思主义理论体系包含两个组成部分,即为现代唯物主义和现代科学社会主义。马克思主义理论体系中的科学社会主义理论包含两部分内容,即科学社会主义革命理论(政权理论部分)和科学社会主义政治经济学原理。科学社会主义政治经济学原理包含两部分内容,即科学社会主义商品经济结构设计和科学社会主义商品经济运行原理设计。

马克思主义深刻揭示了人类社会发展规律,坚定维护和发展最广大人民的根本利益,是指引人民推动社会进步、创造美好生活的科学理论。它以全人类的解放为己任,为人类的进步和解放指明了正确方向。

——习近平在纪念马克思诞辰200周年大会上的讲话(节选)

2. 马克思主义具有鲜明的实践品格

马克思主义是实践的理论,指引着人民改造世界的行动。马克思说,"全部社会生活在本质上是实践的","哲学家们只是用不同的方式解释世界,问题在于改变世界"。实践的观点、生活的观点是马克思主义认识论的基本观点,实践性是马克思主义理论区别于其他理论的显著特征。马克思主义不是书斋里的学问,而是为了改变人民历史命运而创立的,是在人民求解放的实践中形成的,也是在人民求解放的实践中丰富和发展的,为人民认识世界、改造世界提供了强大精神力量。

《共产党宣言》发表170年来,马克思主义在世界上得到广泛传播。在人类思想史上,没有一种思想理论像马克思主义那样对人类产生了如此广泛而深刻的影响。

在马克思亲自领导下,在马克思主义指导下,"第一国际"等国际工人组织相继创立和发展,在不同时期指导和推动了国际工人运动的联合和斗争。在马克思主义影响下,马克思主义政党在世界范围内如雨后春笋般建立和发展起来,人民第一次成为自己命运的主人,成为实现自身解放和全人类解放的根本政治力量。

列宁领导的十月革命取得胜利,社会主义从理论变为现实,打破了资本主义一统天下的世界格局。第二次世界大战结束后,一大批社会主义国家诞生,特别是中华人民共和国成立,极大壮大了世界社会主义力量。尽管世界社会主义在发展中也会出现曲折,但人类社会发展的总趋势没有改变,也不会改变。

马克思、恩格斯积极支持被压迫民族和人民的解放斗争。进入20世纪后,以列宁为代表的马克思主义者继承和发展马克思主义民族理论,指导和支持殖民地半殖民地国家民族解放运动。第二次世界大战结束后,一大批获得独立和解放的民族国家建立起来,彻底瓦解了帝国主义的殖民体系,世界各民族平等交往、共同发展展现出光明前景。

——习近平在纪念马克思诞辰200周年大会上的讲话(节选)

3. 马克思主义具有持久生命力

马克思主义包含着理论性与实践性、真理性与创新性、世界性与民族性的理论张力,这种理论张力促使它必然要不断走向生动的社会实践以实现自身的理论完整性,不断同各民族的历史、文化及时代特征相结合以展现其真理价值并获得当代形态,不断在认识世界的过程中实现其改造世界的目的,形成了马克思主义强大生命力的内在依据。

——王伟光《马克思主义真理具有强大而持久的生命力》(节选)

(二)中国特色社会主义是我们的共同理想

在中国共产党领导下,坚持和发展中国特色社会主义,实现中华民族伟大复兴,必须树立中国特色社会主义共同理想。

一部民族复兴史,也是一部青年奋斗史。从站起来、富起来到强起来,一代代青年前赴后继、顽强拼搏,在历史洪流中谱写了可歌可泣的青春篇章。时序更替,梦想前行。作为中国特色社会主义建设者和接班人,作为同新时代共同前进的一代,广大青年既拥有广阔发展空间,也承载着伟大时代使命,既是追梦者,也是圆梦人。实现中华民族伟大复兴的中国梦,广大青年可谓生逢其时、重任在肩。以激情和理想不懈追梦,以奋斗和奉献勇于圆梦,是新时代的呼唤,是祖国和人民的期盼。圆梦新时代,青年当作忠诚担当的接班人,当作理想坚定的奋斗者,当作知行合一的实干家。

——习近平在北大考察的重要讲话

把握中国特色社会主义是我们的共同理想的科学内涵。

首先,中国特色社会主义共同理想是一个综合性的社会理想。理想是有层次和类型的,有个人理想,也有社会理想。个人理想描绘的是个人生活事业的理想状态,而社会理想描绘的是社会发展的理想状态。个人生活于社会中,个人理想离不开社会理想。中国特色社会主义理想是一种社会理想,是一种关于中国社会发展状态的理想。它对于个人理想具有整合作用,是若干个人理想的寄托和发育之所。当代中国人对自身生活和发展的若干期望和设想,事实上是以中国经济社会的持续发展为背景的,不论是否意识到这一点;所以个人理想能否正确定位、能否实现,离不开对中国特色社会主义这一社会理想的把握。

其次,中国特色社会主义共同理想是一个具体的阶段性理想。对共产主义远大理想的追求是一个漫长的过程,在这个过程中,有若干个阶段性理想。与远大理想相比,阶段性的理想更为具体,因而它可以成为一定历史时期人们所普遍追求的比较切近的理想目标。在21世纪前二十年,全面建设小康社会,再继续奋斗几十年,到21世纪中叶基本实现现代化,把我国建设成为富强、民主、文明、和谐的社会主义国家。在我们达到这一理想目标之后,中国特色社会主义道路还将继续向前延伸,中国特色社会主义事业还将进一步向前推进,中国社会将进入新的发展阶段,中国特色社会主义共同理想还会增添新的内容。

再次,中国特色社会主义共同理想是全体中国人民都可以认同和追求的共同的理想。在社会生活中往往会出现不同的理想,但并不是所有的理想都能成为共同的理想。有的理想只代表了少数人或个别人的利益和愿望,它只能成为个别或少数人的追求目标。中国特色社会主义理想之所以能成为共同理想,就是因为它代表和反映了中国社会最广大人民群众的根本利益,为广大人民群众所认同和接受。

(资料来源:https://baike.baidu.com/item/%E4%B8%AD%E5%9B%BD%E7%89%

B9%E8%89%B2%E7%A4%BE%E4%BC%9A%E4%B8%BB%E4%B9%89%E5%85%B1%E5%90%8C%E7%90%86%E6%83%B3/6555217？fr=aladdin）

（三）胸怀共产主义远大理想

共产主义社会是物质财富极大丰富、实现按需分配、人的精神境界极大提高、每个人自由而全面发展的社会。

共产主义能实现吗

有些美好的词语，可能会在某段时间里，经常出现在我们的生活里、我们的脑海里、我们的歌声里，但随着时光流逝，时过境迁，它们可能又会被遗忘，会被质疑，甚至会被某些人的无知所侮辱。非常可惜的是，"共产主义"在中国经历了这样的遭遇！

曾几何时，它如此富有吸引力，我们激情昂扬地为之奋斗，不惜用最美好的语言形容它，我们甚至还相信离它只有一步之遥！好像经历了一场反转剧，然而，在今天一些人的心目中，它不再享有崇高的地位，不再值得奋斗，它似乎只是一栋海市蜃楼，渐渐变得模糊，已在千里之外。

究竟什么是共产主义？它还能实现吗？还值得我们去奋斗吗？不是问题的问题，成为了问题，无疑令人沮丧。但问题总得要面对，总得去回答，不然，美好的事物就会被流言蜚语一点点吞噬。

共产主义就是"楼上楼下，电灯电话"，就是"土豆烧牛肉"，我们的理解曾经如此单纯。如果是这样，我们可以完全自信地说，它已经实现了。共产主义当然不仅限于此，不能怪它本身有问题，应该怪我们以前想得太简单了。但不能否定的是，这样简单的美好想象曾给当时的人们带来了今天的人们不可想象的精神力量，那些以为如此解说是得了幼稚病的人，无视了它的历史影响。

今天的我们已经回不去了，我们需要重新理解共产主义的丰富内涵，重新走进它，重新拥抱它！只有傲慢无知的人才停留在过去中，傻傻地将批判的矛头对准它，埋怨共产主义欺骗了自己，甚至还以幽了共产主义一默而沾沾自喜。

你会发现，你对于经常讲到的共产主义，其实并不是真得懂！到头来，你嘲笑的不是共产主义，只是自己的无知！你总是在道听途说，总是在凭空想象，怎么可能把握共产主义的真谛？一个本身对共产主义不甚了解的人，又有什么资格去嘲笑它呢？

共产主义作为信仰，不怕理性怀疑，不怕认真思考，但怕的是盲目怀疑、盲目否定，怕的是我们没有经受住考验。面对资本逻辑，面对市场经济，面对社会不公，面对环境问题，面对生活不顺，我们有所怀疑，这是必然的。但正是因为看到这些问题，我们才更加坚信，共产主义值得奋斗，而且一定会实现。

共产主义必须要实现，它不仅关涉到人类社会的公平正义，关乎人更有尊严地成为人，而且关乎人类社会有没有未来，有没有希望！一句话，共产主义一定会实现，因为它代表着未来，或者说，它本身就是未来！

（**资料来源**：陈培永.共产主义的原貌.广州：广东人民出版社，2016.）

四、理想怎么实现

（一）正确看待理想与现实的关系

1. 辩证看待理想与现实的矛盾

理想与现实是对立统一的。在日常生活中，人们在处理理想与现实的关系时，往往只看到二者对立的一面，看不到二者统一的一面。

错误一：用理想来否定现实，对现实失望。当发现现实不符合理想预期的时候，就对现实大失所望，甚至对现实采取全盘否定的态度。

错误二：用现实否定理想，随波逐流。在追求理想的过程中一遇到困难就产生畏难情绪，觉得理想遥不可及，丧失为理想而奋斗的信心和勇气，直至最终放弃理想。

理想

赵雷

一个人住在这城市
为了填饱肚子就已筋疲力尽
还谈什么理想
那是我们的美梦
梦醒后，还是依然奔波在风雨的街头
有时候想哭，就把泪掩进一腔热血的胸口
公车上，我睡过了车站
一路上，我望着霓虹的北京
我的理想把我丢在这个拥挤的人潮
车窗外已经是一片白雪茫茫
又一个四季在轮回
而我一无所获地坐在街头
只有理想在支撑着那些麻木的血肉
理想今年你几岁
你总是诱惑着年轻的朋友
你总是谢了又开 给我惊喜
又让我沉入失望的生活里
公车上我睡过了车站
一路上我望着霓虹的北京
我的理想把我丢在这个拥挤的人潮
车窗外已经是一片白雪茫茫
又一个四季在轮回

而我一无所获地坐在街头
只有理想在支撑着那些麻木的血肉
理想今年你几岁
你总是诱惑着年轻的朋友
你总是谢了又开给我惊喜
又让我沉入失望的生活里
又一个年代在变换
我已不是无悔的那个青年
青春被时光抛弃
已是当父亲的年纪
理想永远都年轻
你让我倔强的反抗着命运
你让我变得苍白
却依然天真地相信
花儿会再次地盛开
阳光之中,到处可见奔忙的人们
被拥挤着,被一晃而飞的光阴忽略过

2. 实现理想的长期性、艰巨性和曲折性

报任安书

古者富贵而名摩灭,不可胜记,唯倜傥非常之人称焉。盖文王拘而演《周易》;仲尼厄而作《春秋》;屈原放逐,乃赋《离骚》;左丘失明,厥有《国语》;孙子膑脚,《兵法》修列;不韦迁蜀,世传《吕览》;韩非囚秦,《说难》《孤愤》;《诗》三百篇,大底圣贤发愤之所为作也。此人皆意有所郁结,不得通其道,故述往事、思来者。乃如左丘无目,孙子断足,终不可用,退而论书策,以舒其愤,思垂空文以自见。(《文选》)

3. 艰苦奋斗是实现理想的重要条件

七律·长征

毛泽东

(1935年10月作)

红军不怕远征难,万水千山只等闲。
五岭逶迤腾细浪,乌蒙磅礴走泥丸。
金沙水拍云崖暖,大渡桥横铁索寒。
更喜岷山千里雪,三军过后尽开颜。

十六字令三首

毛泽东

（1934年至1935年作）

山,快马加鞭未下鞍。惊回首,离天三尺三。

山,倒海翻江卷巨澜。奔腾急,万马战犹酣。

山,刺破青天锷未残。天欲堕,赖以拄其间。

忆秦娥·娄山关

毛泽东

（1935年2月作）

西风烈,长空雁叫霜晨月。

霜晨月,马蹄声碎,喇叭声咽。

雄关漫道真如铁,而今迈步从头越。

从头越,苍山如海,残阳如血。

清平乐·六盘山

毛泽东

（1935年10月作）

天高云淡,望断南飞雁。

不到长城非好汉,屈指行程二万。

六盘山上高峰,红旗漫卷西风。

今日长缨在手,何时缚住苍龙？

（二）个人理想与社会理想的关系

个人理想是指处于一定历史条件和社会关系中的个体对于自己未来的物质生活、精神生活所产生的种种向往和追求。

社会理想是指社会集体乃至社会全体成员的共同理想,即在全社会占主导地位的共同奋斗目标。

个人理想与社会理想的关系实质上是个人与社会关系在理想层面的反映。个人与社会有机地联系在一起,二者相互依存、相互制约、共同发展。同样,社会理想与个人理想也不是彼此孤立的,它们之间相互联系、相互影响、相互制约。个人理想以社会理想为指引,社会理想是对个人理想的凝练和升华。

大学生对自己未来生活的追求和向往,不能脱离当代中国的社会现实。坚持和发展中国特色社会主义,实现中华民族的伟大复兴,是当代中国最大的现实,也是全体中国人民共同的社会理想。

（三）为实现中国梦注入青春力量

（1）立志当高远。
（2）立志做大事。
（3）立志须躬行。

1. 在学习上

刻苦钻研、不畏艰难，孜孜不倦地学习理论和专业知识，不断提高思想道德和专业知识水平。

2. 在生活上

艰苦朴素、勤俭节约，抵制和反对铺张奢华的思想和生活作风。

3. 在工作上

奋发图强、不怕困难、不避艰险，努力完成各项工作任务。

推荐阅读

1. 特里伊格尔顿. 马克思为什么是对的. 北京：新星出版社，2011.
2. 亚当·斯密. 道德情操论. 北京：中国华侨出版社，2010.
3. 克特纳. 向善而生. 北京：中国人民大学出版社，2009.
4. 本·沙哈尔. 幸福的方法. 北京：中信出版社，2010.
5. 蕾切尔斯. 道德的理由. 北京：中国人民大学出版社，2014.
6. 徐贲. 怀疑的时代需要怎样的信仰. 北京：东方出版社，2013.

学习笔记

授课时间		授课教师	
授课主题			
学习反思			

第三章 坚定理想信念

自我测评

一、单选题

1. 下列对信念的理解中,正确的是(　　)。
   A. 信念强调的是认识的正确性
   B. 信念表达的是一种真诚信服的态度
   C. 信念反映的是客观事物的发展规律
   D. 信念体现的是人们对人生目标的追求,具有合理性、科学性

2. 理想和现实的统一性表现在(　　)。
   A. 理想就是现实
   B. 有了坚定的信念,理想就能变为现实
   C. 现实是理想的基础,理想是现实的未来
   D. 理想总是美好的,而现实中既有美好的一面,也有丑陋的一面

3. 信念是(　　)。
   A. 认识、情感和意志的融合和统一　　　B. 一种单纯的知识或想法
   C. 强调的是认识的正确性　　　　　　　D. 唯一的,不是多种多样的

4. "现实是此岸,理想是彼岸,中间隔着湍急的河流,行动则是架在川上的桥梁。"这个比喻表达的是(　　)。
   A. 理想来源于现实,等同于现实
   B. 理想要变成现实,必须经过人们的实践和辛勤劳动
   C. 只有经过实践检验,成为现实的理想才是科学的理想
   D. 只要投身实践,任何美好想象都能成为现实

5. 理想和现实的统一性表现在(　　)。
   A. 理想就是现实,现实就等同于理想
   B. 现实是理想的基础,理想是未来的现实
   C. 确立了坚定的信念,理想就能自动变为现实
   D. 现实总是美好的,而理想中既有美好的一面,也有丑陋的一面

6. 追求崇高的理想需要坚定的信念,信念是(　　)。
   A. 一种单纯的知识或想法　　　　　　　B. 对事物发展规律的正确反映
   C. 把理想变为现实的桥梁和中介　　　　D. 认识、情感和意志的融合和统一

7. 理想是人们在实践中形成的,具有(　　)的对美好未来的追求和向往,是人们的政治立场和世界观在人生奋斗目标上的体现。
   A. 实现必然性　　B. 不可实现性　　C. 超越客观性　　D. 实现可能性

8. 人如果没有崇高理想或者缺乏理想,就会像一艘没有舵的船,随波逐流难以顺利到达彼岸。这主要说明了理想是(　　)。
   A. 人生的指路明灯
   B. 人们的主观意志和想当然
   C. 人们对未来缺乏客观根据的想象

67

D. 人们对某种思想理论所抱的坚定不移的观念和真诚信服的态度

9. 只有（　　）才是道德理想彼岸的桥梁。
   A. 实践　　　　　B. 立志　　　　　C. 躬行　　　　　D. 修身

10. 对吃穿住用的构想以及对爱情婚姻家庭方面的追求目标，是人们的（　　）。
    A. 生活理想　　　B. 职业理想　　　C. 道德理想　　　D. 社会理想

11. 检验信念正确与否、科学与否的唯一标准是（　　）。
    A. 科学理论　　　B. 社会实践　　　C. 主观愿望　　　D. 真诚信仰

二、多选题

1. 从理想的内容上划分可分为（　　）。
   A. 社会政治理想　　B. 道德理想　　　C. 职业理想
   D. 生活理想　　　　E. 个人理想

2. 对于理想的错误认识有（　　）。
   A. 理想理想，有利就想
   B. 没有理想的人一样生活得很开心
   C. 理想是明天的，只要今天过得好就可以了
   D. 理想的实现是一个长期艰苦的过程
   E. 理想源于现实，但又高于现实

3. 信念强调的是（　　）。
   A. 情感的倾向性　　　　　　　B. 认知的明确性
   C. 知识的丰富性　　　　　　　D. 意志的坚定性

4. 理想是人们（　　）在奋斗目标上的集中体现。
   A. 世界观　　　　B. 人生观　　　　C. 道德观　　　　D. 价值观

5. 信念是（　　）的有机统一体。
   A. 认识　　　　　B. 态度　　　　　C. 情感　　　　　D. 意志

6. 社会主义是走向未来的事业，未来属于青年。立志献身于祖国社会主义现代化建设的青年，去实现自己崇高的人生理想，要有（　　）。
   A. 真才实学　　　B. 献身精神　　　C. 艰苦奋斗的精神
   D. 为个人求权力、求享乐的人生目的
   E. 学习前人并超越前人的民族气概

7. 信念的多样性表现为（　　）。
   A. 不同阶级的不同信念　　　　B. 不同人的不同信念
   C. 同一个人不同方面的信念　　D. 不同社会的不同信念
   E. 不同团体的不同信念

8. 理想在实践中转化为现实必须具有（　　）。
   A. 艰苦奋斗的精神　　　　　　B. 勤奋学习的精神
   C. 共产主义精神　　　　　　　D. 求真务实精神
   E. 大公无私精神

9. 理想信念具有( )的作用。
　A. 科学态度导向　　　　　　　　B. 指引人生奋斗目标
　C. 提供人生前进动力　　　　　　D. 提高人生精神境界
　E. 立志当高远的激励

10. 无数事实证明，人有了明确的理想，才能在人生的追求上不断去攀登，最大限度地实现人生价值；人若没有明确的理想，就会像没有舵的小船，在生活的大海中迷失方向，甚至搁浅触礁。这就是说( )。
　A. 理想是人生的奋斗目标　　　　B. 理想是人生前进的动力
　C. 理想是人生的精神支柱　　　　D. 理想是人们的主观意志和想当然
　E. 理想等同于现实，是立即可以实现的

11. 理想具有的特征是( )。
　A. 超前性　　B. 阶级性　　C. 科学性
　D. 主观性　　E. 时代性

12. 社会主义是走向未来的事业，未来属于青年。立志献身于祖国社会主义现代化建设的青年，去实现自己崇高的人生理想，要有( )。
　A. 真才实学　　B. 献身精神　　C. 艰苦奋斗的精神
　D. 为个人求权力、求享乐的人生目的
　E. 学习前人并超越前人的民族气概

三、简答题

1. 结合历史与现实，谈谈对实现理想的长期性、艰巨性和曲折性的认识。
2. 如何认识个人理想与社会理想的关系？
3. 结合自身实际，谈谈理想信念对大学生成长成才的重要意义。
4. 如何认识立志高远与始于足下的关系？

四、材料分析题

罗杰·罗尔斯是纽约第53任州长，也是纽约历史上第一位黑人州长。他出生在纽约声名狼藉的大沙头贫民窟。这里环境肮脏，充满暴力，是偷渡者和流浪汉的聚集地。在这里出生的孩子，从小耳濡目染，他们逃学、打架、偷窃甚至吸毒，长大后很少有人获得较体面的职业。然而罗杰·罗尔斯是个例外，他不仅考上了大学，而且成了州长。当有人问他"是什么把你推向州长宝座的"这个问题时，他讲了一个少年时代的故事：1961年，正值美国嬉皮士流行的时代，皮尔保罗被聘为罗尔斯所在的诺必塔小学的董事兼校长。保罗发现这儿的穷孩子比"迷惘的一代"还要无所事事，他们旷课、斗殴，甚至砸烂教室的黑板，管教、惩罚都无济于事。最后，他以给孩子们看手相为名鼓励孩子上进。当罗尔斯从窗台上跳下，伸着小手走向讲台时，皮尔保罗说，我一看你修长的小拇指就知道，将来你是纽约州的州长。从那天起，纽约州州长就是一个目标、一面旗帜，罗尔斯的衣服不再沾满泥土，他说话时也不再污言秽语，他开始挺直腰杆走路，他成了班主席。在以后的40多年间，他没有一天不按州长的身份要求自己。51岁那年，他真的成了州长。

　　从人格塑造的角度上看，上述故事的意义何在？

第四章 弘扬中国精神

● 专题设计概述

实现中华民族伟大复兴的中国梦,必须弘扬中国精神,这就是以爱国主义为核心的民族精神和以改革创新为核心的时代精神。爱国主义始终是把中华民族坚强团结在一起的精神纽带,改革创新始终是鞭策我们在改革开放中与时俱进的精神力量。当代大学生担当着民族复兴的时代使命,要努力做忠诚的爱国者和走在时代前列的奋进者,用实际行动展现出中国精神的青春风采。

┃思维导图

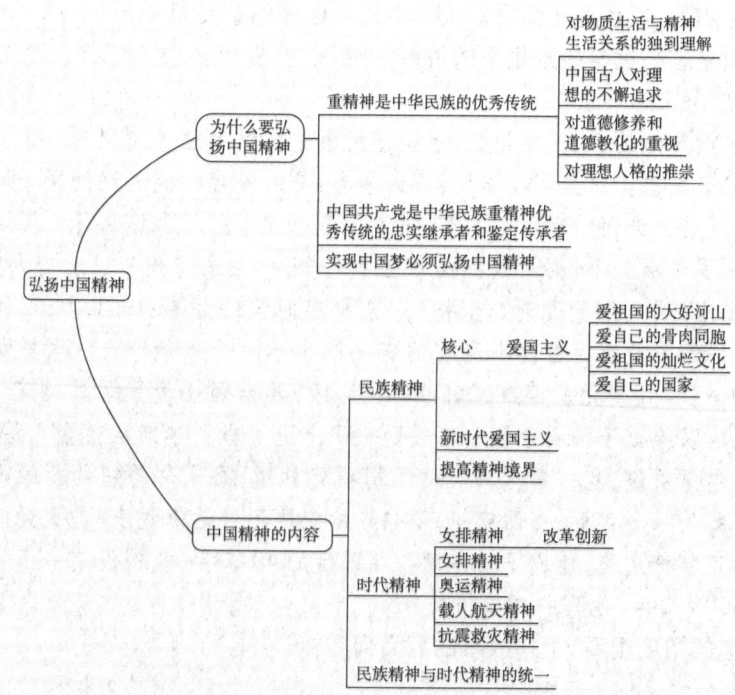

▎**平语近人**

　　在中华文化里,牛是勤劳、奉献、奋进、力量的象征。人们把为民服务、无私奉献比喻为孺子牛,把创新发展、攻坚克难比喻为拓荒牛,把艰苦奋斗、吃苦耐劳比喻为老黄牛。前进道路上,我们要大力发扬孺子牛、拓荒牛、老黄牛精神,以不怕苦、能吃苦的牛劲牛力,不用扬鞭自奋蹄,继续为中华民族伟大复兴辛勤耕耘、勇往直前,在新时代创造新的历史辉煌!

——习近平在2021年春节团拜会上的讲话

　　我反复强调要发扬将革命进行到底的精神,强调要发扬老一辈革命家"宜将剩勇追穷寇,不可沽名学霸王"的革命精神,发扬共产党人"为有牺牲多壮志,敢教日月换新天"的奋斗精神,这是有很深考虑的。大家想一想,在我国这样一个14亿人口的国家实现社会主义现代化,这是多么伟大、多么不易!要教育引导全党大力发扬红色传统、传承红色基因,赓续共产党人精神血脉,始终保持革命者的大无畏奋斗精神,鼓起迈进新征程、奋进新时代的精气神。

——习近平在党史学习教育动员大会上的讲话

　　劳动创造幸福,实干成就伟业。希望广大劳动群众大力弘扬劳模精神、劳动精神、工匠精神,勤于创造、勇于奋斗,更好发挥主力军作用,满怀信心投身全面建设社会主义现代化国家、实现中华民族伟大复兴中国梦的伟大事业。

——习近平致全国广大劳动群众的节日祝贺

▎**成长话题**

1. 爱国,从了解开始:
   你真的了解国家吗?
   "90后""00后"是否相比其他几代更具有文化自信和爱国心,不崇洋媚外?
   如何评价改变国籍与爱国之间的关系?

2. 爱国,高尚也普通:
   为什么要爱国,不爱国行不行?
   怎么评价买华为就是爱国的言论,买苹果妨碍我爱国吗?
   愤青到底算不算爱国?

3. 创新,在模仿中创造:
   什么是创意,什么是创新,我们需要"山寨"吗?
   创新能做到什么?

▎**课时安排** 4学时

序号	题目	课型	课时分配
1	《为什么要弘扬中国精神》	理解认知	2课时
2	《中国精神的内容》	理解认知	2课时

> **教学目标**

知识目标	了解什么是中国精神；民族精神和时代精神的基本内涵；爱国主义的科学内涵及时代价值 掌握为什么说中国精神是兴国强国之魂；正确对待新时代的爱国主义及改革创新的意义
能力目标	用实际行动传承和弘扬中国精神
情感目标	做一个忠诚的爱国主义者

> **教学重难点**

重点	中国精神是民族精神与时代精神的统一；爱国主义的科学内涵
难点	中国精神的价值；新时代的爱国主义

● 教学资源

一、为什么要弘扬中国精神

中华民族能够在5000多年的历史长河中生生不息、薪火相传，很重要的一个原因，就是拥有孕育于中华民族悠久辉煌历史文化之中的伟大的中国精神。中国精神作为兴国强国之魂，是实现中华民族伟大复兴不可或缺的精神支撑和精神动力。

（一）重精神是中华民族的优秀传统

1. 表现在对物质生活与精神生活相互关系的独到理解上

梁甄法崇传

梁甄彬，尝以一束苎，就寺库质钱。后赎苎，于苎束中得五两金，彬送还寺库。梁武帝为布衣时闻之。及践祚，以彬带郏县令。将行，同列五人，帝诫以廉慎，至彬。独曰：卿昔有还金之美，故不复以此言相嘱。由此名德益彰。

译文：甄彬梁朝人，在他困苦时，曾经以一束可以织布的苎做抵押，向长沙寺观当铺借钱。后来赎回苎时，发现束内，藏有五两金子，甄彬心想这些金子，不是我分内该得的，我不能无缘无故地吞没，于是随即送还当铺。这件事在梁武帝做平民时，就曾经听说，心中对甄彬的人格修养，非常赞赏。

到了梁武帝即位后，便任用甄彬，派他前往带郏郡，当地方县令。临走之前，同等官位五人，武帝一一告诫他们，为地方县令，应以廉、洁、慎、重最为重要，愿卿等多多加勉。唯独对甄彬说："卿往日有还金的高洁美德，所以寡人就不用再以这些话，相以嘱咐了。"从此甄彬的声望德行，更加彰显，传遍天下，流芳万世。

2. 表现在中国古人对理想的不懈追求上

横渠语录

为天地立心,为生民立命,为往圣继绝学,为万世开太平。

译文: 为天地确立起生生之心,为百姓指明一条共同遵行的大道,继承孔孟等以往的圣人不传的学问,为天下后世开辟永久太平的基业。

"为天地立心",程明道说:"天地无心,以生物为心。"又说:"天地无心而成化。"天地本无心,但人有心,人的心也就是使生之为人能够秉具博爱济众的仁者之心,和廓然大公的圣人之心。马一浮先生总结道:"学者之事,莫要于识仁求仁,好仁恶不仁,能如此,乃是为天地立心。"

"为生民立命",直接来源于孟子的"立命"的思想。《孟子·尽心上》有云:"尽其心者,知其性也。知其性,则知天矣。存其心,养其性,所以事天也。夭寿不二,修身以俟之,所以立命也。"通过修身致教,最后如果能而达到这样一种境界,即不管一个人的寿命是长是短,都能保持自己的性体全德,那么这个生命个体就可以说已经安身立命了。张载所标示的"为生民立命",实即为"民吾同胞"来"立命",其立命在于教,"修道之谓教",此之谓也。

"为往圣继绝学",故"往圣"者,孔子、孟子所代表的先儒也;"绝学"者,孔孟先儒所弘扬之道学也。对儒学而言,孔子固然是集大成者,而宋的濂、洛、关、闽诸大家,则把儒学拓展提升到一个全新的阶段。真能阐扬承继孔孟先儒之道统者,唯有宋儒。

"为万世开太平",所表达的是先儒也是宋儒的永恒政治理想。"开"期待之谓。"为万世开太平",实现张载《西铭》描述的文化理想,民胞物与,全体归仁,才能让蔽惑无明的现代人重新回归率性诚明的人类精神家园。

(**资料来源:** https://baike.baidu.com/item/%E6%A8%AA%E6%B8%A0%E5%9B%9B%E5%8F%A5/8570050?fr=aladdin)

3. 表现在对道德修养和道德教化的重视上

论语·理仁篇

子曰:"里仁为美。择不处仁,焉得知?"

子曰:"不仁者不可以久处约,不可以长处乐。仁者安仁,知者利仁。"

子曰:"唯仁者能好人,能恶人。"

子曰:"苟志于仁矣,无恶也。"

子曰:"富与贵,是人之所欲也;不以其道得之,不处也。贫与贱,是人之所恶也;不以其道得之,不去也。君子去仁,恶乎成名?君子无终食之间违仁,造次必于是,颠沛必于是。"

子曰:"我未见好仁者,恶不仁者。好仁者,无以尚之;恶不仁者,其为仁矣,不使不仁者加乎其身。有能一日用其力于仁矣乎?我未见力不足者。盖有之矣,我未之见也。"

子曰:"人之过也,各于其党。观过,斯知仁矣。"

子曰:"朝闻道,夕死可矣。"

子曰:"士志于道,而耻恶衣恶食者,未足与议也。"

子曰:"君子之于天下也,无适也,无莫也,义之与比。"

子曰:"君子怀德,小人怀土;君子怀刑,小人怀惠。"

子曰:"放于利而行,多怨。"

子曰:"能以礼让为国乎?何有?不能以礼让为国,如礼何?"

……

子曰:"君子喻于义,小人喻于利。"

子曰:"见贤思齐焉,见不贤而内自省也。"

子曰:"事父母几谏,见志不从,又敬不违,劳而不怨。"

子曰:"父母在,不远游,游必有方。"

子曰:"三年无改于父之道,可谓孝矣。"

子曰:"父母之年,不可不知也。一则以喜,一则以惧。"

子曰:"古者言之不出,耻躬之不逮也。"

子曰:"以约失之者鲜矣。"

子曰:"君子欲讷于言而敏于行。"

子曰:"德不孤,必有邻。"

子游曰:"事君数,斯辱矣;朋友数,斯疏矣。"

4. 表现为对理想人格的推崇

真人: 指古代道家洞悉宇宙和人生本原,真真正正觉醒、觉悟的人称为真人;指品行端正的人;指真诚可靠或知情的人。

古之真人,其寝不梦,其觉无忧,其食不甘,其息深深……古之真人,不知说生,不知恶死,其出不䜣,其入不距;翛然而往,翛然而来而已矣。(《庄子·大宗师》)

真人面前不说假话。

至人: 道家指超凡脱俗,达到无我境界的人;旧指思想或道德修养最高超的人。

中古之时,有至人者,淳德全道,和于阴阳,调于四时,去世离俗,积精全神,游行天地之间,视听八达之外,此盖益其寿命而强者也。(《素问·上古天真论》)

"至人遗物兮,独与道俱。"司马贞《史记索隐》引张揖曰:"体尽於圣,德美之极,谓之至人。"(《史记·屈原贾生列传》)

圣人: 在中国传统文化中,"圣"指知行完备、至善之人,是有限世界中的无限存在。总的来说,"才德全尽谓之圣人"。这个词语最初出于对"至善""至美"的人格追求,所以圣人的原意,是专门指向完美的。但后来的诸子百家,乃至古今各种宗教、学派,也都有自己认定的圣人,但道家的黄老列庄;儒家的尧舜孔孟;墨家的大禹等圣人是受到后世公认的。在先秦古代圣人一词非儒家专有。

圣人作而万物睹。(《易·乾》)

尧舜既没,圣人之道衰。(《孟子·滕文公下》)

君子: "君子"是孔子的理想化的人格。君子以行仁、行义为己任。君子也尚勇,但勇的前提必须是仁义,是事业的正当性。君子处事要恰到好处,要做到中庸。

子曰:"君子道者三,我无能焉:仁者不忧,知者不惑,勇者不惧。"(《论语·宪问》)

知、仁、勇三者,天下之达德也。(《中庸》)

人不知而不愠,不亦君子乎?(《论语·学而》)

新民：梁启超释曰："新民之义有二：一曰淬厉其所本有而新之；二曰采补其所本无而新之。"

公民：公民指具有某一国国籍，并根据该国法律规定享有权利和承担义务的人。公民意识是指一个国家的民众对社会和国家治理的参与意识。

（二）中国共产党是中华民族优秀传统的忠实继承者和坚定弘扬者

在革命、建设、改革各个历史时期，中国共产党都强调要处理好物质和精神的关系，重视发挥人的精神的能动作用，中华民族重精神的优秀传统得到进一步发扬光大。

2013年9月26日，习近平总书记在北京会见第四届全国道德模范及提名奖获得者时，向老将军甘祖昌的夫人龚全珍致敬。他说，我们要弘扬这种艰苦奋斗精神，不仅我们这代人要传承，我们的下一代也要弘扬，要一代一代传承下去。

2014年2月24日，习近平总书记主持中央政治局第十三次集体学习时就提出，要把社会主义核心价值观的要求融入各种精神文明创建活动之中，吸引群众广泛参与，推动人们在为家庭谋幸福、为他人送温暖、为社会做贡献的过程中提高精神境界、培育文明风尚。

2014年2月24日下午，习近平总书记主持中央政治局第十三次集体学习，主题是培育和弘扬社会主义核心价值观、弘扬中华传统美德。"一个国家的文化软实力，从根本上说，取决于其核心价值观的生命力、凝聚力、感召力。"习近平总书记的重要讲话深刻明晰、意味深长，"历史和现实都表明，构建具有强大感召力的核心价值观，关系社会和谐稳定，关系国家长治久安"。

在庆祝建党95周年大会上，在会见第三十一届奥运会中国体育代表团时，在给中央社会主义学院建院60周年的贺信中，在中国文联十大、中国作协九大开幕式上，在会见天宫二号和神舟十一号载人飞行任务航天员及参研参试人员代表时……习近平总书记反复强调"四个自信"，使之成为中华民族新的精神财富，更成为激励全党全国各族人民团结奋斗的强大精神力量。

2015年12月30日，在主持中央政治局第二十九次集体学习时，习近平总书记指出，要大力弘扬伟大爱国主义精神，大力弘扬以改革创新为核心的时代精神，为实现中华民族伟大复兴的中国梦提供共同精神支柱和强大精神动力。

2016年12月9日，习近平总书记主持中央政治局第三十七次集体学习时再次强调，要深入实施公民道德建设工程，深化群众性精神文明创建活动，引导广大人民群众自觉践行社会主义核心价值观，树立良好道德风尚，争做社会主义道德的示范者、良好风尚的维护者。

……

在以习近平同志为核心的党中央部署指导下，文明城市、文明村镇、文明单位、文明家庭、文明校园……一系列群众性精神文明创建活动百花齐放、成果丰硕。

文明花开香满园，同心掬得满庭芳。

精神文明建设工作部门认真学习贯彻习近平总书记重要讲话精神，发挥统筹、协调、指导、督促作用，做实功不务虚名，推动精神文明建设取得实实在在的成效：

健全制度，引领文明风尚。《关于推进诚信建设制度化的意见》《关于推进志愿服务制度化的意见》《关于深化群众性精神文明创建活动的指导意见》……一项项制度陆续出台，精神文明建设的顶层设计日趋完善。

弘扬法治，提升全民素养。围绕中国特色社会主义法律体系，各地普法工作进机关、进乡村、进社区、进学校、进企业、进单位，让全民法律素养显著提高。

厚植文化，挖掘时代价值。从以中央文件形式专门部署中华优秀传统文化传承发展工作，到利用春节、元宵、清明等重要传统节日开展丰富多彩、积极健康的民俗文化活动，中华优秀传统文化的"养分"不断启迪人们的思想、温润百姓的心灵。

管导结合，打造清朗网络。依法集中查处违法网站和网络账号，严厉整治网络直播平台涉"黄"问题……监管部门直击网上"病灶"，文明办网、文明上网、文明用网的网络新生态逐渐形成。

成风化人，明德至善。

精神文明建设带来的变化和成效，与人民群众追求美好生活的意愿要求"同频共振"，在提升百姓获得感、幸福感的同时，也让"我为人人，人人为我"蔚然成风。

……

望眼未来，在以习近平同志为核心的党中央坚强领导下，精神文明建设必将结出累累硕果，凝聚中华儿女万众一心的磅礴动力，向着"两个一百年"奋斗目标、向着中华民族伟大复兴的中国梦奋进！

——选自以习近平同志为核心的党中央关心精神文明建设纪实

（三）实现中国梦必须弘扬中国精神

（1）凝聚中国力量的精神纽带。
（2）激发创新创造的精神动力。
（3）推进复兴伟业的精神动力。

也门撤侨

也门紧张局势自2014年以来持续升级，美国、英国、法国和德国等10多个国家已经关闭使馆，要求本国公民撤离也门。

2015年3月26日起，由沙特阿拉伯和埃及、约旦、苏丹等其他海湾国家参加的国际联军在也门发动打击胡塞武装的军事行动。

沙特等国对也门展开空袭后，当地局势骤然紧张。2015年3月27日起，中国海军舰队已经暂时停止执行亚丁湾护航任务。这是2008年年底中国海军赴亚丁湾护航以来的首次"暂停"。

2015年3月29日中午，海军第十九批护航编队临沂舰抵达也门亚丁港，在中国驻亚丁总领事馆积极配合下，撤离了中国驻也门的首批122名中国公民，其中包括7名妇女和1名儿童。2名来自埃及和罗马尼亚的中国企业聘用的外籍专家一同随舰撤离。临沂舰经过近8个小时的高速航渡后横跨亚丁湾，顺利抵达位于非洲东部的吉布提共和国吉布提港，124人得到了中国驻吉布提大使馆的妥善安置。

3月30日，第二批400多人乘坐中国海军潍坊舰离开也门荷台达港，至此，需要撤出的中方人员已全部撤离也门。

2015年4月2日,中国海军临沂舰搭载巴基斯坦等10个国家在也门的225名侨民自也门亚丁港平安驶抵吉布提。据初步统计,撤离人员中有巴基斯坦176人、埃塞俄比亚29人、新加坡5人、意大利3人、德国3人、波兰4人、爱尔兰1人、英国2人、加拿大1人、也门1人。此前,中国政府在从也门撤离中国公民行动中,还协助罗马尼亚、印度、埃及等国的8名侨民平安撤离。

此次撤离是中国政府应有关国家请求开展的人道主义救援行动,也是中国政府首次为撤离处于危险地区的外国公民采取的专门行动,充分体现了中国政府"以人为本"的理念和国际主义、人道主义精神。撤离行动中,中国外交部协调有关国家精心组织撤离工作,中国海军第一时间调派军舰赴亚丁港执行撤离任务,中国驻也门、亚丁、吉布提等使领馆克服重重困难,及时办妥相关手续,全力组织有关国家侨民安全撤离,行动取得圆满成功。

(**资料来源**:http://paper.people.com.cn/rmrbhwb/html/2017-12/21/content_1824944.htm)

二、中国精神的内容

以爱国主义为核心的民族精神和以改革创新为核心的时代精神,构成了中国精神的基本内容。

(一)民族精神

1. 含义

民族精神是一个民族在长期共同生活和社会实践中形成的,为本民族大多数成员所认同的价值取向、思维方式、道德规范、精神气质的总和,是一个民族赖以生存和发展的精神支柱。

2. 内容

伟大创造精神;伟大奋斗精神;伟大团结精神;伟大梦想精神。

3. 核心:爱国主义

(1)爱国主义的基本内涵

爱国主义体现了人们对自己祖国的深厚感情,揭示了个人对祖国的依存关系,是人们对自己家园以及民族和文化的归属感、认同感、尊严感与荣誉感的统一。它是调节个人与祖国之间关系的道德要求、政治原则和法律规范,也是中华民族精神的核心。

爱祖国的大好河山
钓鱼岛——中国固有的领土

钓鱼岛及其附属岛屿是中国领土不可分割的一部分。无论从历史还是从法理的角度来看,钓鱼岛及其附属岛屿都是中国的固有领土,中国对其拥有无可争辩的主权。中国古代先民在经营海洋和从事海上渔业的实践中,最早发现钓鱼岛并予以命名。在中国古代文献中,钓鱼岛又称钓鱼屿、钓鱼台、钓鱼山。目前所见最早记载钓鱼岛、赤尾屿等地名的史籍,是成书于1403年(明永乐元年)的《顺风相送》。这表明,早在十四、十五世纪中国就已经发现并命名了钓鱼岛。早在明朝,为防御东南沿海的倭寇,中国就将钓鱼岛列入防区。1561年(明嘉靖四十年),明朝驻防东南沿海的最高将领胡宗宪主持、郑若曾编纂的《筹海图编》一书,明确将钓鱼岛等岛屿编入"沿海山沙图",纳入明朝的海防范围内。

在日本人所谓"发现"钓鱼岛之前,中国已经对钓鱼岛及其附属岛屿实施了长达数百年的管辖。1605年(明万历三十三年)徐必达等人绘制的《乾坤一统海防全图》及1621年(明天启元年)茅元仪绘制的中国海防图《武备志·海防二·福建沿海山沙图》,也将钓鱼岛等岛屿划入中国海疆之内。日本在1895年利用甲午战争,通过秘密方式将钓鱼岛"编入"其版图,并依据所谓"先占"原则将钓鱼岛作为"无主地"主张主权。日本此举严重违背国际法领土取得的相关规则,是侵占中国领土的非法行为,不具有国际法效力。

通过1895年不平等的《马关条约》,钓鱼岛及其附属岛屿作为台湾岛的附属岛屿一同割让给日本。第二次世界大战后,根据《开罗宣言》《波茨坦公告》《日本投降书》等法律文件,钓鱼岛及其附属岛屿回归中国。1952年以后美国擅自扩大所谓的"托管"范围,非法将中国钓鱼岛及其附属岛屿纳入其中。1972年,美国将钓鱼岛及其附属岛屿"施政权""归还"日本。美国与日本私相授受中国领土的行为,不具有任何法律效力,中国坚决反对。

无论日本对钓鱼岛采取何种单方面举措,都不能改变钓鱼岛及其附属岛屿属于中国的事实。中国政府维护国家领土主权的决心和意志坚定不移,捍卫世界反法西斯战争胜利成果的决心毫不动摇。我们有信心、有能力挫败日本对历史事实和国际法理的践踏行为,维护地区的和平与秩序。

(**资料来源**:http://www.diaoyudao.org.cn/)

爱自己的骨肉同胞
民族团结

70多年来,我国民族工作始终贯穿着一条鲜明的主线——平等团结、繁荣发展。

新中国成立之初,党和政府就通过"派下去"和"请上来"疏通民族关系。从1950年7月到1952年年底,仅中央政府派出的西南、西北、中南、东北内蒙古4个访问团,累计行程就达8万多公里。与此同时,中央有关部门派出医疗队,深入边远少数民族地区开展免费巡回医疗。"请上来"是指组织边疆少数民族和宗教上层人士到内地参观,以增进少数民族对政府和汉族地区的了解。据1951年到1954年统计,仅由中央政府有关部门接待的少数民族代表就达6500人。

自1950年起,中国政府组织包括学者和民族工作者在内的研究队伍,对众多民称的族体进行识别,确认了56个民族成分,为实现民族平等、维护各民族合法权利、促进民族关系健康发展奠定了基础。

20世纪60年代,中央财政设立了"边境事业补助费",用于支持边境地区发展。1979年召开的全国边防工作会议和1999年、2005年召开的两次中央民族工作会议,明确提出采取有效措施加快边境地区发展。2000年全面启动的"兴边富民行动"旨在扶持边境民族地区加快发展。

2007年,国家民族事务委员会会同有关部门编制了新中国历史上首部规划——《少数民族事业"十一五"规划》(以下简称《规划》),充分体现了中国政府对少数民族事业发展的高度重视。

制度保障——民族区域自治。

1949年9月,中国人民政治协商会议通过的《中国人民政治协商会议共同纲领》规定,中国境内各民族一律平等,在建立单一制统一的多民族国家的同时,各少数民族聚居地区实行民族区域自治,设立自治机关行使自治权。这标志着"民族区域自治"作为解决中国民族问题的一项政治制度正式确立,并写进了1954年宪法及以后的每一部宪法。

迄今为止,我国共建立了155个民族自治地方,包括5个自治区、30个自治州、120个自治县(旗),并以1173个民族乡作为补充。新中国成立以来,我国55个少数民族以政治、经济、文化、社会各个方面取得巨大进步的生动实践,向世界宣告了民族区域自治这一"中国模式"的厚重与坚实、成功与珍贵。

共同心声——联系紧离不开,搞扶贫共发展。

在中华民族这个大家庭中,"汉族离不开少数民族,少数民族离不开汉族,各少数民族之间相互离不开"已经成为全国各族人民的共识。新中国成立70年来,尤其是改革开放40年间,各民族间的联系越来越紧密,彼此越来越相互离不开。

1990年开工、1997年开通运营的南昆铁路,打通了西南众多贫困少数民族地区与华南沿海的重要通道,被誉为"国家最大扶贫项目"。1996年启动的宁夏扶贫扬黄灌溉工程,安置移民40万人,使当地20万贫困人口脱贫。2005年,中国—哈萨克斯坦原油管道建设在新疆实施,独山子千万吨炼油百万吨乙烯项目随后启动,总投资为272亿元,是中国最大的炼化一体化项目。2006年,绵延1956公里的"天路"青藏铁路通车。"西电东送""西气东输"等对推动和加快西部少数民族地区经济发展具有重大战略意义。

(资料来源:http://news.cctv.com/china/20090901/101226.shtml)

爱祖国的灿烂文化

孔子学院

孔子学院,即孔子学堂(Confucius Institute),它并非一般意义上的大学,而是推广汉语和传播中国文化的交流机构,是一个非营利性的社会公益机构,一般都是下设在国外的大学和研究院之类的教育机构里。孔子学院最重要的一项工作就是给世界各地的汉语学习者提供规范、权威的现代汉语教材;提供最正规、最主要的汉语教学渠道。孔子是中国传统文化的代表人物,选择孔子作为汉语教学品牌是中国传统文化复兴的标志。为推广汉语文化,中国政府在1987年成立了"国家对外汉语教学领导小组",简称为"汉办",孔子学院就是由"汉办"承办的。它秉承孔子"和为贵""和而不同"的理念,推动中国文化与世界各国文化的交流与融合,以建设一个持久和平、共同繁荣的和谐世界为宗旨。不列颠哥伦比亚大学中文教授、加拿大中文协会会长陈山木先生是本次计划的最早倡议者。中国国家领导人非常重视孔子学院的建设发展,许多孔子学院的授牌挂牌仪式都有国家相关领导人参加。自2004年11月全球首家孔子学院在韩国成立以来,已有达到300家孔子学院遍布全球近百个国家和地区(美国及欧洲最多),成为推广汉语教学、传播中国文化及国学的全球品牌和教学平台。

2014年6月19日,国家汉办同意支持在曲阜建设孔子学院总部体验基地。这标志着弘扬优秀传统文化、打造文化强市首善之区取得重大突破。

2014年12月,世界上首所科技型孔子学院"白俄罗斯国立技术大学科技孔子学院"在白俄罗斯国立技术大学揭牌,这是由东北大学和白俄罗斯国立工业大学联合建立的白俄罗斯第3所孔子学院。

2018年12月4日,第十三届孔子学院大会日在成都举行,来自154个国家和地区的1500多名代表参加大会。

爱自己的国家
爱国者——黄大年

1982年1月15日,黄大年在给同学的毕业赠言中写道:"振兴中华,乃我辈之责。"

1988年,黄大年加入中国共产党。他在入党志愿书中写道:若能做一朵小小的浪花奔腾,呼啸着加入献身者的滚滚洪流中,推动历史向前发展,才是一生中最值得骄傲和自豪的事情。

1997年,为了掌握世界最前沿的技术,他在英国获得博士学位后,通过努力成了世界航空地球物理研究领域的引领者。由于工作需要,他加入了英国国籍。根据党员管理有关规定,黄大年因此失去了中国共产党党籍。

2009年年底,黄大年通过"千人计划"回到中国,出任吉林大学地球探测科学与技术学院全职教授、博士生导师。

回国后,黄大年被选为"深部探测关键仪器装备研制与实验项目"的负责人。在黄大年团队的努力下,中国的超高精密机械和电子技术、纳米和微电机技术、高温和低温超导原理技术、冷原子干涉原理技术、光纤技术和惯性技术等多项关键技术进步显著,快速移动平台探测技术装备研发也首次攻克瓶颈,突破了中国以外国家的封锁。

黄大年带领团队创造了多项"中国第一",为中国"巡天探地潜海"填补多项技术空白,为深地资源探测和国防安全建设做出了突出贡献。

2017年1月8日,黄大年因病医治无效,在长春逝世,享年58岁。

黄大年同志秉持科技报国理想,把为祖国富强、民族振兴、人民幸福贡献力量作为毕生追求,为我国教育科研事业做出了突出贡献,他的先进事迹感人肺腑。

(2)新时代的爱国主义

新时代的爱国主义,既承接了中华民族的爱国主义优良传统,又体现了鲜明的时代特征,内涵更加丰富。新时代的爱国主义基本要求是:坚持爱国主义和社会主义相统一、维护祖国统一和民族团结、尊重和传承中华民族历史和文化、坚持立足民族又面向世界。

(3) 做忠诚的爱国者

维护和推进祖国统一。

促进民族团结。

增强国家安全意识。

英雄屹立喀喇昆仑

我站立的地方是中国

我用生命捍卫守候

哪怕风似刀来山如铁

祖国山河一寸不能丢

——高原边防官兵喜爱的一首歌

喀喇昆仑高原,横亘西部边境。

立春过后,大江南北暖意渐浓,高原深处的加勒万河谷依然严寒彻骨,大河冰封,群山耸立。

这里是祖国的西部边陲,也是守卫和平安宁的一线。来自天南海北的一茬茬官兵,扎进茫茫群山,挺立冰峰雪谷,用热血和青春筑起巍峨界碑。

2020年4月以来,有关外军严重违反两国协定协议,在加勒万河谷地区抵边越线修建道路、桥梁等设施,蓄意挑起事端,试图单方面改变边境管控现状,甚至暴力攻击我前往现地交涉的官兵。

面对外方的非法侵权挑衅行径,我边防官兵保持克制忍让,尽最大诚意维护两国关系大局和边境地区和平安宁。在忍无可忍的情况下,边防官兵对暴力行径予以坚决回击,取得重大胜利,有效捍卫了国家主权和领土完整。

官兵们敢于斗争、敢于胜利,展现出誓死捍卫祖国领土的赤胆忠诚和一不怕苦、二不怕死的战斗精神,涌现出某边防团团长祁发宝、某机步营营长陈红军和战士陈祥榕、肖思远、王焯冉等先进典型,彰显了新时代卫国戍边英雄官兵的昂扬风貌。

中央军委授予祁发宝"卫国戍边英雄团长"荣誉称号,追授陈红军"卫国戍边英雄"荣誉称号,给陈祥榕、肖思远、王焯冉追记一等功。

雪山回荡英雄气,风雪边关写忠诚。

"决不把领土守小了,决不把主权守丢了!"万千官兵发扬喀喇昆仑精神,克服极度高寒缺氧,守边护边、不怕牺牲,像钉子一样牢牢钉在战位上。

巍巍喀喇昆仑,座座雪峰耸峙。

千里热血边关,遍地英雄屹立。

(**资料来源**:解放军报)

(二)时代精神

1. 含义

时代精神是一个国家和民族在新的历史条件下形成和发展的,是体现民族特质并顺应时代潮流的思想观念、价值取向、精神风貌和社会风尚的总和,是一种对社会发展具有积极影响和推动作用的集体意识。

2. 内容

女排精神

女排精神是中国女子排球队顽强战斗、勇敢拼搏精神的总概括。其具体表现为:**扎扎实实,勤学苦练,无所畏惧,顽强拼搏,同甘共苦,团结战斗,刻苦钻研,勇攀高峰**。她们在世界排球赛中,凭着顽强战斗、勇敢拼搏的精神,五次蝉联世界冠军,为国争光,为人民建功。她们的这种精神,给予全国人民巨大的鼓舞。国务院以及国家体委、共青团中央、全国青联、全国学联和全国妇联号召全国人民向女排学习。从此,女排精神广为传颂,家喻户晓,各行各业的人们在女排精神的激励下,为中华民族的腾飞顽强拼搏。

团结协作、顽强拼搏的女排精神始终代代相传,极大地激发了中国人的自豪、自尊和自信,为我们在新征程上奋进提供了强大的精神力量。女排精神曾被运动员们视为刻苦奋斗的标杆和座右铭,鼓舞着他们的士气和热情。更关键的是,它因契合时代需要,不仅成为体育领域的品牌意志,更被强烈地升华为民族面貌的代名词,演化成指代社会文化的一种符号。它一直与女排的得失、沉浮紧紧联系在一起,并成为评价中国女排的最难以割舍的标准。

女排精神之所以备受推崇,最重要的是那种足以流芳百世的不畏强敌、顽强拼搏、永不言弃的精神,远远比"五连冠"本身更加能鼓舞国人。

载人航天精神

载人航天精神是 2005 年 10 月 17 日,我国自主研制的神舟六号载人飞船顺利返回。喜讯传来,举国欢腾。中共中央、国务院、中央军委对神舟六号载人航天飞行获得圆满成功致电热烈祝贺,全世界中华儿女无不为之感到骄傲和自豪。伟大的事业孕育伟大的精神,伟大的精神推动伟大的事业。载人航天工程是当今世界高新技术发展水平的集中体现,是衡量一个国家综合国力的重要标志。

"**特别能吃苦,特别能战斗,特别能攻关,特别能奉献**"是对载人航天精神的高度概括。

奥运精神

国际奥委会在《奥林匹克宪章》中"奥林匹克主义的原则"条款中有这样一段话:"每一个人都应享有从事体育运动的可能性,而不受任何形式的歧视,并体现**相互理解、友谊、团结和公平竞争**的奥林匹克精神",也称现代奥林匹克精神。

奥林匹克精神的源头是古代希腊文明,古代希腊对人的体格力量与健康的崇尚是奥林匹克运动竞技比赛的基础。古代奥运中对人的体能、技巧的挑战体现着古希腊人竞争与开拓意识。古代奥林匹克神圣休战既是对和平的渴望,也体现出希腊人对神和自然的敬畏。在古代奥运会文化背景中,有一种坚定的信念,那就是极其重视个人价值,捍卫个人的独立性。古代希腊奥林匹克运动的这些价值观念都已成为现代奥运的核心价值。

伟大抗震救灾精神

抗震救灾精神是胡锦涛对全党全国各族人民在"5·12"四川汶川特大地震的抗震救灾中所表现出来的伟大精神的概括:"万众一心、众志成城,不畏艰险、百折不挠,以人为本、尊重科学。"(《十七大以来重要文献选编》(上)第636页)万众一心、众志成城,体现了中国人民团结奋进的强大力量;不畏艰险、百折不挠,体现了中国人民泰山压顶不弯腰的英勇气概;以人为本、尊重科学,体现了对人民的高度关爱、对科学的高度尊重。抗震救灾精神,是爱国主义、集体主义、社会主义精神的集中体现和新的发展,是我们党和军队光荣传统和优良作风的集中体现和新的发展,是中华民族的民族精神在当代中国的集中体现和新的发展。抗震救灾精神是党和人民极为宝贵的精神财富。

根据胡锦涛讲话,提炼抗震救灾精神则是:**自强不息、顽强拼搏,万众一心、同舟共济,自力更生、艰苦奋斗。** 抗震救灾的精神是这一切高贵美好的品格在共同抗击自然灾害的殊死搏斗中所形成的交汇点,时代精神和民族精神的交汇点,社会主义和爱国主义、集体主义的交汇点,革命英雄主义和社会主义人道主义的交汇点。它使我们看到了波澜壮阔的改革开放时代中华民族精神的一次伟大升华。

伟大抗疫精神

2020年9月3日,习近平在纪念抗战胜利75周年的座谈会上强调,要在新时代继承和弘扬伟大抗战精神。

五天之后,在全国抗击新冠肺炎疫情表彰大会上,总书记提出,要在全社会大力弘扬伟大抗疫精神,并首次对其内涵作了阐述。

生命至上。 疫情发生以来,习近平始终强调人民至上、生命至上。在表彰大会上,他强调:"为了保护人民生命安全,我们什么都可以豁得出来!"从"人命关天"的仁爱传统,到"以人民为中心"的执政理念,生命至上,一以贯之。

举国同心。 中国战"疫"是一场人民战争。全国各族人民都以不同方式积极参与了这场疫情防控斗争,绘就了团结就是力量的时代画卷。举国同心,集中体现了中国人民万众一心、同甘共苦的团结伟力。

舍生忘死。 在这场没有硝烟的战争中,抗疫勇士临危不惧、视死如归。在表彰大会上,总书记说,中华民族能够经历无数灾厄仍不断发展壮大,从来都不是因为有救世主,而是因为在大灾大难前有千千万万个普通人挺身而出、慷慨前行。

尊重科学。 面对前所未知的新型传染性疾病,中国在抗疫斗争中秉持科学精神、科学态度,遵循科学规律。总书记多次强调,既要有责任担当之勇,又要有科学防控之智。"最终战胜疫情,关键要靠科技。"

命运与共。 在表彰大会上,总书记说,新冠肺炎疫情以一种特殊形式告诫世人,人类是荣辱与共的命运共同体,团结合作才是人间正道。疫情期间,中国倡导共同构建人类卫生健康共同体,展现了"天下一家"的道义担当。

习近平指出,同困难作斗争,是物质的角力,也是精神的对垒。伟大抗疫精神进一步拓展了中国精神的谱系。它和伟大抗战精神一样,都是中国人民弥足珍贵的精神财富。

3. 核心:改革创新

(1)创新创造是中华民族最深沉的民族禀赋

新四大发明

2017年5月,来自"一带一路"沿线的20国青年评选出了中国的"新四大发明",即高铁、扫码支付、共享单车和网购。事实上,这四项并非由中国发明,只是在中国推广应用较为领先,对国外影响较大而误传。

(2)改革创新是时代要求

创新始终是推动人类社会发展的第一动力。

创新能力是当今国际竞争新优势的集中体现。

改革创新是我国赢得未来的必然要求。

大国制造,步履铿锵
——制造业高质量发展成就综述

仰望太空,天问一号着陆火星,天舟二号货运飞船与天和核心舱实现快速交会对接;俯瞰大地,智能高铁京雄城际铁路全线开通运营,白鹤滩水电站大坝全线浇筑到顶。

党的十八大以来,科技发展日新月异,信息技术加速与工业深度融合。从高端装备、重大工程到基础材料、精密仪器,中国制造体系逐渐完善、结构优化升级、竞争力与日俱增。不断向高质量发展攀登的大国制造,步履铿锵。

大国重器彰显硬核实力。 2020年12月27日,河北雄安站内,复兴号高速动车组列车发出,驶向北京西站。广泛应用新一代移动通信等设备,智能化设计达70余项……京雄城际铁路全线开通运营,不仅将北京与雄安紧紧连接,更作为智能高铁的新标杆,向世界展示中国制造的新名片。一个国家的竞争力,很大程度上体现在制造业水平上;大国重器,是制造业综合实力的有力证明。回望新中国成立之初,我国工业基础薄弱、技术落后,只能生产少量粗加工产品。如今,我国创建了门类齐全、具有一定技术水平的现代工业体系,在重要领域形成了一批产能产量居世界前列的工业产品。自航绞吸船"天鲲号"投产,国产大飞机C919、AG600水陆两栖飞机相继成功首飞,"奋斗者"号万米深潜……特别是党的十八大以来,一批批装备制造业领域的国之重器亮相,从逐梦深蓝到砺剑长空,从技术攻克到应用探索,每一项突破都是自主创新的有力见证,映照了一国制造的步履铿锵。2017年,我国成为第二大国际专利申请国;2019年,我国位列全球创新指数排名第14位……一个个闪亮的数字背后,是中国制造创新能力、发展实力的不断攀升。"我国制造业创新从跟跑为主,进入跟跑在加快、并跑在增多、领跑在涌现的新阶段。"工信部新闻发言人黄利斌说。

智能升级释放发展潜力。 6月2日,华为发布多款搭载HarmonyOS 2(鸿蒙)的新产品。

作为新一代智能终端操作系统,鸿蒙为不同设备的智能化、互联与协同提供统一的"语言",让应用创新更加便捷。华为表示,已有300多家应用和服务厂商、1000多家硬件厂商共同参与到鸿蒙生态建设当中。智能终端操作系统的发布,是产业智能化升级的缩影。数字化、智能化步伐提速,不仅孵化了新的业态、激发了很多创新,数字技术与制造业深度融合,更是改变了生产方式、催生了新的空间。化纤制造商恒逸石化下属工厂里,工段长王礼娜有些不适应:一个月前,她的工作还是拿着强光手电筒肉眼检测化纤丝,现在只需坐在流水线旁,看着智能质检设备将"异常"的产品送来复检。从一群人到一台设备,借助百度智能云将光学成像与算法结合,恒逸石化实现产品智能质检和自动筛查。智能协同,不仅意味着效率提升,也在很大程度上推动工业生产的绿色转型和节能减排。将扬尘噪音监测系统与智慧工地喷雾降尘关联使用,中建三局北京公司保定深圳园项目实现多方降尘,节约增效;通过智慧用电平台设计个性化用电方案,工业边缘计算采集分布式能源等数据,国网杭州市萧山区供电公司助力制造企业实现错峰用能,打造"零碳工厂";将自主研发的温水水冷技术应用到高性能计算平台,联想用科技降低计算、存储能耗……工信部数据显示,截至3月底,企业关键工序数控化率、数字化研发设计工具普及率分别达52.1%和73%,工业互联网平台连接工业设备总数达到7300万台。到2023年,工信部将在10个重点行业打造30个5G全连接工厂,推动工业和信息化加速融合。

格局之变拓宽未来空间。 2020年12月29日,当3000多台笔记本电脑载满最后一辆物流车,联宝(合肥)电子科技有限公司全年营收突破1000亿元——安徽合肥"千亿企业"宣告诞生。新型显示、电子信息、集成电路……围绕"芯屏器合"的产业战略加快布局,2020年合肥GDP突破万亿大关,战略性新兴产业增加值占规上工业比重超50%。近年来,不少地方在立足自身禀赋的同时打破传统,布局新兴产业,打造创新生态,将自身融入区域协调发展。安徽合肥是我国制造业格局不断升级的写照。依靠科技创新,湖北集成电路、智能制造等战略性新兴产业快速成长;湖南工程机械、先进轨道交通产业竞争力显著增强;前不久,长三角自由贸易试验区联盟在上海成立,携手打造生物医药等产业联盟,为制造业创新、开放增添新注脚。区域发展空间释放,产业格局不断优化。建设智能制造中心和智慧供应链体系,形成产业链协同配合,vivo具备年产近2亿台智能终端设备的生产能力;大型企业建平台,中小企业上平台,共享开放的合作模式逐步走俏……"大中小企业创新协同、产能共享、供应链互通的产业生态不断完善。"工信部中小企业局局长梁志峰说。

风雨兼程,大国制造步履铿锵。坚持新发展理念,坚定创新升级,新起点上,中国制造在实现高质量发展的路上奋力前行。

(3) 做改革创新生力军
树立改革创新的自觉意识。
增强改革创新的能力本领。

<u>大学生村官——秦玥飞</u>
在殿堂和田垄之间,你选择后者。脚踏泥泞,俯首躬行,在荆棘和贫穷中拓荒,洒下的汗

水是青春,埋下的种子叫理想。守在悉心耕耘的大地,静待收获的时节。

秦玥飞,耶鲁大学毕业,现任湖南省衡山县福田铺乡白云村大学生村官、黑土麦田公益(Serve for China)联合发起人。大学毕业时,秦玥飞选择回到祖国农村服务,至今已是第六个年头。

秦玥飞到衡山县贺家乡任大学生村官,为当地改善水利灌溉系统、硬化道路、安装路灯,修建现代化敬老院,为乡村师生配备平板电脑开展信息化教学……被央视评为"最美村官",立个人一等功一次。服务期满,秦玥飞认为"输血"并非最可持续的乡村发展模式,放弃提拔机会,转至白云村续任大学生村官,用"造血"建设乡村。他带领村民创办农民专业合作社发展山茶油产业,通过创业创新为当地创造可持续发展动力。为吸引更多优秀人才服务乡村,秦玥飞与耶鲁中国同学发起了"黑土麦田公益"项目,招募支持优秀毕业生到国家级贫困县从事精准扶贫和创业创新。近30名来自清华、北大、复旦、人大、中国社科院等院校的"乡村创客"陆续在15所村庄开展产业扶贫与创业创新,得到当地政府与村民好评。

(三)民族精神与时代精神的辩证统一

民族精神与时代精神紧密关联,都是一个民族赖以生存和发展的精神支撑。

民族精神和时代精神共同构成了我们当今时代的中国精神。

民族精神和时代精神的交融汇通,使得中国精神既具有鲜明的民族性,又洋溢着强烈的时代性,成为中华民族共有的精神家园、奋力实现复兴的强大精神力量。

▍推荐阅读

1. 金一南.苦难辉煌.北京:华艺出版社,2009.
2. 罗广斌,杨益言.红岩.北京:中国青年出版社,2018.
3. 张岱年.心灵长城.合肥:安徽教育出版社,1995.

第四章
弘扬中国精神

学习笔记

授课时间		授课教师	
授课主题			

学习反思	

自我测评

一、单选题

1. 爱国主义的基本要求不包括（　　）。
   A. 爱祖国的大好河山　　　　　　　B. 爱自己的骨肉同胞
   C. 爱自己的本职工作　　　　　　　D. 爱自己的国家
2. 常常被称为国家和民族的"胎记"的是（　　）。
   A. 文化传统　　　B. 爱国传统　　　C. 思想传统　　　D. 历史传统
3. 被称为人类文明史上的奇观的是（　　）。
   A. 西欧文明　　　B. 印度文明　　　C. 中华文明　　　D. 南美文明
4. 爱国主义与个人实现人生价值的关系（　　）。
   A. 爱国主义阻碍个人实现人生价值
   B. 爱国主义是个人实现人生价值的力量源泉
   C. 爱国主义与个人实现人生价值无关
   D. 爱国主义有时会帮助个人实现人生价值
5. 实现中华民族伟大复兴的动力是（　　）。
   A. 强大国防　　　B. 强大外交　　　C. 爱国主义　　　D. 强大的经济实力
6. 新时期爱国主义的主题是（　　）。
   A. 维护国家的根本利益　　　　　　B. 建设中国特色社会主义
   C. 保卫祖国，抵抗侵略　　　　　　D. 为祖国统一，主权完整贡献力量
7. 在当代中国，爱国主义首先体现在（　　）。
   A. 对骨肉同胞的热爱上　　　　　　B. 对社会主义中国的热爱上
   C. 对祖国大好河山的热爱上　　　　D. 对祖国灿烂文化的热爱上
8. 把握经济全球化趋势与爱国主义的相互关系的问题上，需要着重树立一些观念，其中不包括（　　）。
   A. 人有地域和信仰的不同，但报效祖国之心不应有差别
   B. 科学没有国界，但科学家有祖国
   C. 顺应经济全球化，适时改变爱国主义立场
   D. 经济全球化过程中要始终维护国家的主权和尊严
9. 中华民族精神的核心是（　　）。
   A. 自强不息　　　B. 爱好和平　　　C. 勤劳勇敢　　　D. 爱国主义
10. 时代精神的核心是（　　）。
    A. 爱国主义　　　B. 改革创新　　　C. 淡泊名利　　　D. 务求实效
11. 以下表述错误的是（　　）。
    A. 时代精神是民族精神的时代性体现
    B. 民族精神是时代精神形成的重要基础和依托
    C. 时代精神的核心是爱国主义

D. 时代精神的核心是改革创新
12. 国家的核心利益是(　　)。
   A. 维护国家经济利益　　　　　　　　B. 维护国家文化利益
   C. 维护国家主权和领土完整　　　　　D. 维护国家政治利益
13. 真正的爱国者,在任何时候、任何情况下都要把(　　)放在第一位,把民族自尊心和自豪感体现在爱国的实际行动中。
   A. 维护国家的社会主义制度　　　　　B. 维护国家安全、荣誉和利益
   C. 维护集体和个人的人身和财产安全　D. 维护个人利益
14. 当今世界的时代主题是(　　)。
   A. 冲突和战乱　　　　　　　　　　　B. 打击恐怖主义与经济发展
   C. 和平与发展　　　　　　　　　　　D. 经济全球化
15. 以下表述正确的是(　　)。
   A. 古今中外爱国主义的含义是一致的
   B. 爱国主义与拥护祖国统一不同
   C. 爱国主义与爱社会主义具有一致性
   D. 爱国主义对港澳台同胞和海外侨胞的要求很低

二、多选题

1. 关于爱国主义的时代价值,说法正确的有(　　)。
   A. 爱国主义是中华民族继往开来的精神支柱
   B. 爱国主义是维护祖国统一和民族团结的纽带
   C. 爱国主义是实现中华民族伟大复兴的动力
   D. 爱国主义是个人实现人生价值的力量源泉
   E. 在经济全球化的今天,爱国主义已经过时了。
2. 中华民族的精神主要包括(　　)。
   A. 爱国主义　　　B. 团结统一　　　C. 爱好和平
   D. 勤劳勇敢　　　E. 自强不息
3. 对于当代大学生来说,在如何把握经济全球化趋势与爱国主义的相互关系的问题上,需要着重树立(　　)观念。
   A. 科学无国界,科学家有祖国。
   B. 人有地域和信仰的不同,因此报效祖国之心应有差别。
   C. 经济全球化过程中要始终维护国家的主权和尊严。
   D. 人有地域和信仰的不同,但报效祖国之心不应有差别。
4. 爱国主义包含着(　　)个基本方面。
   A. 情感　　　　B. 思想　　　　C. 义务　　　　D. 行为
5. 中国民族精神的内涵包括(　　)。
   A. 团结统一　　B. 爱好和平　　C. 勤劳勇敢　　D. 自强不息
6. 集体主义作为社会主义道德原则,包含的内容主要有(　　)。

A. 重视个人的正当利益

B. 主张集体利益膏腴个人利益

C. 承认集体利益和个人利益相互依赖和辩证统一

D. 在现实中追求个人利益和集体利益的最大和谐发展

E. 强调个人本身就是目的,具有最高价值,集体只是达到个人目的的手段。

7. 中华民族历来就有一种对国家、对社会的使命感、责任感和忧患意识,强调为国家、为民族、为整体而献身的精神,这就是中华民族的优良道德传统之一。下列选项中反映了这种优良传统的有(　　)。

A. 尽人事,听天命　　　　　　B. 位卑未敢忘忧国

C. 天下兴亡,匹夫有责　　　　D. 苟利国家生死以,岂因祸福避趋之

E. 先天下之忧而忧,后天下之乐而乐

8. 中华民族的爱国主义优良传统包括(　　)。

A. 热爱祖国、矢志不渝　　　　B. 天下兴亡、匹夫有责

C. 维护统一、反对分裂　　　　D. 同仇敌忾、抗御外侮

E. 万众一心、共赴国难

9. 时代精神是在新的历史条件下形成和发展的,是体现民族特质、顺应时代潮流的(　　)的总和。

A. 思想观念　　B. 行为方式　　C. 价值取向

D. 精神风貌　　E. 社会风尚

10. 在经济全球化条件下大力弘扬爱国主义,我们必须做到(　　)。

A. 以宽广的眼界观察世界

B. 在政治、经济、文化各个方面与资本主义国家划清界限

C. 以积极而理性的姿态参与经济全球化进程

D 完全融入经济全球化进程之中

E. 实施互利共赢的开放战略,促进国家更快更好的发展。

三、简答题

1. 爱国主义的科学内涵和基本要求是什么?
2. 为什么说在当代中国,爱国主义与社会主义在本质上是一致的?
3. 谈一谈你对"大学生应培养创新精神与能力"的理解。
4. 试述当代大学生如何做一个忠诚的爱国主义者。

四、材料分析题

2006年6月27日,《南方都市报》登载了发生在大连的一幕:一老外在地摊上买樱桃,摊主狮子大开口要35元一斤,路过的一对大学生情侣见老外言语不通上前当翻译,并帮助老外把价钱砍到15元一斤。老外离开后摊主大骂两位大学生:"一个中国人怎么帮着一个老外,汉奸!"

请分析思考,我们应该怎样爱国?爱国就要排斥老外吗?

第五章 践行社会主义核心价值观

专题设计概述

"践行社会主义核心价值观"是贯穿于"基础"课的主线。本单元通过讲解全体人民共同的价值追求、坚定价值观自信、做社会主义核心价值观的积极践行者这三个部分引导大学生学习和践行社会主义核心价值观。从现实和历史的角度阐述和回答了什么是社会主义核心价值观,为什么要坚定社会主义核心价值观,怎样做社会主义核心价值观的积极践行者。

思维导图

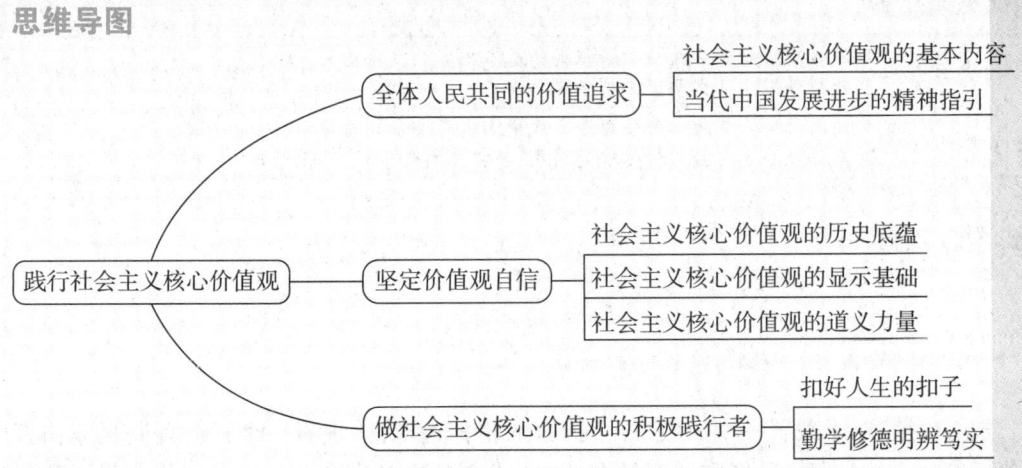

平语近人

要利用各种时机和场合,形成有利于培育和弘扬社会主义核心价值观的生活情景和社会氛围,使核心价值观的影响像空气一样无所不在、无时不有。

——2014年2月24日,习近平总书记在十八届中央政治局第十三次集体学习时的讲话核心价值观的养成绝非一日之功,要坚持由易到难、由近及远,努力把核心价值观的要求变成日常的行为准则,进而形成自觉奉行的信念理念。不要顺利的时候,看山是山、看水是水,一遇挫折,就怀疑动摇,看山不是山、看水不是水了。无论什么时候,我们都要坚守在中国大地上形成和发展起来的社会主义核心价值观,在时代大潮中建功立业,成就自己的宝贵人生。

——2014年5月4日,习近平在北京大学师生座谈会上发表重要讲话

▎成长话题

1. 我国为什么要倡导社会主义核心价值观?
2. 如何找到自己的核心价值观?
3. 为什么要坚定价值观自信?
4. 大学生如何在新时代树立正确的价值观?
5. 大学生应当如何自觉践行社会主义核心价值观?
6. 在社会主义核心价值观中为什么把富强放在首位?
7. 抖音是否正在摧毁当代青年的价值观?

▎课时安排 4学时

序号	题目	课型	课时分配
1	《全体人民的共同价值观》	理解认知	2课时
2	《坚定价值观自信,做自觉践行者》	理解认知	2课时

▎教学目标

知识目标	厘清社会主义核心价值观和社会主义核心价值体系的区别 识别社会主义核心价值观三个层面的基本内容
能力目标	知道如何将社会主义核心价值观融入日常生活中
情感目标	坚定价值观自信;提升对国家文化软实力的认同感和自豪感

▎教学重难点

重点	1. 深入理解社会主义核心价值观的基本内容和重要意义 2. 清楚知道为什么要坚定价值观自
难点	1. 认同社会主义核心价值观是当代中国发展进步的精神指引 2. 掌握社会主义核心价值观的内核,并将其内化于心,外化于行

● **教学资源**

一、全体人民共同的价值追求

核心价值观,承载着一个民族、一个国家的精神追求,体现着一个社会评判是非曲直的价值标准。全社会积极弘扬和践行社会主义,才能汇聚起建设社会主义现代化强国和实现中华民族伟大复兴的中国梦的磅礴力量。

(一)社会主义价值观的基本内容

党的十八大提出,要倡导富强、民主、文明、和谐,倡导自由、平等、公正、法治,倡导爱国、

敬业、诚信、友善,积极培育和践行社会主义核心价值观。社会主义核心价值观把涉及国家、社会、公民的价值要求融为一体,是对我们要建设什么样的国家、建设什么样的社会、培育什么样的公民等重大问题的深刻解答。

1. 国家层面:富强、民主、文明、和谐

富强——中华民族的千年追求

早在远古时代,被誉为中华民族人文始祖的黄帝就在中原播百谷草木,解决人们的衣食温饱问题。

汉代休养生息,让百姓享有更多发展的果实,迅速实现了国富兵强,"非遇水旱之灾,民则人给家足,都鄙廪庾尽满,而府库余货财。京师之钱累巨万,贯朽而不可校"。

唐宋更是达到了中国的盛世。唐朝"小邑犹藏万家室。稻米流脂粟米白,公私仓廪俱丰实"。宋代"在社会生活、艺术、娱乐、制度、工艺技术诸领域,无疑是当时最先进的国家,具有一切理由把世界上的其他地方仅仅看作蛮夷之邦"。

近代,面对压迫,具有先进思想的中国人以富国强民为己任,前仆后继。洋务运动提出了"以中国伦常名教为原本,辅以诸国富强之术"的富强观,主张兴利、重商、求富,大力发展实业。维新运动的领袖提出要"变法图强",学习西洋的政治教育体系,致国强盛、致民强健的思想。孙中山先生提出了"振兴中华"的口号,主张实业救国,富强国家。

毛泽东说:"中国人向西方学得很不少,但是行不通,理想总是不能实现。"因为不摆脱封建专制为经济发展设置的羁绊,就无法摆脱西方列强对中国经济的控制,实现经济体系的独立。

(资料来源:https://wenku.baidu.com/view/f22eb75532d4b14c.html)

民主——中国正在迈向人民民主的新境界

习近平总书记指出:"人民民主是社会主义的生命。没有民主就没有社会主义,就没有社会主义的现代化,就没有中华民族伟大复兴。"推进社会主义民主政治建设,实现所有人自由而全面的发展,是中国共产党矢志不渝的奋斗目标。习近平总书记在庆祝全国人民代表大会成立60周年大会上的讲话中指出:"评价一个国家政治制度是不是民主的、有效的,主要看国家领导层能否依法有序更替,全体人民能否依法管理国家事务和社会事务、管理经济和文化事业,人民群众能否畅通表达利益要求,社会各方面能否有效参与国家政治生活,国家决策能否实现科学化、民主化,各方面人才能否通过公平竞争进入国家领导和管理体系,执政党能否依照宪法法律规定实现对国家事务的领导,权力运用能否得到有效制约和监督。"

经过60多年的努力探索与实践,中国在民主政治建设方面取得了历史性成就。通过改革和完善党和国家的领导制度,废除了实际上存在的领导干部职务终身制,实现了从中央到地方各级领导层的制度化有序更替。修改完善宪法,不断巩固和完善人民代表大会制度,扩大公民有序政治参与,推动基层群众自治,人民实现了内容广泛、层次丰富的当家作主。坚持和完善中国共产党领导的多党合作和政治协商制度,深入开展政治协商、民主监督、参政议政,推动社会主义协商民主广泛多层制度化,发展了独具特色的社会主义协商民主。努力建设了解民情、反映民意、集中民智的决策机制,保证了决策符合人民利益和愿望。改革干

部人事制度，建立健全广纳贤才、能上能下、充满活力的用人机制。实施依法治国基本方略，形成和完善以宪法为统帅的中国特色社会主义法律体系，推动法治国家、法治政府、法治社会一体建设。建立健全权力运行制约和监督体制机制，完善惩治和预防腐败体系，保证党政机关及其干部按照法定权限和程序行使权力。

中国特色社会主义政治发展道路，是近代以来中国人民长期奋斗历史逻辑、理论逻辑、实践逻辑的必然结果。社会主义民主政治是最有利于中国人民根本利益的民主形态。当然，我国社会主义民主政治仍有很大发展和提升空间，中国作为一个人口最多、国情复杂的大国，民主建设需要一个长期完善的过程。民主不是一个口号或标签，而是一种通过对国家和社会治理的探索实现人民幸福生活的手段。党的十九大报告强调指出："发展社会主义民主政治就是要体现人民意志、保障人民权益、激发人民创造活力，用制度体系保证人民当家作主。"坚持党的领导、人民当家作主、依法治国有机统一，坚持和完善人民代表大会制度、中国共产党领导的多党合作和政治协商制度、民族区域自治制度、基层群众自治制度，巩固和发展最广泛的爱国统一战线，发展社会主义协商民主，健全民主制度，丰富民主形式，拓宽民主渠道，保证人民当家作主落实到国家政治生活和社会生活之中，不断推进社会主义民主政治制度化、规范化、程序化。

中国的民主不仅体现在政治领域，而且贯穿于经济、文化、社会等各个领域；中国的民主不仅是人民有投票权，而且是对经济、政治、文化、社会各领域中广泛问题的民主协商；中国的民主不仅是国家政治运作的层面，而且是在基层社会各方面的民主实践。协商民主是我国社会主义民主政治的特有形式和独特优势，政党协商、人大协商、政府协商、政协协商、人民团体协商、基层协商以及社会组织协商正日益向着广泛多层制度化的方向不断发展。用群众习惯的方式来解决群众身边的问题，大家的事情大家商量着办。正是有这样广泛而深厚的民主制度安排和民主实践，中国特色社会主义民主才不断彰显着真实性、有效性、优越性。

总之，我们要坚信中国特色社会主义政治发展道路的优越性，以扎根历史、立足当代的中国民主政治实践为检验标准，阐明中国特色社会主义在实现民主价值方面的成就和优势，回击国内外一些人和势力出于政治目的和意识形态偏见而对"民主国家"内涵的垄断与歪曲，不断彰显中国特色社会主义民主政治的道路自信、理论自信、制度自信、文化自信，提升中国在国际政治话语体系中的话语权和领导力。

（**资料来源**：http://theory.people.com.cn/n1/c40531-29649697.html）

文明——现代化文明

一个文明的国家，将会以自身的言行告诉世界：现代文明，不是丛林文明的延伸；人类社会，不是动物世界的翻版！

对于国家，文明就是坚持正义、坚持和谐：国家强大，不恃强凌弱；国家弱小，不欺软怕硬；国家有错，也不文过饰非。1860年英法联军从圆明园得意而归，那先进的军备、优雅的文明棍，都修饰不出"文明"的轮廓，然而雨果的一篇抗议，痛斥自己的祖国是窃贼、是强盗，才让人们看到文明的力量犹存于法兰西。二战时期，德国曾一度铁蹄席卷、所向披靡，然而由希特勒亲自参与设计的"一定要帅"的军装，也裁剪不出"文明"的身影，相反，战败后德国两任总理真诚下跪忏悔法西斯罪责的身姿,却是地平线上一道真正的文明剪影。

对于个人,文明就是外在有礼、内在友善。《晏子春秋》说,"凡人之所以贵于禽兽者,以有礼也",孔子也说,"不学礼,无以立"。礼仪教化,是人类告别野性的转折点;礼仪风度,是君子为人立世的文明坐标。礼仪是外化,友善是内心,这样的个体精神组合成了群体意识,进而形成了国家民族的文明形态。《周易》中说,"文明以止,人文也",又说"观乎人文,以化成天下",自然天幕上的纹饰,是日月星辰,而人类社会中的纹饰,就是文明程度,用文明来教化天下,才是人文情怀,才能社会昌盛。

所以,你死我亡的较量,是动物法则,不是人间准则。人类社会的文明,是和平发展的协同,不是国强必霸的独大;是互助友爱的关怀,不是优胜劣汰的厮杀。

(**资料来源**:http://www.71.cn/2018/0314/990240_4.shtml)

文明——个人素养的重要体现

在东西方文化中,"文明"一词在词源学上的含义,都与社会个体在文化和道德品行上的素质紧密相关。英文中的"文明"(civilization)一词源于拉丁文"civis",意思是指罗马的城市公民身份,含有比非城市人生活状态优越的意思,后引申为一种先进的社会和文化发展状态。

汉语的"文明"一词,最早出自《周易》。《乾》卦:"见龙在田、天下文明",有"光明"之意。在其他典籍中,文明一词更多意指人的教养和开化。《尚书·舜典》称赞舜:"浚哲文明,温恭允塞。"唐人孔颖达注解说:"经天纬地曰文,照临四方曰明",意涵王者修德、民风淳朴。《礼记》说:"是故情深而文明,气盛而化神,和顺积中而英华发外。"这里的文明,是个人内在德行和文化素养外显的结果,不仅个人神采奕奕,而且能让他人如沐春风。正是在文明的教化之下,中华民族在长期的历史发展中不仅物质文明昌盛,而且博得礼仪之邦的美誉。

(**资料来源**:https://www.sohu.com/a/431195491_120206970)

社会主义核心价值观集中反映了人们面对和处理"人与人""人与社会""人与自然""人与自身"等"四对关系"时的主张、态度和取向。随着生产力水平的不断提高和社会竞争的日益加剧,人与人、人与社会、人与自然、人与自身之间关系日益复杂交错,矛盾冲突也日益纠结缠绕。当前,在培育践行核心价值观的过程中,就要注意化解它们之间的矛盾并维系其相互之间的和谐关系。

和谐——六尺巷的故事

清朝康熙年间有个大学士名叫张英。一天张英收到家信,说家人为了争三尺宽的宅基地,与邻居发生纠纷,要他用职权疏通关系,打赢这场官司。

张英阅信后坦然一笑,挥笔写了一封信,并附诗一首:千里修书只为墙,让他三尺又何妨?万里长城今犹在,不见当年秦始皇。家人接信后,让出三尺宅基地。邻居见了,也相让三尺宅基地。结果成了六尺巷,这个化干戈为玉帛的故事流传至今。呵呵,告诉我们要有坦荡的胸怀,人与人之间要保持一种和谐的人际关系。

(**资料来源**:https://zhidao.baidu.com/question/94074893.html)

和谐——人与自然的和谐

坚持人与自然和谐共生,坚持节约优先、保护优先、自然恢复为主的方针,像保护眼睛一样保护生态环境,像对待生命一样对待生态环境,让自然生态美景永驻人间,还自然以宁静、和谐、美丽。

——2018年5月18日至19日,习近平在全国生态环境保护大会上的讲话

习近平总书记关于人与自然和谐共生的重要论述是对中华文明积淀的生态智慧的继承与创新。人与自然和谐共生蕴含着中国古代思想家关于人与自然关系的丰富论述。中华文明传承五千多年,积淀了丰富的生态智慧。"天人合一""道法自然"的哲理思想,"劝君莫打三春鸟,儿在巢中望母归"的经典诗句,"一粥一饭,当思来处不易;半丝半缕,恒念物力维艰"的治家格言,这些质朴睿智的自然观,至今仍给人以深刻警示和启迪。中国古代思想家的"天人合一"思想、道法自然思想、"顺时""以时""不违时"的尊重、顺应和保护自然的思想,为当代中国开启了尊重自然、面向未来的智慧之门。

习近平总书记在继承中国古人生态智慧的基础上创新性地提出了"山水林田湖草是生命共同体"的观点,要求我们"像保护眼睛一样保护生态环境",从而将人与自然的关系提升到生命共同体的高度,让"天人合一"的中国智慧在新时代焕发出新的生机。习近平总书记在中国古代"鱼逐水草而居,鸟择良木而栖""天育物有时,地生财有限"等生态观念基础上明确提出"绿水青山就是金山银山""良好生态环境是最普惠的民生福祉"等一系列精辟论述,将自然生态与经济发展、社会民生有机融合在一起,从而深刻回答了人与自然和谐共生的关系问题。

(**资料来源**:https://baijiahao.baidu.com/s?id=16091225261721374428wfrr)

和谐——人与自身的和谐

国学大师季羡林提到和谐社会时说:"和谐社会,除了要讲社会的和谐、人与自然的和谐,还应该讲人的自我和谐。"自我和谐是最基础性的,其他和谐关系的实现是建立在其基础之上的,构建和谐社会,要从自我和谐做起。

我国传统文化的最大特点就是强调和谐。"和"者和睦也,有和衷共济之意,包括和谐、和睦、和平、和善、祥和、中和等含义,蕴含着和以处众、内和外顺等深刻的人生理念。"谐"者相合也,强调顺和、协调,力避抵触、冲突。和谐以共生共长,不同以相辅相成,和实生物,和则大同等等,都反映我国传统社会对和谐的重视,是当今构建和谐社会重要的思想土壤。

自我和谐就是一个人身心的和睦、协调,即人的生理和谐与心理和谐的统一。人的生理和谐,是指人躯体的各器官、组织、细胞等各个部分相互协调联系,功能正常运转,躯体健康,没有疾病。心理和谐是指人能够用正确的世界观看待认识事物,用正确的思维方式思考问题,用正确的态度处理问题,这种和谐是指每个社会成员对自己,包括精神追求、需要层次、思维方式、个性特点和行为方式等,能够保持一种和谐、和顺的状态。从心理学观点来看,对自我认识与看法跟实际表现越一致,或者其基本需要的满足层次越协调,自我也就越和谐。

人的本质属性是社会性,人是组成社会的细胞,没有人这个细胞的和谐就不会有社会这个躯体的和谐。现实生活中有些人不注重自我的和谐,有的对社会现象不见阳光,只看阴影,对任何事物横挑鼻子竖挑眼,牢骚满腹,把自己搞得心不平气不顺,失去平衡,处理不好工作与休息、事业与生活、单位与家庭之间的关系,导致与家庭、亲朋的不和谐、与同事、与服务对象的不和谐,进而导致整个社会的不和谐。

如果每个人内心都充满着矛盾和不满、冲突和对抗,要构建和谐社会是不可想像的;如果每个人内心都很充实、积极、乐观、友善,那么构建和谐社会就有了很重要的基础。由此可见,要实现人与人、人与社会、人与自然的和谐相处,关键在人,人自身的和谐非常必要和重要。

要做到心理和谐就要从以下几方面做起:第一,坚持不懈地学习。自我和谐问题就是自身修养问题,是思想、道德、文化、情感等多方面的修养。通过学习,树立正确的人生观、道德观、价值观;通过学习,提高思想觉悟、认知水平,用正确的世界观、方法论认识、看待事物,认清事物间的矛盾,按客观规律办事,有效地处理存在的问题,化解矛盾;通过学习加强自我修养,达到思想和谐、内心和谐,能够适应环境,做到得心应手,全面发展,不被外力所扰。

第二,培育和谐的思维方式。和谐的思维方式是唯物的、辩证的思维方式,是在对立统一中以建设性态度促进发展的一种思维方式。和谐的思维方式使人们能够客观、公正、历史地看待问题,用积极的态度化解矛盾,用平和的心态接受差异,不与自己作对,不与环境作对,用积极乐观的态度面对一切。

第三,节制过分的欲望。经验表明,破坏人自我和谐的"罪魁祸首"是欲望,特别是对物质的占有贪欲。

第四,保持平和的心态和积极进取的精神。自我和谐很大程度取决于和谐的心态。从心理学角度说,和谐的心态就是主观追求与客观现实比较顺和的状态。"心平则气和、气和则神安",只有心态和谐,才能理性处理所欲与所得的关系,正确对待困难、挫折和荣誉。

综上所述,自我和谐、心态和谐,是一种自律,是一种人生境界。让我们对社会的给予深怀感恩之心,对给予的一时不足抱有宽待之心,对社会和他人的疾痛投以关爱之心,对自我和谐的欠缺多一点反省之心,以自尊自信、理性平和、积极向上的心态,在集体、社会、国家的坐标上定位自己的追求,正确看待自己的得失,努力服务于社会。如此不仅会享受奉献社会的快乐,也能收获更多的社会和谐的幸福,同时才能在自我和谐的基础上,去"齐家、治国、平天下",最终实现社会和谐。

(资料来源:https://zhidao.baidu.com/question/36749729.html)

2. 社会层面:自由、平等、公正、法治

自由——背后是约束

自由是相对的,只有相对的自由,没有绝对的自由,可以理解为:如果自由是毫无限制,那叫野蛮、放纵、糊涂,那不是自由,那是没有方向的乱来。自由是有限制的,因为自由到了某一个阶段就与责任发生关系,所以自由就在责任里面找到了它的限制。

自由是相对的,不是绝对的,自由应该建立在不伤害他人,不破坏或消极影响社会,不损害国家及民族前提之下。

自由,就是对一切事物的局限完全了知,从而在局限之中游刃有余地活出真我,而又不对别人造成伤害的那么一种境界。我们的不自由,就是因为我们被事物的形式与概念所骗,而把握不到事物的本来样子。

比如,我们容易认为:自由就是不受限制地去释放心底的想法,牢房中的囚犯就一定是不自由的。这些都只是我们想当然的概念;而只有看透概念之虚假性的人,才可能真正获得

内心的自由,如孔子的"从心所欲,不逾矩"。

(**资料来源**:https://zhidao.baidu.com/question/1604590390669386107.html)

平等——周恩来的故事

周总理不知疲倦地为党和国家操劳,毫不保留地献出了毕生的精力,但他对别人为自己的哪怕是微小的劳动都非常尊重。服务员给他端菜或送东西,他不是放下手里的工作,站起身双手接过来,就是微笑地朝服务员点点头表示感谢。周总理外出视察工作,每当要离开一个地方的时候,总是亲自和服务员、警卫员、厨师和医护人员等一一握手,亲切地对大家说:"辛苦了谢谢,再见!"并和他们一起合影留念。更感人的是,周总理在生命弥留之际,仍不忘感谢守护在他身边的医护人员。

一个星期天,周总理因工作需要,上一家照相馆照相。这时,照相馆已经来了一些顾客,摄影师正准备给一位解放军战士拍照。周总理进门后,大家赶忙迎上去问好。当知道周总理是来照相的,摄影师和那位战士都说:"总理工作忙,请先照吧!"总理摆摆手,亲切地催促那位战士:"大家一样忙,轮到你了,就应该你先照。"然后他以普通顾客的身份坐下来,坚持按先后顺序排队照相,使在场的人深受感动。

这么多名人的故事告诉我们,平等待人是一件美妙的事情,它让人平易近人,不居功自傲;它让人回到温暖的家消除与亲人之间的隔阂;它让人有勇气与自信去面对一切!平等的力量是惊人的,它会使一切变得比以前美好。

(**资料来源**:https://www.bbjkw.net/k/doc/e740c844769eae009591ba269.html)

公正——"狼牙山五壮士"名誉权案

2016年8月,北京市第二中级法院对狼牙山五壮士后人诉《炎黄春秋》前执行主编洪某侵权案作出终审判决,驳回洪某上诉,维持一审判决,即洪某立即停止对"狼牙山五壮士"民族英雄的名誉和荣誉的侵害,并公开发布赔礼道歉公告。《最高人民法院关于确定民事侵权精神损害赔偿责任若干问题的解释》第三条明确了"自然人死亡后,其近亲属对以侮辱、诽谤、贬损、丑化或者违反社会公共利益、社会公德的其他方式,侵害死者姓名、肖像、名誉、荣誉"的行为,有权向人民法院起诉请求赔偿精神损害。本案对人民法院来说,已不仅仅是维护逝去英雄的名誉权和荣誉权的问题,更是承担了为共和国先烈正名及捍卫社会道德底线的重大责任。"狼牙山五壮士"名誉权系列案件的审理,体现了人民法院捍卫社会道德底线的责任担当,既没有让正义的人无辜受伤,也守护了社会正能量,彰显了司法的公平公正。

(**资料来源**:https://baijiahao.baidu.com/159492523548&wfr=spider&for=pc)

3. 个人层面:爱国、敬业、诚信、友善

爱国

爱国是中华民族的传统美德,正是由于我们的爱国热情和爱国实践,才使自己的祖国不断发展和进步。

中国共产党成立100年来,在爱国主义旗帜下,领导全国人民对祖国的建设和发展做出了重要贡献。

新时代,我们要一如既往地坚持以热爱祖国为荣,以危害祖国为耻,为把我们的国家建设成富强民主文明和谐美丽的社会主义现代化国家做出新的贡献。

98

一个人不爱国,甚至欺骗祖国、背叛祖国,那在自己的国家、在世界上都是很丢脸的,也是没有立足之地的。对每一个中国人来说,爱国是本分,也是职责,是心之所系、情之所归。对新时代中国青年来说,热爱祖国是立身之本、成才之基。当代中国,爱国主义的本质就是坚持爱国和爱党、爱社会主义高度统一。

新时代中国青年要听党话、跟党走,胸怀忧国忧民之心、爱国爱民之情,不断奉献祖国、奉献人民,以一生的真情投入、一辈子的顽强奋斗来体现爱国主义情怀,让爱国主义的伟大旗帜始终在心中高高飘扬!

(**资料来源**:https://baijiahao.baidu.com/s?id=1632216293296246797&wfr)

敬业——航天产品16年"零缺陷"的质量守卫者

卢峰,男,1983年11月出生,中共党员,武汉职业技术学院机电工程学院2005届模具设计与制造专业毕业生,中国航天科技集团五院五二九厂高级技师。他在铝合金、碳纤维、钛合金等材料的数控加工方面具有丰富经验,先后完成天宫系列框类零件、神舟系列直属件等部件组合加工,牵头完成新一代飞船众多型号的大型复杂结构件高精度数控加工任务。

卢峰,一名数控机床操作工,中国航天事业发展的"幕后英雄"之一。16年来,他陆续负责完成神舟、天宫、北斗等20多个型号的大型舱体、金属结构部件及高精度组合加工主岗工作,从一名普通的操作工人成长为航天产品16年"零缺陷"的质量守卫者。他先后培养了12名徒弟,其中3名技师、3名高级工,现均已成长为生产骨干,持续为祖国航天事业发展贡献力量。

仰望星空,卢峰用专业和敬业,追逐着航天强国的梦想和希望;脚踏实地,卢峰用汗水和执着,书写着青年一代的责任和担当。卢峰是平凡的,他只是千千万万祖国建设者中的一颗"螺丝钉";卢峰又是不平凡的,他把"个人梦"与"航天梦"结合在一起,兢兢业业、一丝不苟为祖国"造卫星",用自己的实际行动,诠释着"工匠精神"的深刻内涵。

(**资料来源**:https://www.xuexi.cn/lgpage/detail/index.html)

敬业——王顺友

一个人、一匹马、一条路、一颗温暖的心。在绵延数百公里的木里县雪域高原上,一个人牵着一匹马驮着邮包默默行走的场景,成为了当地老百姓心中最温暖的形象。

20年中,他一个人跋山涉水、风餐露宿,按班准时地把一封封信件、一本本杂志、一张张报纸准确无误地送到每个用户手中;

20年,他一路奔波不喊累不叫苦,战胜孤独和寂寞,将党和政府的温暖、时代发展的声音和外面世界的变迁不断地传送到雪域高原的村村寨寨,把党和各族群众的心紧紧地连在了一起……

这个人,就是木里藏族自治县邮政局的一个普通的苗族乡邮员;一个20年来每年都有330天以上独自行走在马班邮路上的邮递员;一个在雪域高原跋涉了26万公里、相当于走了21趟二万五千里长征、绕地球赤道6圈的共产党员———王顺友。

再大的苦也要忍,不能给党丢脸。乡邮员是我的本职工作,再大的苦也要忍,不能给党丢脸。

(**资料来源**:https://baike.baidu.com/item/%E7%8E%8B%1297555?fr=aladdin)

诚信——商鞅立木取信

一个人如果失去了诚信,将在社会上没有立足之地,让人瞧不起。一个人失去诚信,就会失去朋友。

商鞅任秦孝公之相,欲为新法。为了取信于民,商鞅立三丈之木于国都市南门,招募百姓有能把此木搬到北门的,给予十金。百姓对这种做法感到奇怪,没有敢搬这块木头的。然后,商鞅又布告国人,能搬者给予五十金。有个大胆的人终于扛走了这块木头,商鞅马上就给了他五十金,以表明诚信不欺。这一立木取信的做法,终于使老百姓确信新法是可信的,从而使新法顺利地推行实施。

"人无信不立。"一个人、一个团体、一个国家都是一样的,言而无信则自取灭亡。

(**资料来源**:http://www.meidekan.com/meiwen/guanyumingrenyoudexiaogushi/)

诚实学习

诚实学习就是要严格按照老师的要求完成作业、论文和考试等学习任务。不论是个人作业还是需要小组合作完成的作业,最重要的是要独立完成自己应当做的部分,而不应借用别人的观点或参照别人的作业内容,更不能抄袭剽窃。例如,对于老师布置的阅读作业不能略去不读;在做作业时应当认真提出自己的见解;在考试时只能利用被允许带进考场的东西;引用他人的文献或观点必须注明出处。诚实学习的目的,是把握学习和实践的机会,使自己能够掌握真才实学。

(**资料来源**:《画说科研诚信》,科学技术文献出版社,2018年3月,第2页。)

友善——南京"胖哥"

2021年5月底6月初,一则南京"胖哥"见义勇为的新闻上了热搜。

中年男子吉某因为和前妻的私怨,驾车在马路上接二连三地故意撞人。

胖哥原本是坐在远方的车辆里,吉某开车横冲直撞导致堵车时,胖哥在远处拍了照片发朋友圈。

亲人朋友都让他赶紧回家,让他以自身安全为重。

可当他看到被车流困住的吉某时,依然毫不犹豫地直接上前阻止吉某继续伤人。

这一举动让他受了重伤。

胖哥住院时,很多年轻人,自发去医院外守候,大家纷纷说,胖哥的行为让自己感觉到了人间温暖与友善。

世间有很多事,可能都不能尽如人意,有好的,就有坏的。

但不管在哪个时代,总有一些人,在用自己的力量,来温暖这个世间。

还记得《觉醒年代》里有一句台词:温良不是温顺,更不是懦弱,温良是一种力量,一种同情。

这种温良,是赤子之心,是看到同胞有难时,不顾一切出手援助的友善。

友善,是处理人际关系的基本道德规范,本质上是指友好善良的公民伦理关系和公民秩序,在维系社会成员之间的和谐关系中扮演着不可或缺的"角色"。中国古人强调"仁者爱人","友,相佑也",主张"出入相友、守望相助"的人际交往论,倡扬"万物一体""天人合一"的生态和谐论。"与人方便,予己方便",人与人之间和谐友善、互帮互助,我们就能共建一个温暖、美丽、幸福的家园。

(**资料来源**:https://wenku.baidu.com/view/a535e86d6c85ec3a87c2c560.html)

友善的力量

一天,太阳和风争论究竟谁比谁更有力量。风说:"你看下面那个穿着外套的老人,我打赌可以比你更快地让他把外套脱下来!"说完后,便使劲儿向老人吹去,想把老人的外套吹下来,但它越吹,老人将外套裹得越紧。后来,风累了,没力气再吹了。这时,太阳从云的背后走出来,将温暖的阳光撒在老人身上,没多久,老人就开始擦汗了,并把外套脱下来了。于是,太阳笑着对风说:"其实,友善所释放的温暖比强硬更有力量。"

面对同一件事,以两种不同的态度来对待,结果便会迥然。太阳能比风更快地让老人脱下外套,说明友善的态度更能温暖人心,进而感动对方,使其渐渐改变敌对的想法。这是一味地咆哮和猛烈攻击等强硬作为所望尘莫及的。很多时候,用强硬解决问题,往往会一无所获,但若用友善取而代之,最后会令你喜出望外。

在一次国会选举期间,美国第25任总统威廉·麦金利经常被一个记者如影随形地跟踪。因为此人效力的报纸与麦金利政见相左,他经常发表一些于其不利的报道。麦金利对这个人感到很是恼火,可内心倒是禁不住暗暗"钦佩"其攻击自己的哪种执着劲儿。

一天,麦金利坐着马车去附近一个小镇演讲。天气异常阴冷,没走多远,麦金利就听见后面传来熟悉的咳嗽声,回头一看,原来是那个正患感冒且衣着单薄的记者,坐着简陋的马车尾随而至。麦金利吩咐车夫停下,下车走到记者跟前,说:"年轻人,从你的座位上下来。"记者走下车,心想这个政敌报仇的时机到了。"拿着,"麦金利脱下自己的大衣递给记者,"这件大衣你穿上,坐进我的马车里去。""可是,麦金利先生,"记者颇感意外地说,"我想你大概不知道我是谁。这次竞选我一直对你紧追不放,每次只要你一发表演说,我就会在报上骂你,我今天过来就是要尽我所能将你置于死地。""我知道,"麦金利微笑着说,"不管怎么说,你穿上这件衣服,坐进那辆车里暖和暖和,等会儿你好打个漂亮仗。"结果,从那儿以后,这个记者再也没有发表过一篇诋毁麦金利的文章。

世界上最强大的不是坚船利炮,而是一颗友善的心,因为它能真正使人体会到尊重和温暖。心灵高贵的人能对他人萌生怜悯和同情,因为友善会使对方的敌意渐渐消释,没有人会拒绝友善所带来的温暖。所以,当你试图打开对方的心扉时,友善是最快、最有效的方式。

生活中,许多人明知彼此都需要友善的温暖、感情的温馨,却又常常用无端的猜疑将满腔的好感冰封在坚硬的假面具背后。其实,只要你能真正付出你的爱,那么必定会赢得共鸣,使你从中感受到温馨,并拥有意想不到的收获。试想,如果你对他人没有真诚之心、毫无友善之举,又怎能期望从他人身上得到友善的回馈呢?正如手中的一杯茶,今天你用它温暖了别人,将来,对方也一定会将一杯热茶送到你的手中。

(**资料来源**:http://www.bjdcfy.com/qita/gyysdgs/2017-3/903306.htm)

(二) 当代中国发展进步的精神指引

培育和践行社会主义核心价值观,是有效整合我国社会意识、凝聚社会价值共识、解决和化解社会矛盾、聚合磅礴之力的重大举措,是保证我国经济社会沿着正确的方向发展、实现中华民族伟大复兴的价值支撑,意义重大而深远。2018年3月,十三届全国人大一次会议通过宪法修正案,把国家倡导社会主义核心价值观正是写入宪法,进一步凸显了社会主义核心价值观的重大意义。

1. 坚持和发展中国特色社会主义的价值遵循

在全社会大力弘扬社会主义核心价值观,明确中国特色社会主义事业到底追求什么、反对什么,要朝着什么方向走、不能朝什么方向走,坚守我们的价值观立场,坚定中国特色社会主义的道路自信、理论自信、制度自信和文化自信,为社会的有序运行、良性发展提供明确价值准则,保证中国特色社会主义事业始终沿着正确方向前进,是中国特色社会主义的铸魂工程。

富强、民主、文明、和谐,自由、平等、公正、法治,爱国、敬业、诚信、友善,传承着中国优秀传统文化的基因,寄托着近代以来中国人民上下求索、历经千辛万苦确立的理想和信念,也承载着我们每个人的美好愿景。我们要在全社会牢固树立社会主义核心价值观,全体人民一起努力,通过持之以恒的奋斗,把我们的国家建设得更加富强、更加民主、更加文明、更加和谐、更加美丽,让中华民族以更加自信、更加自强的姿态屹立于世界民族之林。

建设富强民主文明和谐的社会主义现代化国家,实现中华民族伟大复兴,是鸦片战争以来中国人民最伟大的梦想,是中华民族的最高利益和根本利益。今天,我们13亿多人的一切奋斗归根到底都是为了实现这一伟大目标。中国曾经是世界上的经济强国,后来在世界工业革命如火如荼、人类社会发生深刻变革的时期,中国丧失了与世界同进步的历史机遇,落到了被动挨打的境地。尤其是鸦片战争之后,中华民族更是陷入积贫积弱、任人宰割的悲惨状况。这段历史悲剧决不能重演!建设富强民主文明和谐的社会主义现代化国家,是我们的目标,也是我们的责任,是我们对中华民族的责任,对前人的责任,对后人的责任。我们要保持战略定力和坚定信念,坚定不移走自己的路,朝着自己的目标前进。

中国已经发展起来了,我们不认可"国强必霸"的逻辑,坚持走和平发展道路,但中华民族被外族任意欺凌的时代已经一去不复返了!为什么我们现在有这样的底气?就是因为我们的国家发展起来了。现在,中国的国际地位不断提高、国际影响力不断扩大,这是中国人民用自己的百年奋斗赢得的尊敬。想想近代以来中国丧权辱国、外国人在中国横行霸道的悲惨历史,真是形成了鲜明对照!

价值观是人类在认识、改造自然和社会的过程中产生与发挥作用的。不同民族、不同国家由于其自然条件和发展历程不同,产生和形成的核心价值观也各有特点。一个民族、一个国家的核心价值观必须同这个民族、这个国家的历史文化相契合,同这个民族、这个国家的人民正在进行的奋斗相结合,同这个民族、这个国家需要解决的时代问题相适应。世界上没有两片完全相同的树叶。一个民族、一个国家,必须知道自己是谁,是从哪里来的,要到哪里去,想明白了、想对了,就要坚定不移朝着目标前进。

——习近平2014年5月4日在北京大学师生座谈会上的讲话

(资料来源:http://cpc.people.com.cn/n/2014/0505/c64094-24973220.html)

2. 提高国家文化软实力的迫切要求

软实力(Soft Power)是美国学者约瑟夫·奈提出的衡量一个国家的综合国力高低的新

概念,主要是指与经济、科技、军事领域表现出的"硬实力"相对应的包括因文化、价值观、制度、政策等对其他文化的吸引力、影响力。作为一个对世界产生过深远影响的、具有五千年历史的文明古国,尤其是在经济崛起国力大增之时,更应该注重挖掘文化的潜力,做到文化软实力的与时俱进。

《流浪地球》

好莱坞的灾难科幻片凸显个人英雄主义,主角光环胜过一切,而《流浪地球》更注重集体主义。影片中的价值观比父子情更感人,电影想传达的是中国人的思想底蕴。

《流浪地球》中没有绝对的主角,也没有谁是天才。主角小队只是千万个小队中的一个,主意谁都有,关键是信念,不是因为运气好,而是大家齐心协力去完成任务。几千个发动机是千千万万人共同去救援的,顽强的意志和坚持是最重要的。

《流浪地球》告诉我们,世界并不是几个英雄推动前行的,民众才是力量的源泉,团结和凝聚力是根本。

(资料来源:https://zhidao.baidu.com/daily/view? id=36440)

3. 增进社会团结和谐的最大公约数

历史和现实一再证明,只有建立共同的价值目标,一个国家和民族才会有赖以维系的精神纽带,才会有统一的意志和行动,才会有强大的凝聚力、向心力。

坚持弘扬和衷共济、团结互助美德,营造全社会扶危济困的浓厚氛围。我们推动全社会践行社会主义核心价值观,传承中华民族守望相助、和衷共济、扶贫济困的传统美德,引导社会各界关爱贫困群众、关心减贫事业、投身脱贫行动。我们完善社会动员机制,搭建社会参与平台,创新社会帮扶方式,形成了人人愿为、人人可为、人人能为的社会帮扶格局。

事实充分证明,社会主义核心价值观、中华优秀传统文化是凝聚人心、汇聚民力的强大力量。只要我们坚定道德追求,不断激发全社会向上向善的正能量,就一定能够为中华民族乘风破浪、阔步前行提供不竭的精神力量!

——习近平2021年2月25日在全国脱贫攻坚总结表彰大会上的讲话

(资料来源:https://www.ccps.gov.cn/xtt/202102/t20210225_147575.shtml)

二、坚定价值观自信

坚定的核心价值观自信,是中国特色社会主义道路自信、理论自信、制度自信和文化自信的价值内核。社会主义核心价值观丰厚的历史底蕴、坚实的现实基础、强大的道义力量为我们坚定核心价值观提供了充分的理由。

(一)社会主义核心价值观的历史底蕴

任何一种价值观都不可能凭空产生,总是有其特定的历史底色和精神脉络。社会主义核心价值观不是无源之水、无本之木,而是深深地根植于中华优秀传统文化,是社会主义核心价值观历史底蕴的集中体现。

何咏诗创新传承中华文化

何咏诗,女,43岁,澳门浸信中学中文教师。她从事中文教育20年,以文学与音乐相结合传播宋词等中国传统文化,并引导学生关注社会、关注民生,培养学生的人文素养,培养学生传承中华优秀传统文化。

因学校推行音乐改变生命的理念,何老师便以文学与音乐相结合进行教学编排。以大量阅读宋词为基础,在语文及音乐老师同步配合教学的情况下,教师与学生们进行《走进词的国度——旧曲新词》音乐创作,再经由学校网上投票,最终可以在多元评核周内进行演出,以达到学生乐学而好学的目标。

(**资料来源**:https://www.bilibili.com/video/av67292828)

社会主义核心价值观对中华优秀传统文化的传承和升华

以儒学为主体、儒佛道共构、法家墨家兵家等百家争鸣,诗词歌赋书画小说等百花齐放,共同铸就了人类文化史上一座璀璨夺目的丰碑。中华优秀传统文化含有的丰富哲学四线、人文精神、道德理念,可以为后人认识和改造世界提供有益启迪。中华文化独一无二的理念、智慧、气度、神韵,无疑增添了中国人民和中华民族内心深处的自信和自豪。

从国家层面来看。中华文化历来强调"民本"。《尚书·五子之歌》中讲:"民惟邦本,本固邦宁。"指的就是百姓是国家的根本和基础,唯有百姓富足安康,国家才能和谐稳定。社会主义核心价值观所倡导的"富强""民主"要求一切从人民群众的利益出发,关注民生,唯有人民安居乐业,国家才能富强昌盛,这是民本思想在当今时代的升华。中华文化强调"天人合一""和而不同","天人合一"意指人类活动应顺应自然规律,维护人与自然的和谐;"和而不同"则强调在与人交往之中既能与之保持和谐友善关系,又能坚守自己的立场,不完全附和对方。这种理念要求人们在与人相处时应"求同存异",保持人与人之间自由、民主、平等的关系,在与自然的相处中尊重自然,实现人与人、人与自然的和谐、可持续发展。这反映在社会主义核心价值观中,即是"和谐"思想的体现。

从社会层面来看。《论语·卫灵公》中讲:"己所不欲,勿施于人。"指要顾及他人感受,不能将自己不愿做的事情强加到别人身上。《孟子·滕文公上》中讲:"出入相友,守望相助。"教导人们要彼此关心、互相扶助。《孟子·梁惠王上》中讲:"老吾老以及人之老,幼吾幼以及人之幼。"指在赡养老人、抚育孩子时,也应顾及与自己无血缘关系的老人及小孩。这些强调博爱的论述都是以"和谐"为特色的中华优秀传统文化的反映。体现在当代,就是要求致力于构建民主法治、公平正义、诚信友爱、充满活力、安定有序、人与自然和谐相处的社会主义和谐社会。

从公民层面来看。《周易·乾》中讲:"天行健,君子以自强不息。"意指君子应发奋图强、勇于拼搏、永不停息。顾炎武在《日知录》中谈道:"天下兴亡,匹夫有责。"意指国家存亡与每个人都息息相关,要求人们以国家兴亡为己任。《论语·里仁》中讲:"君子喻于义,小人喻于利。"要求人们加强自身道德修养,以德修身。《论语·述而》中讲:"君子坦荡荡,小人长戚戚。"要求人们待人接物懂得包容,以宽厚胸怀承载万物。《论语·子路》中讲:"言必信,行必果。"强调做人讲求信用,答应别人的事要办到。《论语·为政》中讲:"人而无信,不知其可也。大车无輗,小车无軏,其何以行之哉?"论证了"诚信"的重要性。《孟子·离娄下》中讲:"仁者爱人,有礼者敬人。"指仁者是充满慈爱之心,满怀爱意的人。《孟子·公孙丑上》中讲:"取诸人以为善,是与人为善者也。故君子莫大乎与人为善。"指要待人善良、乐于助人。这些优秀传统文化在社会主义核心价值观有关公民层面的论述中得到了充分的体现。

(资料来源:http://theory.people.com.cn/n/2014/1007/c40531-257825)

(二)社会主义核心价值观的现实基础

我们所积极弘扬和践行的社会主义核心价值观,不仅与中华民族悠久灿烂的历史文化相契合,具有深厚的历史文化底蕴,而且同我们正在进行的奋斗相结合,同我们所要解决的时代问题相适应,具有坚实的现实基础。概括而言,这一坚实的现实基础,就是当今时代的中华民族所进行的人类历史上最为宏伟而独特的中国特色社会主义建设实践。

改革开放四十年的巨大成就

40年,在人类历史的长河中只是短暂一瞬,而我国正是在改革开放以来的40年间,发生了翻天覆地的巨大变化。改革开放是在中国共产党领导下进行的伟大变革,其广度深度难度之大、持续时间之长、影响之深远,在世界历史上也是罕见的。

40年来,在改革开放推动下,我国经济实力、综合国力进入世界前列,我国国际地位实现前所未有的提升。1978年至2017年,我国GDP从1495亿美元增加到12.3万亿美元,按不变价计算,增长33.5倍,年均增长9.5%,我国经济总量从占全球1.8%提高到占15.3%,稳居世界第二位。我国人均GDP从156美元增加到8827美元,按不变价计算,增长22.8倍,年均增长8.5%。在这么长时间实现这样高的年均增长速度,不仅中国历史上没有过,世界历史上也没有过,可以说是创造了人类发展史上的奇迹。

40年来,我国经济结构持续优化。农业基础显著加强,工业化快速推进,现在已形成门类齐全的工业体系,成为全球第一制造业大国,占全球制造业产出的19.8%。220多种主要工农业产品生产能力居世界首位。2017年,高技术制造业和装备制造业增加值占规模以上工业增加值的比重分别为12.7%和32.7%。第三产业快速发展,其增加值占GDP比重2017年达51.6%,比1978年提高27个百分点。城镇化快速推进,常住人口城镇化率从1978年的17.92%提高到了2017年的58.52%,年均提高1.04个百分点。劳动生产率持续提升。

40年来,基础设施建设突飞猛进。2017年末,全国铁路营业总里程达到12.70万公里,比1978年增长145.6%。其中,高铁2.52万公里,占世界高铁总里程的66.3%。全国公路总里程达到477.35万公里,为1978年的5.4倍。全国港口拥有生产用码头泊位27578个,为1978年的37.5倍。定期航班航线总条数达4418条,航线里程748.30万公里,年均增长10.6%。通信网络覆盖全国,移动电话交换机容量1990年以来年均增速达49.0%;光缆线路1997年以来年均增长23.4%;互联网宽带接入端口7.8亿个,2003年以来年均增长30.9%。

40年来,我国经济从半封闭状态转变成为深度融入世界经济的全球第一货物贸易大国和主要的引进外资大国及对外投资大国。1978年至2017年,我国进出口总额从206亿美元增加到4.11万亿美元;累计吸收外国直接投资1.9万亿美元;2013—2017年,我国对外直接投资总额为 6928.6 亿美元,超过前 30 多年累计的对外直接投资总额;我国外汇储备 1978 年仅有 1.67 亿美元,2017 年底达到 3.14 万亿美元。

40 年来,教育科技文化事业有了巨大进步。科学技术成果丰硕。2017 年研发投入达 17606 亿元,是 1991 年的 123 倍,1992—2017 年年均增幅达到 20.3%。天宫、蛟龙、天眼、悟空、墨子、大飞机等重大科技成果相继问世。教育文化事业成绩斐然。2017 年,16—59 岁劳动年龄人口平均受教育年限达到 10.5 年,九年义务教育巩固率达 93.8%,高等教育毛入学率达到 45.7%。大学本科生在校生人数达到 1648.6 万人,研究生在校生人数达到 263.96 万人。文化事业和文化产业快速发展,人民群众精神文化需求不断得到满足。

40 年来,城乡居民生活显著改善。40 年来,7 亿多贫困人口实现脱贫,人民生活从解决温饱到实现总体小康,正在迈向全面小康。城镇居民人均可支配收入从 1978 年的 343.3 元增加到 2017 年的 36396 元。农村居民人均可支配收入从 1978 年的 133.57 元增加到 2017 年的 13432 元。覆盖全民的多层次社会保障体系基本建成,保障水平不断提高。截至 2017 年,我国基本养老保险覆盖人数达 9.15 亿人,基本医疗保险覆盖人数达 13.5 亿人,基本实现全民参保。人均预期寿命从 1978 年的 65.9 岁提高到 2017 年的 76.7 岁。

40 年来,我国经济社会发展取得历史性伟大成就,为实现"两个一百年"奋斗目标奠定了坚实的物质和制度基础,迎来了实现中华民族伟大复兴的光明前景。

(**资料来源**:https://dangjian.gmw.cn/2018-12/17/content_32181130.htm)

(三)社会主义核心价值观的道义力量

真理的力量加上道义的力量,才能行之久远。社会主义核心价值观以其先进性、人民性和真实性而居于人类社会的价值制高点,具有强大的道义力量。

社会主义核心价值观的先进性

社会主义核心价值观的先进性,体现在它是社会主义制度所坚持和追求的核心价值理念。

中国特色社会主义制度的独特优势造就了人类进步史上的发展奇迹,30 多年来,国力迅猛发展,国际地位也快速提高,世界风景中国独好。中国特色社会主义制度及其独特的优势,将是实现全面小康社会和中华民族伟大复兴中国梦的制度保证,它将极大地丰富整个世界的制度文明,并深刻影响世界格局的未来走向。习近平指出:"这样一套制度安排,能够有效保证人民享有更加广泛、更加充实的权利和自由,保证人民广泛参加国家治理和社会治理;能够有效调节国家政治关系,发展充满活力的政党关系、民族关系、宗教关系、阶层关系、海内外同胞关系,增强民族凝聚力,形成安定团结的政治局面;能够集中力量办大事,有效促进社会生产力解放和发展,促进现代化建设各项事业,促进人民生活质量和水平不断提高;能够有效维护国家独立自主,有力维护国家主权、安全、发展利益,维护中国人民和中华民族的福祉。"

(**资料来源**:http://politics.people.com.cn/n1/2016/0717/c1001-28560.html)

社会主义核心价值观的人民性

社会主义核心价值观的人民性体现在它所代表的最广大人民的根本利益,反映的是最广大人民的价值诉求,引导着最广大人民为实现美好社会理想而奋斗。

中国共产党在成立时只有50多名党员,为什么能创造历史伟业?靠的就是人民的力量,人民群众是我们党的力量源泉。革命战争年代,我们党依靠人民的力量推翻了压在中国人民头上的三座大山。新中国成立后,我们党依靠人民开展轰轰烈烈的社会主义建设。改革开放以来,我们党充分发挥人民的主体作用,尊重人民的首创精神,注重从人民群众的实践中汲取智慧。改革开放在认识和实践上的每一次突破和发展,都来自人民的实践和智慧。习近平同志深刻指出,"老百姓是天,老百姓是地。忘记了人民,脱离了人民,我们就会成为无源之水、无本之木,就会一事无成。"这就是中国共产党人对人民主体作用的深刻认识。

人民是历史的创造者。一个政党能在历史发展中起多大作用,关键看其能在多大程度上动员人民群众,发挥人民的主体作用。中国共产党之所以"能",是因为中国共产党不仅在理论上深刻认识人民的主体作用,而且在实践中通过制度机制建设充分发挥人民的主体作用,把党的群众路线贯彻到治国理政全部活动之中。世界上很少有政党能像我们党这样始终同人民群众保持血肉联系,凝聚人民、引领人民、依靠人民。这无疑是我们党永远立于不败之地、不断创造一个又一个奇迹的秘诀所在。

(资料来源:https://baijiahao.baidu.com/s? id=1635354738177049350&wfr)

社会主义核心价值观的真实性

社会主义核心价值观的道义力量还源于它的真实性。人民当家作主的社会主义制度,则为社会主义核心价值观的真正实现奠定了根本的制度前提和制度保障,使自由、民主、公正等价值观成为真切、具体、广泛的现实。

一年一度的全国两会,是社会主义民主政治的庄严殿堂,民意民智民力在这里汇聚,党的主张、人民的意愿、国家的意志在这里交融。谋划改革、推动高质量发展,强调生态环境保护和生态文明建设,聚焦脱贫攻坚、谋划乡村振兴,关心革命老区、关怀少数民族同胞,部署国防和军队建设,讨论文化自信和文艺创作,强调非公企业贡献、研讨实体经济问题……党的十八大以来,习近平总书记同代表委员一次次共商国是,几乎涵盖了党和国家方方面面的工作。

这是"坚持人民当家作主,发展人民民主,密切联系群众,紧紧依靠人民推动国家发展的显著优势"的生动见证,是社会主义民主政治行得通、真管用、有效率的展示窗口。总书记到团组参加代表审议和委员讨论,作为一种联系党中央和人民群众、连通中南海和五湖四海的制度设计,可以最直接、最便捷地把各方面的意见、建议、智慧、力量吸纳进党中央治国理政全局,充分体现出党的领导的政治优势和人民当家作主的民主优势。正如习近平总书记强调的,"我国国家制度深深植根于人民之中,能够有效体现人民意志、保障人民权益、激发人民创造力"。总书记亲自倾听人民呼声、回应人民期待,亲自参与人民民主和协商民主,充分显出"国家一切权力属于人民"的政治特性,更加说明了中国特色社会主义政治制度的优越性。

这是"把人民放在心中最高位置"的生动注解,是为人民谋幸福、为民族谋复兴的初心和使命的有力践行。就是在全国两会期间,习近平总书记作出过"切实把人民赋予的权力用来造福于人民"的重要强调,发出了"人民对美好生活的向往,就是我们的奋斗目标"的重要宣示。重视听取基层意见建议，嘱托代表委员认真履职，围绕人民群众获得感、幸福感、安全感擘划国家发展大计，方方面面、点点滴滴，为人民情怀写下生动注解。正是这样的坦承交流中，田间地头的社情民意、社会发展的改革吁求、代表委员的真知灼见，直接通达党中央、中南海；也是在这样的真诚沟通中，形成了政策共识、改革共识、发展共识，唤起了举国上下撸起袖子干、挥洒汗水拼的精气神。由此更容易理解，为什么"人民是共和国的坚实根基，人民是我们执政的最大底气。"

无论是人民代表大会制度这个人民当家作主的新型政治制度，还是人民政协制度这一中国式民主的具体形式，"人民"二字都深深印刻在中国特色社会主义政治制度中。习近平总书记到团组兼听广纳、汇聚众智，尽显中国特色社会主义民主一切为了人民、紧紧依靠人民的本质。正如他所呼唤的，"中国要飞得高、跑得快，就要汇集和激发近14亿人民的磅礴力量"。以社会主义民主政治的生动实践，激发一往无前、所向披靡的人民伟力，一切美好愿景都将成为现实。

（资料来源：https://baijiahao.baidu.com/s?id=16669895982492184 82）

三、做好社会主义核心价值观的积极践行者

青年的价值取向，既关系着自己的健康成长成才，又决定着未来整个社会的价值取向。青年是引风气之先的社会力量。在全社会培育和弘扬社会主义核心价值观，需要大学生始终走在时代前列，成为社会主义核心价值观的坚定信仰者、积极传播者、模范践行者。

（一）扣好人生的扣子

我为什么要对青年讲讲社会主义核心价值观这个问题？是因为青年的价值取向决定了未来整个社会的价值取向，而青年又处在价值观形成和确立的时期，抓好这一时期的价值观养成十分重要。这就像穿衣服扣扣子一样，如果第一粒扣子扣错了，剩余的扣子都会扣错。人生的扣子从一开始就要扣好。"凿井者，起于三寸之坎，以就万仞之深。"青年要从现在做起、从自己做起，使社会主义核心价值观成为自己的基本遵循，并身体力行大力将其推广到全社会去。

——《青年要自觉践行社会主义核心价值观》（2014年5月4日），《十八大以来重要文献选编》（中），中央文献出版社2016年版，第6页

90后职员吃喝玩乐逛夜店，贪污社保资金

据《中国青年报》2020年3月报道，出生于1991年的王新民（化名）是江苏连云港人，2013年大学毕业后，一直在昆山市社保中心工作，案发前是养老支付窗口的一名普通办事员。

从2013年12月到案发，王新民一直在社保中心养老支付科窗口工作，负责整个昆山市参保人员退休和死亡待遇的审核与支付，这其中就包括职工的丧葬抚恤费。

王新民发现，单位电脑社保系统的在职死亡模块存在漏洞，丧葬费、抚恤金、养老账户的余额都可以修改，已支付完还能重新生成支付凭证。于是，王新民在上班期间伪造了一张丧葬抚恤费的支付凭证，在社保中心后门外偷偷地给了同学丁良（化名），丁良果真取到了一

笔钱。

经检察机关查实,从2014年6月至2016年11月,王新民先后46次贪污丧葬抚恤费共计270多万元。到案发时,这270多万元已被挥霍殆尽。

王新民到案发后交代,贪污的钱大部分用在吃喝玩乐。在酒吧、KTV、夜店等娱乐场所,消费动辄过万元。在追求异性时,王兴敏出手阔绰,案发前曾借给一个女孩20万元。此外,这些钱还用于购买进口轿车、还房贷以及炒股。

2017年9月,昆山市人民法院判处王新民有期徒刑10年6个月,并处罚金人民币75万元;判处丁良有期徒刑8年,并处罚金人民币50万元。

(资料来源:http://www.jsjc.gov.cn/yaowen/201803/t20180313_303931.shtml)

绽放在打瓦山上的索玛花——"90后"扶贫女干部王秋婷

"现在的打瓦村正处于'攻坚拔寨'阶段,我将继续努力,以村为家,充分发挥纪检监察年轻干部的优良作风,扎实苦干,努力为打瓦村全面脱贫奉献我的青春力量。"2018年9月25日,在最后一篇《纪检人·手记》中,王秋婷这样写道

生于1992年的王秋婷,于2017年10月被所在单位云南省大关县纪委监委派驻大关县天星镇打瓦村,担任扶贫工作队队员,助力村民脱贫。两个月的时间,王秋婷走遍了打瓦村的22个村民小组,平均每天走20000多步,每天高强度的徒步行走让她的双腿红肿疼痛,也走烂了她从县城带来的两双运动鞋。她从没想过:在自己附近还有这种人背马驮、道路不通的地方。

王秋婷从村民那了解到:因为没有像样的路,许多人连房子都无法建起来;有时候老人或者孩子生病,去看病也只能走路,去的晚了还会导致病情恶化。这些情况深深震撼着王秋婷,事后王跃阳表示:一定要多跑相关部门,向有关领导多汇报、多反映,不管多么困难,都要尽最大的努力帮打堡和白岩的群众解决路的问题。经过三个月的艰辛努力,打堡、白岩两个村民小组的5.62公里公路终于竣工,这终于结束了村民"人背马驮"的历史。

打堡村民小组的"五保老人"颜坤吉说:"现在路修通了,我们去看病也方便了,真的是感谢党和政府,以前从来没有想过我们这条路还能修通。"再次走访入户,走在平坦宽阔的公路上,看到汽车可以直接通到群众家门口,王秋婷心里激动万分。

2018年11月19日,王跃阳、王秋婷、高静三名由大关县纪委监委派出的扶贫工作队员例行回单位汇报工作情况。当天18时30分左右,大关县天星镇彝岔二级公路苦姜坪段发生轿车与货车交通事故,事故造成王秋婷、王跃阳、高静3人受伤。与王秋婷同行的王跃阳、高静仍在救治中,王秋婷的呼吸却永远留在2018年11月19日23时37分。

(资料来源:https://www.sohu.com/a/279383930_100049995)

衣服的扣子扣错了,大不了解开重来;人生的扣子一旦扣错,便再无机会,即使从头再来,但代价已然付出。今天大家看似稚嫩的双肩,明天就将扛起国家进步、民族复兴的重担。人生的第一粒扣子怎么扣,青年时代的第一步怎么走,是每一位青年都必须答好的人生考题。

(二)勤学修德明辨笃实

"一种价值观要真正发挥作用,必须融入社会生活,让人民在实践中感知它,领悟它。"这

就要求在培育和弘扬的过程中,下好落细、落小、落实的功夫。对于大学生而言,就是要切实做到勤学、修德、明辨、笃实,使社会主义核心价值观成为一言一行的基本遵循。

广大青年树立和培育社会主义核心价值观,要在以下几点上下功夫。

一是要勤学,下得苦功夫,求得真学问。知识是树立核心价值观的重要基础。古希腊哲学家说,知识即美德。我国古人说:"非学无以广才,非志无以成学"大学的青春时光,人生只有一次,应该好好珍惜。为学之要贵在勤奋、贵在钻研、贵在有恒。鲁迅先生说过:"哪里有天才,我是把别人喝咖啡的工夫都用在工作上的。"大学阶段,"恰同学少年,风华正茂",有老师指点,有同学切磋,有浩瀚的书籍引路,可以心无旁骛求知问学。此时不努力,更待何时?要勤于学习、敏于求知,注重把所学知识内化于心,形成自己的见解,既要专攻博览,又要关心国家、关心人民、关心世界,学会担当社会责任。

二是要修德,加强道德修养,注重道德实践。"德者,本也。"蔡元培先生说过:"若无德,则虽体魄智力发达,适足助其为恶。"道德之于个人、之于社会,都具有基础性意义,做人做事第一位的是崇德修身。这就是我们的用人标准为什么是德才兼备、以德为先,因为德是首要、是方向,一个人只有明大德、守公德、严私德,其才方能用得其所。修德,既要立意高远,又要立足平实。要立志报效祖国、服务人民,这是大德,养大德者方可成大业。同时,还得从做好小事、管好小节开始起步,"见善则迁,有过则改",踏踏实实修好公德、私德,学会劳动、学会勤俭,学会感恩、学会助人,学会谦让、学会宽容,学会自省、学会自律。

三是要明辨,善于明辨是非,善于决断选择。"学而不思则罔,思而不学则殆。"是非明,方向清,路子正,人们付出的辛劳才能结出果实。面对世界的深刻复杂变化,面对信息时代各种思潮的相互激荡,面对纷繁多变、鱼龙混杂、泥沙俱下的社会现象,面对学业、情感、职业选择等多方面的考量,一时有些疑惑、彷徨、失落,是正常的人生经历。关键是要学会思考、善于分析、正确抉择,做到稳重自持、从容自信、坚定自励。要树立正确的世界观、人生观、价值观,掌握了这把总钥匙,再来看看社会万象、人生历程,一切是非、正误、主次,一切真假、善恶、美丑,自然就洞若观火、清澈明了,自然就能作出正确判断、作出正确选择。正所谓"千淘万漉虽辛苦,吹尽狂沙始到金"。

四是要笃实,扎扎实实干事,踏踏实实做人。道不可坐论,德不能空谈。于实处用力,从知行合一上下功夫,核心价值观才能内化为人们的精神追求,外化为人们的自觉行动。《礼记》中说:"博学之,审问之,慎思之,明辨之,笃行之。"有人说:"圣人是肯做工夫的庸人,庸人是不肯做工夫的圣人。"青年有着大好机遇,关键是要迈稳步子、夯实根基、久久为功。心浮气躁,朝三暮四,学一门丢一门,干一行弃一行,无论为学还是创业,都是最忌讳的。"天下难事,必作于易;天下大事,必作于细。"成功的背后,永远是艰辛努力。青年要把艰苦环境作为磨炼自己的机遇,把小事当作大事干,一步一个脚印往前走。滴水可以穿石。只要坚韧不拔、百折不挠,成功就一定在前方等你。

——习近平2014年5月4日在北京大学师生座谈会上的讲话

(**资料来源:**http://cpc.people.com.cn/n/2014/0505/c64094-24973220-2.html)

▎推荐阅读

1. 习近平.习近平谈治国理政(第一卷).北京:外文出版社,2018.

2. 习近平. 在北京大学师生座谈会上的讲话. 北京：人民出版社,2018.

3. 中共中央办公厅、国务院办公厅《关于进一步把社会主义核心价值观融入法治建设的指导意见》. 北京：新华社,2016.

4. 习近平. 青年要自觉践行社会主义核心价值观. 北京：人民出版社,2014.

5. 陈延斌. 培根铸魂. 广州：广州出版社,2019.

6. 张小平. 社会主义核心价值观. 北京：人民日报出版社,2021.

学习笔记

授课时间		授课教师	
授课主题			
学习反思			

第五章 践行社会主义核心价值观

自我测评

一、单选题

1. 社会主义核心价值观中的爱国、敬业、诚信、友善是（　　）。
   A. 民族层面的精神追求　　　　B. 个人层面的价值准则
   C. 社会层面的价值取向　　　　D. 国家层面的价值目标

2. 社会主义核心价值观中的富强、民主、文明、和谐是（　　）。
   A. 民族层面的精神追求　　　　B. 个人层面的价值准则
   C. 社会层面的价值取向　　　　D. 国家层面的价值目标

3. 社会主义核心价值观中的自由、平等、公正、法治是（　　）。
   A. 国家层面的价值目标　　　　B. 个人层面的价值准则
   C. 社会层面的价值取向　　　　D. 民族层面的精神追求

4. 社会主义核心价值体系的高度凝练和集中表达是（　　）。
   A. 社会主义核心价值观　　　　B. 中国精神
   C. 马克思主义信仰　　　　　　D. 社会主义

5. 中国特色社会主义共同理想是社会主义核心价值体系的（　　）。
   A. 精髓　　　　B. 灵魂　　　　C. 主题　　　　D. 基础

6. "道不可坐论，德不可空谈"，强调了践行核心价值观要（　　）。
   A. 明辨　　　　B. 勤学　　　　C. 修德　　　　D. 笃实

7. （　　）是社会主义核心价值观的历史底蕴。
   A. 中华优秀传统文化　　　　B. 社会主义革命文化
   C. 社会主义先进文化　　　　D. 诸子百家思想

8. 社会主义核心价值观是社会主义核心价值体系的（　　）
   A. 基本特征　　　　B. 精神内核
   C. 集中表达　　　　D. 以上都是

9. （　　）是文化软实力的灵魂、文化软实力建设的重点，是决定文化性质和方向的最深层次要素。
   A. 核心价值观　　　　B. 民族精神
   C. 开拓创新　　　　　D. 先进文化

10. 马克思主义是社会主义核心价值体系的（　　）
    A. 主题　　　　B. 精髓　　　　C. 灵魂　　　　D. 基础

11. （　　）是民族的血脉，是人民的精神家园。
    A. 政治　　　　B. 经济　　　　C. 文化　　　　D. 生态

12. 社会主义民主的本质是（　　）
    A. 实现全体人民共同富裕　　　B. 坚持人民代表大会制度
    C. 人民当家作主　　　　　　　D. 坚持政治协调制度

13. 社会主义核心价值体系把我们党倡导的基本理论、思想观念和（　　）系统凝练地整合在一起。

  A. 价值取向   B. 基本纲领

  C. 基本路线   D. 方针政策

14. 社会主义核心价值观中,以马克思主义为指导是统领,并贯穿中国特色社会主义共同理想、(　　)为核心的民族精神、改革创新为核心的时代精神和社会主义荣辱观的全部和始终。(　　)

  A. 与时俱进   B. 爱国主义

  C. 团结奋斗   D. 艰苦奋斗

15. 培育和践行社会主义核心价值观是(　　)的共同责任。

  A. 全社会   B. 全党   C. 各级政府   D. 各民族

16. (　　),在多元多样中立主导,在交流交融中谋共识,在变化变动中一以贯之,既肯定主流又正视支流,有利于形成既有国家统一意志又有个人心情舒畅、既包容多样又有力抵制各种错误思潮和腐朽思想、既坚守基本的社会思想道德又向着更高目标前进的生动局面。

  A. 坚持社会思想道德   B. 加强党的理论建设

  C. 建设社会主义核心价值体系   D. 增强社会主义国家的综合国力

17. (　　)反映了"中国梦"的实现道路:中国特色社会主义。

  A. 倡导"富强、民主、文明、和谐"

  B. 倡导"自由、平等、公正、法治"

  C. 倡导"爱国、敬业、诚信、友善"

  D. 倡导"富强、和谐、自由、敬业"

18. (　　)是社会主义道德建设的基本任务。

  A. 全面提高公民的科学文化素质   B. 全面提高公民的道德素质

  C. 全面提高公民的身体素质   D. 全面提高公民的综合素质

19. 学雷锋活动的常态化项目之一是,每年的(　　),围绕毛泽东同志等老一辈革命家向雷锋同志学习的题词,在全社会集中组织开展学雷锋实践活动。(　　)

  A. 3月15日   B. 4月8日

  C. 3月5日   D. 4月5日

20. 积极培育和践行社会主义核心价值观对于推进国家治理体系和治理能力现代化的意义重大。积极培育与践行社会主义核心价值观对于国家治理体系现代化的推进作用表述不正确的是(　　)。

  A. 从制度取向上看,社会主义核心价值观对国家治理体系现代化具有定向导航作用。

  B. 从制度整合上看,社会主义核心价值观对国家治理体系现代化具有决定走向的功能。

  C. 从制度评价上看,社会主义核心价值观对国家治理体系现代化具有评价判断功效。

  D. 从制度修正上看,社会主义核心价值观对国家治理体系现代化具有调节规范效果。

二、多选题

1. 社会主义核心价值体系主要包括(　　)

  A. 社会主义荣辱观

B. 马克思主义之道思想

C. 中国特色社会主义共同理想

D. 以爱国主义为核心的民族精神和以改革创新为核心的时代精神

2. 践行社会主义核心价值观需要做到（　　）

　　A. 勤学　　　　　　B. 笃实　　　　　　C. 明辨　　　　　　D. 修德

3. 社会主义核心价值观把涉及国家、社会、公民的价值要求融为一体，体现了社会主义本质要求，回答了我们要（　　）三个重大问题。

　　A. 建设什么样的社会　　　　　　B. 建设什么样的国家

　　C. 构建什么样的文化　　　　　　D. 培育什么样的公民

4. 在全社会培育和弘扬社会主义核心价值观，需要大学生始终走在时代前列，成为社会主义核心价值观的（　　）。

　　A. 积极传播者　　　　　　　　　B. 狂热崇拜者

　　C. 坚定信仰者　　　　　　　　　D. 模范践行者

5. 2014年5月4日，习近平总书记到北京大学考察。他强调，核心价值观承载着一个民族、一个国家的精神追求，是最持久、最深层的力量。广大青年要（　　），努力在实现中国梦的伟大实践中创造自己的精彩人生。

　　A. 从现在做起，从自己做起

　　B. 勤学、修德、明辨、笃实

　　C. 使社会主义核心价值观成为自己的基本遵循

　　D. 身体力行大力将社会主义核心价值观推广到全社会去

6. 中华民族传统文化源远流长，博大精深，积淀着中华民族最深层次的精神追求，包含着中华民族最根本的精神基因，是凝练社会主义核心价值观珍贵的思想资源。这包括以下理念（　　）。

　　A. 重和谐　　　　　B. 重伦理　　　　　C. 重民本　　　　　D. 重爱国

7. 对于目前中国社会价值观的基本状况，以下理解正确的是（　　）。

　　A. 传统与现代、"中"与"西""左"与"右"等多元价值观并存共处

　　B. 封建主义价值体系的"权本位"和资本主义价值体系的"钱本位"仍拥有一定市场

　　C. 理想价值观与世俗价值观互相交织

　　D. 物质价值观和精神价值观互相冲突

8. 弘扬传统节日文化，发挥其所具有的强烈的（　　）认同感、（　　）认同感、（　　）认同感，能够最大限度地凝聚民心，有力地抵制西方文化的冲击和渗透。正确答案：（　　）

　　A. 民族　　　　　B. 文化　　　　　C. 国家　　　　　D. 世界

9. 青年要做社会主义核心价值观的积极践行者。对于大学生而言，就是要切实做到（　　），使社会主义核心价值观成为一言一行的基本遵循。

　　A. 勤学　　　　　B. 修德　　　　　C. 明辨　　　　　D. 笃实

10. 社会主义核心价值观（　　）为我们坚定核心价值观自信提供了充别理由。

　　A. 丰厚的历史底蕴　　　　　　　B. 强大的理论自信

C. 强大的道义力量　　　　　　D. 坚实的现实基础

三、简答题

1. 如何理解社会主义核心价值观的基本内容?
2. 谈谈为什么要坚定社会主义核心价值观自信?
3. 大学生应当如何自觉践行社会主义核心价值观?

四、材料分析题

材料1

社会主义核心价值观三个层次的理念相互贯通,实现了政治理想、社会导向、行为准则的统一,实现了国家、集体、个人在价值目标上的统一,兼顾了国家、社会、个人三者的价值愿望和追求。培育和弘扬核心价值观,要做到"内化于心,外化于行,知行统一"。

材料2

2020年,新冠肺炎肆虐祖国大地,牵动着每一个国人的心,在疫情一线的医护人员"与生命赛跑,与死神决战",对于基层的疫情防控工作而言,同样容不得半点疏忽和怠慢,病毒的突然袭击就像一次没有提前告知我们的考试,考验着广大干部的担当作为,也同样考验着人民群众的向心力,可以说,病毒是"出卷人",你我都是"答卷人"。

随着疫情在全球暴发,"每一天都见证历史",许多青年人的世界观人生观价值观遭遇冲击,对世界、对国家、对现实有了更深刻更全面的认识,他们的思想更加睿智和成熟了。自疫情发生以来,中国政府和人民在党中央的领导下全力以赴共抗疫情,不惜代价挽救每一个生命,全国动员、全面部署、快速反应,严格有序的抗疫过程与某些西方国家应对不力、相互推诿、拖延处理形成了极为鲜明的对比。对新一代有能力游走于全球、推崇个性表达的中国青年来说,这是活生生的无法遮蔽的现实,更是一堂最生动不过的成长教育。

1. 请你就如何将社会主义核心价值观"内化于心,外化于行,知行统一"提出三条合理化建议。
2. 成长,是青年永恒的主题。与一帆风顺的生活相比,遭遇困境、逆境的青年往往能获得更多的成长。我们经历了新冠疫情一劫,你认为我们的国家和青春的你获得了哪些成长?

第六章

明大德、严公德、守私德

● 专题设计概述

大学时期是个体道德意识形成和发展的重要阶段。大学生提高自身的道德素质,需要认真学习道德的基本理论,树立正确的道德观,自觉传承中华传统美德和中国革命道德,积极吸收借鉴人类优秀道德成果,遵守公民道德准则,在投身崇德向善的实践中不断提高道德品质。

▌思维导图

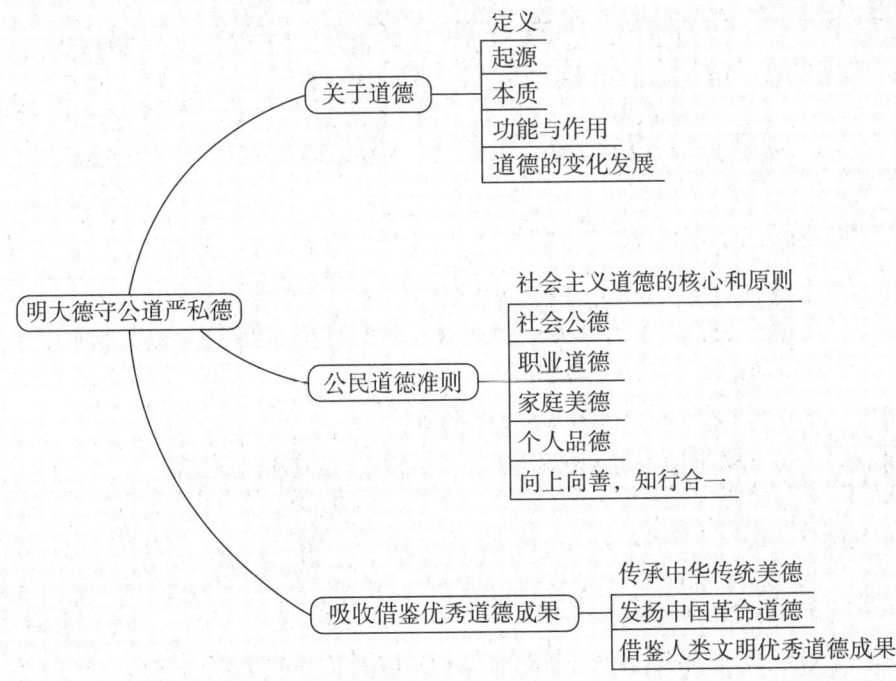

平语近人

广大家庭都要重言传、重身教,教知识、育品德,身体力行、耳濡目染,帮助孩子扣好人生的第一粒扣子,迈好人生的第一个台阶。

——2016 年 12 月 12 日,习近平在会见第一届全国文明家庭代表时的讲话

政德是整个社会道德建设的风向标。立政德,就要明大德、守公德、严私德。

——2018 年 3 月 10 日,习近平在参加十三届全国人大一次会议重庆代表团审议时的讲话

全国道德模范体现了热爱祖国、奉献人民的家国情怀,自强不息、砥砺前行的奋斗精神,积极进取、崇德向善的高尚情操。要广泛宣传道德模范的先进事迹,弘扬道德模范高尚品格,引导人们向道德模范学习,争做崇高道德的践行者、文明风尚的维护者、美好生活的创造者。

——2019 年 9 月,习近平对全国道德模范表彰活动作出重要指示

法治意识、契约精神、守约观念是现代经济活动的重要意识规范,也是信用经济、法治经济的重要要求。企业家要做诚信守法的表率,带动全社会道德素质和文明程度提升。

——2020 年 7 月 21 日,习近平在企业家座谈会上的讲话

成长话题

1. 什么是道德?
2. 现代社会道德观和古代社会道德观有什么区别?
3. 如何拒绝道德绑架?
4. 职业道德的基本要求是什么?
5. 中国革命道德的当代价值?
6. 青年要向道德模范学习什么?

课时安排 6学时

序号	题目	课型	课时分配
1	《关于道德的相关理论》	理解认知	2课时
2	《公民道德准则》	理解认知	2课时
3	《吸收借鉴优秀道德成果》	理解认知	2课时

教学目标

知识目标	了解中华传统美德及中国革命道德的主要内容 了解公共生活特点,正确认识公共生活有序化对社会发展的重要意义,明确道德和法律是维护公共秩序的基本手段
能力目标	大学生应不断深化对社会主义道德的认识
情感目标	作为中华人民共和国公民,如何践行社会公德、职业道德、家庭美德

教学重难点

重点	社会主义道德的核心和原则
难点	大学生如何传承中华传统美德,树立正确的道德观,做到向上向善、知行合一

第六章 明大德、严公德、守私德

教学资源

一、关于道德的相关理论

【案例】现象一:荒郊野外,渺无人迹,无论如何高声大叫,都不会有人说这是不道德的行为。

现象二:人烟稠密,夜深人静,高声大叫因为影响了他人的休息变成了不道德的行为。

马克思主义认为,道德的产生必然经历一个漫长的过程,它只能在一定的社会关系中产生,并通过一定的社会关系表现出来。

【案例】材料一:1996年,瑞士伯尔尼市政府为了方便市民,在大街上投放了800辆自行车。这些自行车没有上锁,任何人都可以骑,骑到目的地就地摆放。一年以后,市政府重新清点自行车,发现八百辆自行车一辆不少,有的还被翻修一新。

材料二:1997年,广州一家公司进行公益活动,在全市的交通岗亭投放了3万把雨伞,供市民在遭遇大雨时无偿使用。条件只有一个:市民用完之后将雨伞在方便的时候交还给市内的任何一个岗亭。一个月以后,这家公司重新清点雨伞,发现全市岗亭回收的雨伞仅有6把。

阅读材料,讨论这一问题:伯尔尼市民与广州市民道德行为差异的根本原因是什么?

对于发达国家的定义,有多种说法,但公认的标准是:较高的人均GDP(不是GDP总量)和社会发展水平。按1995年前后的标准,人均GDP在8000美元以上(按名义汇率计算)加上一定程度的社会发展水平就可基本定义为发达国家。

2018年瑞士人均GDP为8.28万美元,排名世界第2位,中国人均GDP为9608美元,排名世界第67位。

所以,经济水平差异是造成两市市民道德行为差异显著的根本原因。所以,你期望一个衣食无着落的人给你讲高尚的道德,这是不现实的。为什么有的地方盗匪横行,还是因为经济发展水平导致的。道德属于上层建筑的范畴,由经济基础决定,是一种特殊的意识形态。正如古人说的"仓廪实而知礼节,衣食足而知荣辱"。

马克思主义认为,道德在本质上是一种特殊形式的社会意识,它的形成、发展、变化归结底取决于一定社会的生产关系的性质。

中共中央国务院印发新时代公民道德建设实施纲要(节选)

中华文明源远流长,孕育了中华民族的宝贵精神品格,培育了中国人民的崇高价值追求。中国共产党领导人民在革命、建设和改革历史进程中,坚持马克思主义对人类美好社会的理想,继承发扬中华传统美德,创造形成了引领中国社会发展进步的社会主义道德体系。坚持和发展中国特色社会主义,需要物质文明和精神文明全面发展、人民物质生活和精神生活水平全面提升。中国特色社会主义进入新时代,加强公民道德建设、提高全社会道德水平,是全面建成小康社会、全面建设社会主义现代化强国的战略任务,是适应社会主要矛盾变化、满足人民对美好生活向往的迫切需要,是促进社会全面进步、人的全面发展的必然要求。

加强公民道德建设是一项长期而紧迫、艰巨而复杂的任务,要适应新时代新要求,坚持目标导向和问题导向相统一,进一步加大工作力度,把握规律、积极创新,持之以恒、久久为功,推动全民道德素质和社会文明程度达到一个新高度。

一、总体要求

要以习近平新时代中国特色社会主义思想为指导,紧紧围绕进行伟大斗争、建设伟大工程、推进伟大事业、实现伟大梦想,着眼构筑中国精神、中国价值、中国力量,促进全体人民在理想信念、价值理念、道德观念上紧密团结在一起,在全民族牢固树立中国特色社会主义共同理想,在全社会大力弘扬社会主义核心价值观,积极倡导富强民主文明和谐、自由平等公正法治、爱国敬业诚信友善,全面推进社会公德、职业道德、家庭美德、个人品德建设,持续强化教育引导、实践养成、制度保障,不断提升公民道德素质,促进人的全面发展,培养和造就担当民族复兴大任的时代新人。

坚持马克思主义道德观、社会主义道德观,倡导共产主义道德,以为人民服务为核心,以集体主义为原则,以爱祖国、爱人民、爱劳动、爱科学、爱社会主义为基本要求,始终保持公民道德建设的社会主义方向。

坚持以社会主义核心价值观为引领,将国家、社会、个人层面的价值要求贯穿到道德建设各方面,以主流价值建构道德规范、强化道德认同、指引道德实践,引导人们明大德、守公德、严私德。

坚持在继承传统中创新发展,自觉传承中华传统美德,继承我们党领导人民在长期实践中形成的优良传统和革命道德,适应新时代改革开放和社会主义市场经济发展要求,积极推动创造性转化、创新性发展,不断增强道德建设的时代性实效性。

坚持提升道德认知与推动道德实践相结合,尊重人民群众的主体地位,激发人们形成善良的道德意愿、道德情感,培育正确的道德判断和道德责任,提高道德实践能力尤其是自觉实践能力,引导人们向往和追求讲道德、尊道德、守道德的生活。

坚持发挥社会主义法治的促进和保障作用,以法治承载道德理念、鲜明道德导向、弘扬美德义行,把社会主义道德要求体现到立法、执法、司法、守法之中,以法治的力量引导人们向上向善。

坚持积极倡导与有效治理并举,遵循道德建设规律,把先进性要求与广泛性要求结合起来,坚持重在建设、立破并举,发挥榜样示范引领作用,加大突出问题整治力度,树立新风正气,祛除歪风邪气。

要把社会公德、职业道德、家庭美德、个人品德建设作为着力点。推动践行以文明礼貌、助人为乐、爱护公物、保护环境、遵纪守法为主要内容的社会公德,鼓励人们在社会上做一个好公民;推动践行以爱岗敬业、诚实守信、办事公道、热情服务、奉献社会为主要内容的职业道德,鼓励人们在工作中做一个好建设者;推动践行以尊老爱幼、男女平等、夫妻和睦、勤俭持家、邻里互助为主要内容的家庭美德,鼓励人们在家庭里做一个好成员;推动践行以爱国奉献、明礼遵规、勤劳善良、宽厚正直、自强自律为主要内容的个人品德,鼓励人们在日常生活中养成好品行。

二、重点任务

1. **筑牢理想信念之基。**人民有信仰,国家有力量,民族有希望。信仰信念指引人生方向,引领道德追求。要坚持不懈用习近平新时代中国特色社会主义思想武装全党、教育人民,引导人们把握丰富内涵、精神实质、实践要求,打牢信仰信念的思想理论根基。在全社会广泛开展理想信念教育,深化社会主义和共产主义宣传教育,深化中国特色社会主义和中国梦宣传教育,引导人们不断增强道路自信、理论自信、制度自信、文化自信,把共产主义远大理想与中国特色社会主义共同理想统一起来,把实现个人理想融入实现国家富强、民族振兴、人民幸福的伟大梦想之中。

2. **培育和践行社会主义核心价值观。**社会主义核心价值观是当代中国精神的集中体现,是凝聚中国力量的思想道德基础。要持续深化社会主义核心价值观宣传教育,增进认知认同、树立鲜明导向、强化示范带动,引导人们把社会主义核心价值观作为明德修身、立德树人的根本遵循。坚持贯穿结合融入、落细落小落实,把社会主义核心价值观要求融入日常生活,使之成为人们日用而不觉的道德规范和行为准则。坚持德法兼治,以道德滋养法治精神,以法治体现道德理念,全面贯彻实施宪法,推动社会主义核心价值观融入法治建设,将社会主义核心价值观要求全面体现到中国特色社会主义法律体系中,体现到法律法规立改废释、公共政策制定修订、社会治理改进完善中,为弘扬主流价值提供良好社会环境和制度保障。

3. **传承中华传统美德。**中华传统美德是中华文化精髓,是道德建设的不竭源泉。要以礼敬自豪的态度对待中华优秀传统文化,充分发掘文化经典、历史遗存、文物古迹承载的丰厚道德资源,弘扬古圣先贤、民族英雄、志士仁人的嘉言懿行,让中华文化基因更好植根于人们的思想意识和道德观念。深入阐发中华优秀传统文化蕴含的讲仁爱、重民本、守诚信、崇正义、尚和合、求大同等思想理念,深入挖掘自强不息、敬业乐群、扶正扬善、扶危济困、见义勇为、孝老爱亲等传统美德,并结合新的时代条件和实践要求继承创新,充分彰显其时代价值和永恒魅力,使之与现代文化、现实生活相融相通,成为全体人民精神生活、道德实践的鲜明标识。

4. **弘扬民族精神和时代精神。**以爱国主义为核心的民族精神和以改革创新为核心的时代精神,是中华民族生生不息、发展壮大的坚实精神支撑和强大道德力量。要深化改革开放史、新中国历史、中国共产党历史、中华民族近代史、中华文明史教育,弘扬中国人民伟大创造精神、伟大奋斗精神、伟大团结精神、伟大梦想精神,倡导一切有利于团结统一、爱好和平、勤劳勇敢、自强不息的思想和观念,构筑中华民族共有精神家园。要继承和发扬党领导人民创造的优良传统,传承红色基因,赓续精神谱系。要紧紧围绕全面深化改革开放、深入推进社会主义现代化建设,大力倡导解放思想、实事求是、与时俱进、求真务实的理念,倡导"幸福源自奋斗""成功在于奉献""平凡孕育伟大"的理念,弘扬改革开放精神、劳动精神、劳模精神、工匠精神、优秀企业家精神、科学家精神,使全体人民保持昂扬向上、奋发有为的精神状态。

三、深化道德教育引导

1. **把立德树人贯穿学校教育全过程。**学校是公民道德建设的重要阵地。要全面贯彻党的教育方针，坚持社会主义办学方向，坚持育人为本、德育为先，把思想品德作为学生核心素养、纳入学业质量标准，构建德智体美劳全面培养的教育体系。加强思想品德教育，遵循不同年龄阶段的道德认知规律，结合基础教育、职业教育、高等教育的不同特点，把社会主义核心价值观和道德规范有效传授给学生。注重融入贯穿，把公民道德建设的内容和要求体现到各学科教育中，体现到学科体系、教学体系、教材体系、管理体系建设中，使传授知识过程成为道德教化过程。开展社会实践活动，强化劳动精神、劳动观念教育，引导学生热爱劳动、尊重劳动，懂得劳动最光荣、劳动最崇高、劳动最伟大、劳动最美丽的道理，更好认识社会、了解国情，增强社会责任感。加强师德师风建设，引导教师以德立身、以德立学、以德施教、以德育德，做有理想信念、有道德情操、有扎实学识、有仁爱之心的好老师。建设优良校风，用校训励志，丰富校园文化生活，营造有利于学生修德立身的良好氛围。

2. 用良好家教家风涵育道德品行。家庭是社会的基本细胞，是道德养成的起点。要弘扬中华民族传统家庭美德，倡导现代家庭文明观念，推动形成爱国爱家、相亲相爱、向上向善、共建共享的社会主义家庭文明新风尚，让美德在家庭中生根、在亲情中升华。通过多种方式，引导广大家庭重言传、重身教，教知识、育品德，以身作则、耳濡目染，用正确道德观念塑造孩子美好心灵；自觉传承中华孝道，感念父母养育之恩、感念长辈关爱之情，养成孝敬父母、尊敬长辈的良好品质；倡导忠诚、责任、亲情、学习、公益的理念，让家庭成员相互影响、共同提高，在为家庭谋幸福、为他人送温暖、为社会作贡献过程中提高精神境界、培育文明风尚。

3. 以先进模范引领道德风尚。伟大时代呼唤伟大精神，崇高事业需要榜样引领。要精心选树时代楷模、道德模范等先进典型，综合运用宣讲报告、事迹报道、专题节目、文艺作品、公益广告等形式，广泛宣传他们的先进事迹和突出贡献，树立鲜明时代价值取向，彰显社会道德高度。持续推出各行各业先进人物，广泛推荐宣传最美人物、身边好人，让不同行业、不同群体都能学有榜样、行有示范，形成见贤思齐、争当先进的生动局面。尊崇褒扬、关心关爱先进人物和英雄模范，建立健全关爱关怀机制，维护先进人物和英雄模范的荣誉和形象，形成德者有得、好人好报的价值导向。

4. 以正确舆论营造良好道德环境。舆论具有成风化人、敦风化俗的重要作用。要坚持以正确的舆论引导人，把正确价值导向和道德要求体现到经济、社会、文化等各领域的新闻报道中，体现到娱乐、体育、广告等各类节目栏目中。加强对道德领域热点问题的引导，以事说理、以案明德，着力增强人们的法治意识、公共意识、规则意识、责任意识。发挥舆论监督作用，对违反社会道德、背离公序良俗的言行和现象，及时进行批评、驳斥，激浊扬清、弘扬正气。传媒和相关业务从业人员要加强道德修养、强化道德自律，自觉履行社会责任。

5. 以优秀文艺作品陶冶道德情操。文以载道，文以传情，文以植德。要把培育和弘扬社会主义核心价值观作为根本任务，坚持以人民为中心的创作导向，推出更多讴歌党、讴歌祖国、讴歌人民、讴歌英雄、讴歌劳动、讴歌奉献的精品力作，润物无声传播真善美，弘扬崇高的道德理想和道德追求。坚持把社会效益放在首位，倡导讲品位、讲格调、讲责任，抵制低俗、庸俗、媚俗，用健康向上的文艺作品温润心灵、启迪心智、引领风尚。要把社会主义道德作为文艺评论、评介、评奖的重要标准，更好地引导文艺创作生产传播坚守正道、弘扬正气。文艺工作者要把崇德尚艺作为一生的功课,把为人、做事、从艺统一起来,加强思想积累、知识储备、艺术训练,提高学养、涵养、修养,努力追求真才学、好德行、高品位,做到德艺双馨。

6.发挥各类阵地道德教育作用。各类阵地是面向广大群众开展道德教育的基本依托。要加强新时代文明实践中心建设,大力推进媒体融合发展,抓好县级融媒体中心建设,推动基层广泛开展中国特色社会主义文化、社会主义思想道德学习教育实践,引导人们提高思想觉悟、道德水准、文明素养。加强爱国主义教育基地和革命纪念设施建设保护利用,充实展陈内容,丰富思想内涵,提升教育功能。民族团结、科普、国防等教育基地,图书馆、文化馆、博物馆、纪念馆、科技馆、青少年活动中心等公共文化设施,都要结合各自功能特点有针对性地开展道德教育。用好宣传栏、显示屏、广告牌等户外媒介,营造明德守礼的浓厚氛围。

7.抓好重点群体的教育引导。公民道德建设既要面向全体社会成员开展,也要聚焦重点、抓住关键。党员干部的道德操守直接影响着全社会道德风尚,要落实全面从严治党要求,加强理想信念教育,补足精神之钙;要加强政德修养,坚持法律红线不可逾越、道德底线不可触碰,在严肃规范的党内政治生活中锤炼党性、改进作风、砥砺品质,践行忠诚老实、公道正派、艰苦奋斗、清正廉洁等品格,正心修身、慎独慎微、严以律己、廉洁齐家,在道德建设中为全社会作出表率。青少年是国家的希望、民族的未来,要坚持从娃娃抓起,引导青少年把正确的道德认知、自觉的道德养成、积极的道德实践紧密结合起来,善于从中华民族传统美德中汲取道德滋养,从英雄人物和时代楷模身上感受道德风范,从自身内省中提升道德修为,不断修身立德,打牢道德根基。全社会都要关心帮助支持青少年成长发展,完善家庭、学校、政府、社会相结合的思想道德教育体系,引导青少年树立远大志向,热爱党、热爱祖国、热爱人民,形成好思想、好品行、好习惯,扣好人生第一粒扣子。社会公众人物知名度高、影响力大,要加强思想政治引领,引导他们承担社会责任,加强道德修养,注重道德自律,自觉接受社会和舆论监督,树立良好社会形象。

四、推动道德实践养成

1.广泛开展弘扬时代新风行动。良好社会风尚是社会文明程度的重要标志,涵育着公民美德善行,推动着社会和谐有序运转。要紧密结合社会发展实际,广泛开展文明出行、文明交通、文明旅游、文明就餐、文明观赛等活动,引导人们自觉遵守社会交往、公共场所中的文明规范。着眼完善社会治理、规范社会秩序,推动街道社区、交通设施、医疗场所、景区景点、文体场馆等的精细管理、规范运营,优化公共空间、提升服务水平,为人们增强公共意识、规则意识创造良好环境。

2.深化群众性创建活动。各类群众性创建活动是人民群众自我教育、自我提高的生动实践。群众性精神文明创建活动要突出道德要求,充实道德内容,将社会公德、职业道德、家庭美德、个人品德建设贯穿创建全过程。文明城市、文明村镇创建要坚持为民利民惠民,突出文明和谐、宜居宜业,不断提升基层社会治理水平和群众文明素质。文明单位创建要立足行业特色、职业特点,突出涵养职业操守、培育职业精神、树立行业新风,引导从业者精益求精、追求卓越,为社会提供优质产品和服务。文明家庭创建要聚焦涵育家庭美德,弘扬优良家风。文明校园创建要聚焦立德树人,培养德智体美劳全面发展的社会主义建设者和接班人。各级党政机关、各行业各系统开展的创建活动,要把公民道德建设摆在更加重要的位置,以扎实有效的创建工作推动全民道德素质提升。

3. 持续推进诚信建设。诚信是社会和谐的基石和重要特征。要继承发扬中华民族重信守诺的传统美德,弘扬与社会主义市场经济相适应的诚信理念、诚信文化、契约精神,推动各行业各领域制定诚信公约,加快个人诚信、政务诚信、商务诚信、社会诚信和司法公信建设,构建覆盖全社会的征信体系,健全守信联合激励和失信联合惩戒机制,开展诚信缺失突出问题专项治理,提高全社会诚信水平。重视学术、科研诚信建设,严肃查处违背学术科研诚信要求的行为。深入开展"诚信建设万里行""诚信兴商宣传月"等活动,评选发布"诚信之星",宣传推介诚信先进集体,激励人们更好地讲诚实、守信用。

4. 深入推进学雷锋志愿服务。学雷锋和志愿服务是践行社会主义道德的重要途径。要弘扬雷锋精神和奉献、友爱、互助、进步的志愿精神,围绕重大活动、扶贫救灾、敬老救孤、恤病助残、法律援助、文化支教、环境保护、健康指导等,广泛开展学雷锋和志愿服务活动,引导人们把学雷锋和志愿服务作为生活方式、生活习惯。推动志愿服务组织发展,完善激励褒奖制度,推进学雷锋志愿服务制度化常态化,使"我为人人、人人为我"蔚然成风。

5. 广泛开展移风易俗行动。摒弃陈规陋习、倡导文明新风是道德建设的重要任务。要围绕实施乡村振兴战略,培育文明乡风、淳朴民风,倡导科学文明生活方式,挖掘创新乡土文化,不断焕发乡村文明新气象。充分发挥村规民约、道德评议会、红白理事会等作用,破除铺张浪费、薄养厚葬、人情攀比等不良习俗。要提倡科学精神,普及科学知识,抵制迷信和腐朽落后文化,防范极端宗教思想和非法宗教势力渗透。

6. 充分发挥礼仪礼节的教化作用。礼仪礼节是道德素养的体现,也是道德实践的载体。要制定国家礼仪规程,完善党和国家功勋荣誉表彰制度,规范开展升国旗、奏唱国歌、入党入团入队等仪式,强化仪式感、参与感、现代感,增强人们对党和国家、对组织集体的认同感和归属感。充分利用重要传统节日、重大节庆和纪念日,组织开展群众性主题实践活动,丰富道德体验、增进道德情感。研究制定继承中华优秀传统、适应现代文明要求的社会礼仪、服装服饰、文明用语规范,引导人们重礼节、讲礼貌。

五、抓好网络空间道德建设

1. 加强网络内容建设。网络信息内容广泛影响着人们的思想观念和道德行为。要深入实施网络内容建设工程,弘扬主旋律,激发正能量,让科学理论、正确舆论、优秀文化充盈网络空间。发展积极向上的网络文化,引导互联网企业和网民创作生产传播格调健康的网络文学、网络音乐、网络表演、网络电影、网络剧、网络音视频、网络动漫、网络游戏等。加强网上热点话题和突发事件的正确引导、有效引导,明辨是非、分清善恶,让正确道德取向成为网络空间的主流。

2. 培养文明自律网络行为。网上行为主体的文明自律是网络空间道德建设的基础。要建立和完善网络行为规范,明确网络是非观念,培育符合互联网发展规律、体现社会主义精神文明建设要求的网络伦理、网络道德。倡导文明办网,推动互联网企业自觉履行主体责任、主动承担社会责任,依法依规经营,加强网络从业人员教育培训,坚决打击网上有害信息传播行为,依法规范管理传播渠道。倡导文明上网,广泛开展争做中国好网民活动,推进网民网络素养教育,引导广大网民尊德守法、文明互动、理性表达,远离不良网站,防止网络沉迷,自觉维护良好网络秩序。

3. 丰富网上道德实践。互联网为道德实践提供了新的空间、新的载体。要积极培育和引导互联网公益力量,壮大网络公益队伍,形成线上线下踊跃参与公益事业的生动局面。加强网络公益宣传,引导人们随时、随地、随手做公益,推动形成关爱他人、奉献社会的良好风尚。拓展"互联网+公益""互联网+慈善"模式,广泛开展形式多样的网络公益、网络慈善活动,激发全社会热心公益、参与慈善的热情。加强网络公益规范化运行和管理,完善相关法规制度,促进网络公益健康有序发展。

4. 营造良好网络道德环境。加强互联网管理,正能量是总要求,管得住是硬道理,用得好是真本事。要严格依法管网治网,加强互联网领域立法执法,强化网络综合治理,加强网络社交平台、各类公众账号等管理,重视个人信息安全,建立完善新技术新应用道德评估制度,维护网络道德秩序。开展网络治理专项行动,加大对网上突出问题的整治力度,清理网络欺诈、造谣、诽谤、谩骂、歧视、色情、低俗等内容,反对网络暴力行为,依法惩治网络违法犯罪,促进网络空间日益清朗。

二、公民道德准则

【案例】有一位哲学家带着他的弟子坐在郊外的旷野里上最后一堂课,一直探讨人生奥妙的哲学家竟会问弟子的问题是:如何除去周围长满的杂草?

弟子纷纷给出各种答案,有的说要铲;有的说用火烧;有的说在草上撒石灰;有的说要挖根。

哲学家听完后,站起身说:"课就上到这里,你们用各自的方法除去一片杂草,没有除掉的,一年后再来除草。"

一年后他们都来了,不过原来相聚的地方不再是杂草丛生而是变成了一片长满谷子的庄稼地。弟子们坐在谷子地边,等着哲学家的到来,可是哲学家始终没有来。几十年后,哲学家去世了,弟子们在整理他的遗著时,私自在书的最后补了一章:要想除掉旷野里的杂草,方法只有一种,那就是在上面种上庄稼。同样,要想让灵魂无纷扰,唯一的方法是:让美德占据灵魂。

最美司机吴斌

2012年5月29日中午,杭州长运司机吴斌驾驶大客车行驶于沪宜高速,途中被一个来历不明的金属片砸碎前窗玻璃后刺入腹部至肝脏破裂,他强忍疼痛将车停稳,并提醒车内24名乘客安全疏散和报警。后被送往无锡中国人民解放军第101医院抢救。2012年6月1日凌晨3点45分,因抢救无效死亡,年仅48岁。他的先进事迹得到广泛流传,并被人们称为杭州最美司机。

家教、家风、家训

《曾国藩家书》共收录曾国藩家书435通,其中《与祖父书》14通,《与父母书》48通,《与叔父书》9通,《与弟书》249通,《教子书》115通;另附《致夫人书》、《教侄书》等7通,包括修身养性、为人处世、交友识人、持家教子、治军从政等,上自祖父母至父辈,中对诸弟,下及儿辈。

在为人处世上,曾国藩终生以"拙诚""坚忍"行事;在持家教子方面,曾国藩主张勤俭持家,努力治学,睦邻友好,读书明理;在治军用人方面,曾国藩对于武器和人的关系,他认为"用兵之道,在人不在器","攻杀之要在人而不在兵"。在军队治理上主张以礼治军:"带勇之法,用恩莫如用仁,用威莫如用礼","我辈带兵勇,如父兄带子弟一般,无银钱,无保举,尚是小事,切不可使他扰民而坏品行,因嫖赌洋烟而坏身体,个个学好,人人成材"。为使官兵严守纪律,爱护百姓,曾国藩亲做《爱民歌》以劝导官兵。

革命道德故事

半床棉被的故事

红军长征到湖南汝城县沙洲村时候,3 名红军女战士借宿农民徐解秀家,因为家里穷,当时床上只铺了稻草和破棉絮,晚上,三名女红军就和徐解秀盖一条行军被,睡一张床,徐解秀的丈夫就睡在门口的草垛上。白天,红军战士们和徐解秀一起干活,讲进步道理,还帮她带孩子,徐解秀帮红军战士煮饭。红军要开拔了,看到徐解秀家连一床像样的被子都没有,一名女红军用剪刀将这床被子剪开,将半床被子留给了徐解秀。这就是红军战士和老百姓的鱼水情深,生死与共。

杨靖宇

杨靖宇 21 岁参加革命,1940 初,他被日军围困,身负重伤,啃不动树皮,只能将棉衣里的棉花和着冰雪吞下去充饥。日军劝降不成,便放乱枪,年仅 35 岁的杨靖宇壮烈牺牲。残忍的日军剖开他的遗体,当看到他的胃里只有野草和棉絮时,这些被杨靖宇带领的抗日联军弄得焦头烂额的侵略者全呆住了。在冰天雪地的长白山密林中,支撑着杨靖宇与敌人战斗的力量是对祖国的一腔热爱之情。

婚姻家庭中的道德规范

周恩来和邓颖超的爱情故事。

战争年代奔波不定的生活使邓颖超的健康严重受损,多年以来她一直以顽强的意志和毅力同疾病作斗争,周恩来也以他特有的方式帮助、鼓励妻子医治和战胜疾病。1951 年 3 月,邓颖超到杭州养病,正值南方早春时节,春风和煦,美景良辰,她很希望周恩来能和自己共享,所以就给他写了一封信。收到妻子的来信,周恩来一改平日的严肃,下笔颇带调侃:

超:西子湖边飞来红叶,竟未能迅速回报,有负你的雅意。忙不能做借口,这次也并未忘怀,只是懒罪该打。

邓颖超也很默契,她迅速回复:

不像情书的情书,给我带来了喜慰。回报虽迟,知罪免打。

这回周恩来可是第二天就赶忙回信:

超:昨天得到你二十三日来信,说写的是不像情书的情书。确实,两星期前,陆璀答应我带信到江南,我当时曾戏言:俏红娘捎带老情书。结果红娘走了,情书依然未写,想见动笔之难。

他最后写道:忙人想病人,总不及病人念忙人的次数多,但想念谁深切,则留待后证了。

周恩来的保健护士许奉生至今提起周总理和邓大姐之间的情感还十分激动,她说:有一天晚上,邓大姐因为感冒提前服安眠药,还没等上床,药力就发作昏倒了,我进来看见给她扶住后,急忙去找值班医生,正好从总理吃饭的饭桌前跑过去,惊动了总理,总理就赶紧进到大姐卧室,一看大姐昏倒的样子,马上就喊:"小超!小超!"声音都变了,我当时以为是喊小曹,我想这里没有小曹,后来我马上明白了是喊大姐。这么几十年过去了,我很难忘记这件事。

敬业奉献模范:黄大年

黄大年,男,广西南宁市人,1958年8月生,汉族。2009年12月,黄大年放弃了在英国优厚的待遇,怀着一腔爱国热情返回祖国,出任吉林大学地球探测科学与技术学院教授。八年时间,他带领团队在航空地球物理领域取得一系列成就。2017年1月8日,黄大年因病逝世,享年58岁。

职业道德模范:袁隆平

袁隆平(1930年9月7日－2021年5月22日13点7分),男,汉族,无党派人士,江西省九江市德安县人,生于北京。中国杂交水稻育种专家,中国研究与发展杂交水稻的开创者,被誉为"世界杂交水稻之父"。国家杂交水稻工程技术研究中心、湖南杂交水稻研究中心原主任,湖南省政协原副主席,中国工程院院士,美国国家科学院院士,中国发明协会会士,湖南农业大学名誉校长,第六届、七届、八届、九届、十届、十一届、十二届全国政协常委。

袁隆平是杂交水稻研究领域的开创者和带头人,致力于杂交水稻技术的研究、应用与推广,发明"三系法"籼型杂交水稻,成功研究出"两系法"杂交水稻,创建了超级杂交稻技术体系。并提出并实施"种三产四丰产工程",运用超级杂交稻的技术成果,出版中、英文专著6部,发表论文60余篇。

2018年9月8日,获得"未来科学大奖"生命科学奖;2018年12月18日,党中央、国务院授予袁隆平改革先锋称号,颁授改革先锋奖章,获评杂交水稻研究的开创者。2019年9月17日,国家主席习近平签署主席令,授予袁隆平"共和国勋章"。2020年11月28日,当选2020中国经济新闻人物。

三、吸收借鉴优秀道德成果

1.中华传统美德故事

谦虚礼貌

中国素称"礼仪之邦"。"礼"作为一种具体的行为来讲,就是指人们在待人接物时的礼貌举止,也就是此刻所说的礼貌。而礼貌的本质是表示对别人的尊重和友善,这种心理需求,是超越时代的,是永存的。然而,一个人如果只懂得礼貌的形式,却没有谦让之心,那么,他不会真正懂得礼貌,谦让也是谦虚、平等的表现,是礼貌的重要内涵。谦虚礼貌包含着我们的祖先对自然文化的骄傲和自豪,是中国人之所以成为中国人的根本特征之一。

七岁之师

春秋时期,孔子和他的学生们周游列国,宣传他们的政治主张。

一天,他们驾车去晋国。一个孩子在路当中堆碎石瓦片玩,挡住了他们的去路。孔子说:"你不该在路当中玩,挡住我们的车!"。孩子指着地上说:"老人家,您看这是什么?"孔子一看,是用碎石瓦片摆的一座城。孩子又说:"您说,就应是城给车让路还是车给城让路呢?"孔子被问住了。孔子觉得这孩子很懂得礼貌,便问:"你叫什么?几岁啦?"孩子说:"我叫项橐,7岁!"孔子对学生们说:"项橐7岁懂礼,他能够做我的老师啊!"

尊老爱幼

中国有句古语:"百善孝为先"。意思是说,孝敬父母是各种美德中占第一位的。一个人如果都不明白孝敬父母,就很难想象他会热爱祖国和人民。

古人说:"老吾老,以及人之老;幼吾幼,以及人之幼"。我们不仅仅要孝敬自己的父母,还就应尊敬别的老人,爱护年幼的孩子,在全社会造成尊老爱幼的淳厚民风,这是我们新时代学生的职责。

刻苦学习

"书山有路勤为径,学海无涯苦作舟"。中华民族自强不息的精神,在勤奋读书方面表现得格外突出。不论是善于治国的政治家,还是胸怀韬略的军事家;不论是思维敏捷的思想家,还是智慧超群的科学家,他们之所以在事业上不同凡响,都是与他们从小的远大抱负分不开的。俗话说:"有志者立常志,无志者常立志",立志,贵在少年。

铁杵磨针

唐朝大诗人李白,小时候不喜欢读书。一天,乘老师不在屋,悄悄溜出门去玩儿。他来到山下小河边,见一位老婆婆,在石头上磨一根铁杵。李白很纳闷,上前问:"老婆婆,您磨铁杵做什么?"老婆婆说:"我在磨针。"李白吃惊地问:"哎呀!铁杵这么粗大,怎样能磨成针呢?"老婆婆笑呵呵地说:"只要天天磨铁杵总能越磨越细,还怕磨不成针吗?"聪明的李白听后,想到自己,心中惭愧,转身跑回了书屋。从此,他牢记"只要功夫深,铁杵磨成针"的道理,发奋读书,最后成为有名的大诗人。

爱国爱民

"天下兴亡,匹夫有责。"这是明清之际爱国学者顾炎武的名言。

爱国主义在不同的历史时期会有不同的理解和实践,每个时代都有自己的爱国爱民的志士和民族英雄。只要我们光大和发扬这一优秀的民族传统,团结一致,众志成城,就会使我们的国家更加强盛,在世界民族之林中放出更加夺目的光彩。

林则徐禁烟

林则徐是清朝后期一位著名的民族英雄。他任湖广总督期间,由于清政府腐败,英国强盗把一种叫鸦片的毒品,源源不断的偷运进中国,毒害中国百姓。

林则徐应对这一切,十分焦急。他多次向皇帝上书,陈述鸦片的危害。道光皇帝理解了林则徐的推荐,任命林则徐为钦差大臣,负责禁烟。

1839年3月,林则徐来到广州,禁烟运动迅速展开。6月3日,人们把缴获的鸦片全部投进硝烟池。顷刻间,鸦片全部销毁。林则徐为国家和民族做了一件大好事。虎门销烟的壮举,给英国侵略者以沉重的打击,揭开了中国人民反帝斗争的第一页。

尊师敬长

"春蚕到死丝方尽,蜡炬成灰泪始干"。老师,就像燃烧的蜡烛,用知识之光照亮学生的心灵,直到生命的终结。

第六章
明大德、严公德、守私德

作为新中国的伟大领袖毛泽东不忘恩师的故事,更是给我们留下美谈,做出榜样。我们就应用自己的实际行动写好历史的续篇,这样才无愧于辛勤培养我们的老师,无愧于我们的伟大时代。

毛泽东是中国人民的伟大领袖,却始终尊敬自己的老师。1959年,毛泽东回到了阔别32年的故乡——韶山,请韶山的老人们吃饭。毛泽东亲自把老师让在首席,向他敬酒,表达自己对老师的敬意。

毛泽东青年时代听过徐特立先生的课。当徐特立60寿辰时,他特意写信向徐老祝贺。信中说:"您是我20年前的先生,您此刻仍然是我的先生,将来必定还是我的先生。"

百善孝为先

中国有句古语:"百善孝为先"。意思是说,孝敬父母是各种美德中占第一位的。一个人如果都不明白孝敬父母,就很难想象他会热爱祖国和人民。

古人说:"老吾老,以及人之老;幼吾幼,以及人之幼"。我们不仅仅要孝敬自己的父母,还就应尊敬别的老人,爱护年幼的孩子,在全社会造成尊老爱幼的淳厚民风。

子路,春秋末鲁国人。在孔子的弟子中以政事著称。尤其以勇敢闻名。但子路小的时候家里很穷,长年靠吃粗粮野菜等度日。

有一次,年老的父母想吃米饭,但是家里一点米也没有,怎样办?子路想到要是翻过几道山到亲戚家借点米,不就能够满足父母的这点要求了吗?

于是,小小的子路翻山越岭走了十几里路,从亲戚家背回了一小袋米,看到父母吃上了香喷喷的米饭,子路忘记了疲劳。邻居们都夸子路是一个勇敢孝顺的好孩子。

严慈有方

程母侯夫人,是大中公程珦的妻子,程(颢)明道、程(颐)伊川的母亲。她对公婆尽孝道,治家有规矩讲家法。她性情谦和随顺,尊敬丈夫,即使小事,也务必报告大中公而后行。她从不打奴仆,若见子弟对仆人稍有呵责,必定教训说:"人的贵贱虽不同,但同样都是人!"她待婢女仆人很宽厚,处处怕伤害他们;而对孩子,一有过错,小的责问批评,大的请示大中公,必须要其改过才罢休。

她曾说过:"子女之所以不孝,都是由于当母亲的隐瞒其过错,父亲不能得知,因而无法及时教训于他。"程母生了六个儿子,死掉四个,只剩下明道、伊川两兄弟,怎样不极其珍惜!孩子才几岁,走路跌倒,仆人急忙抱扶,程母总是斥责孩子说:"你若慢慢走,会跌倒吗?"吃饭的时候,她让孩子坐在自己身边,若孩子要尝名贵的羹,程夫人即呵斥制止说:"小时处处满足他的要求,长大后怎样得了呀!"孩子要是与人争执、吵架,虽然儿子是对的,她也不袒护,说:"担心的是他长大后不能受委屈,不担心他不能伸啊!"所以二程夫子,从小时候对饮食衣服一点挑剔都没有,也绝无恶言骂人。二人长大后,成为宋代大儒。

2. 中华传统美德的基本精神

第一,重视整体利益,强调责任奉献。

"夙夜在公"(《诗经》)

"以公灭私,民其允怀"(《尚书》)

"国而忘家,公而忘私"(贾谊《治安策》)

"先天下之忧而忧,后天下之乐而乐"(宋代范仲淹《岳阳楼记》)

第二,推崇"仁爱"原则,注重以和为贵。

孟子:"仁者爱人"。孔子:"己欲立而立人,己欲达而达人"(《论语·雍也》)

墨子:"兼相爱,交相利"。

孟子:"老吾老以及人之老,幼吾幼以及人之幼。"(《孟子·梁惠王上》)

第三,提倡人伦价值,重视道德义务。

"五教"思想:父义、母慈、兄友、弟恭、子孝。

(孟子)"五伦":父子有亲、君臣有义、夫妇有别、长幼有序、朋友有信。

(董仲舒)五常:仁义礼智信。

四大德目:忠孝节义。

第四,追求精神境界,向往理想人格。

孔子推崇的君子型人格。

"君子欲讷于言而敏于行。"

"君子博学于文,约之以礼。"

"君子食无求饱,居无求安,敏于事而慎于言。"

"内圣外王"的境界。

第五,强调道德修养,注重道德践履。

"仁远乎哉?我欲仁,斯仁至矣。"(《论语·述而》)

"见贤思齐,见不贤而内自省。"(《论语·里仁》)

"吾日三省吾身。"(《论语·学而》)

四、中国共产党成立100周年专题

2021年是中国共产党成立100周年。党中央决定首次评选颁授"七一勋章",隆重表彰一批为党和人民作出杰出贡献创造宝贵精神财富的党员。29人获此殊荣。

1. 马毛姐,女,汉族,1935年9月生,1954年6月入党,安徽无为人,安徽省原合肥市服装鞋帽工业公司副经理。解放战争时期支前英模的杰出代表,闻名全国的"渡江英雄"。渡江战役中,年仅14岁参加"渡江突击队",在手臂中弹的情况下依然咬牙坚持,不畏枪林弹雨6次横渡长江,运送3批解放军成功登岸。毛主席亲切接见她,并题词"毛姐:好好学习、天天向上"。参加工作后从不以功臣自居,在平凡岗位上默默为党工作;离休后义务作革命传统教育报告300多场次。荣获"一等渡江功臣""支前模范"称号。

2. 王书茂,男,汉族,1956年12月生,1996年6月入党,海南琼海人,海南省琼海市潭门镇潭门村党支部书记、村委会主任,潭门海上民兵连副连长,第十三届全国人大代表。为国护海的模范,先后参加多项国家重大涉海工作,参与南沙岛礁建设,培养南海维权民间力量。在南海维权斗争中冲锋在前,不怕牺牲、寸步不让,坚决捍卫我国领海主权和海洋权益。带领群众造大船、闯深海,发展休闲渔业、建起海洋民宿,实现共同致富。荣获"全国劳动模范""改革先锋"等称号。

3. 王占山,男,汉族,1929年12月生,1948年8月入党,河北丰南人,河南省安阳军分区原副师职顾问,第四、五届全国人大代表。战功赫赫的百战老兵,先后参加辽沈、平津、衡宝、两广、抗美援朝、中越边境自卫还击作战,出生入死、英勇杀敌,4次受到毛主席亲切接见。在抗美援朝金城战役中,带领战友坚守阵地4天4夜,打退敌人38次进攻,歼敌400余人。离休后,情系国防事业,倾心传播红色革命基因。荣获志愿军"二级战斗英雄"荣誉称号和"全国离退休干部先进个人"等称号,被朝鲜授予"一级国旗勋章"。

4. 王兰花,女,回族,1950年6月生,1995年11月入党,宁夏吴忠人,宁夏回族自治区吴忠市利通区金星镇王兰花热心小组党支部书记、王兰花热心小组慈善协会会长。群众心中的"活雷锋",把解决社区居民的操心事烦心事揪心事作为毕生事业,十多年如一日坚持志愿服务。带领"王兰花热心小组"先后为居民解决各类困难7000多件,调解各类民事纠纷600多起,开展公益活动7000多场次,推动利通区志愿者从最初7人发展到6.5万余人。荣获"全国三八红旗手标兵""全国民族团结进步模范个人"等称号。

5. 艾爱国,男,汉族,1950年3月生,1985年6月入党,湖南攸县人,湖南华菱湘潭钢铁有限公司焊接顾问,湖南省焊接协会监事长,党的十五大代表,第七届全国人大代表。工匠精神的杰出代表,秉持"做事情要做到极致、做工人要做到最好"的信念,在焊工岗位奉献50多年,集丰厚的理论素养和操作技能于一身,多次参与我国重大项目焊接技术攻关,攻克数百个焊接技术难关。作为我国焊接领域"领军人",倾心传艺,在全国培养焊接技术人才600多名。荣获"全国劳动模范""全国十大杰出工人"等称号。

6. 石光银,男,汉族,1952年2月生,1973年7月入党,陕西定边人,陕西省定边县定边街道十里沙村党总支原书记、陕西石光银治沙集团有限公司董事长,党的十八大代表,第十三届全国人大代表。治沙造林事业的模范代表,与荒沙碱滩不屈抗争40多年,在毛乌素沙漠南缘营造一条长百余里的绿色长城,彻底改变"沙进人退"的恶劣环境。将治沙与致富相结合,创造"公司+农户+基地"的新模式,帮助沙区群众脱贫致富。荣获"全国劳动模范""全国治沙英雄"等称号。

7. 吕其明,男,汉族,1930年5月生,1945年9月入党,安徽无为人,上海电影制片厂艺术委员会原副主任。新中国培养的第一批交响乐作曲家,著名电影音乐作曲家,一生坚持歌颂党、歌颂祖国、歌颂劳动人民。70年来先后为《铁道游击队》《焦裕禄》《雷雨》等200多部(集)影视剧作曲,创作《红旗颂》《使命》等10余部大中型交响乐作品,300多首歌曲,《弹起我心爱的土琵琶》等歌曲广为传唱。荣获"全国离退休干部先进个人"等称号和"中国音乐金钟奖终身成就奖"。

8. 廷·巴特尔,男,蒙古族,1955年6月生,1976年11月入党,内蒙古呼和浩特人,内蒙古自治区阿巴嘎旗洪格尔高勒镇萨如拉图雅嘎查党支部原书记,党的十七大、十八大代表,第十届全国人大代表,第十三届全国政协委员。扎根牧区、苦干实干的楷模,凭着"让牧民过上好日子"的信念,扎根牧区近50年,探索出保护生态、发展经济、促进增收新路子,使当地牧民生产生活发生翻天覆地的变化。荣获"全国优秀共产党员""全国劳动模范""全国民族团结进步模范个人""改革先锋"等称号。

9. 刘贵今,男,汉族,1945年8月生,1971年8月入党,山东郓城人,外交部原正司级大使。一生奉献对非外交工作,在对非外交岗位坚守、耕耘近40年,长期在非洲国家常驻,年逾七旬仍为深化中非合作发挥余热,是首位中国政府非洲事务特别代表。积极推动建立中非合作论坛机制,在传承中非友谊、深化中非合作中担当作为、倾情奉献,坚定捍卫我在非洲利益和国际形象,为促进中非关系发展作出突出贡献。

10. 孙景坤,男,汉族,1924年10月生,1949年1月入党,辽宁庄河人,辽宁省丹东市元宝区金山镇山城村原第一生产队队长。永葆革命本色的战斗功臣,先后参加四平、辽沈、平津、解放长沙、解放海南岛、抗美援朝等战役战争,荣立一等功一次、二等功多次。作为英雄报告团成员,受到毛主席等党和国家领导人亲切接见。退役后毅然回乡带领群众改变家乡面貌,是共产党员吃苦在前、公而忘私崇高品质的典范。荣获"抗美援朝一级战士荣誉勋章"。

11. 买买提江·吾买尔,男,维吾尔族,1952年12月生,1973年7月入党,新疆伊宁人,新疆维吾尔自治区伊宁县温亚尔乡布力开村党支部原书记、村委会原主任,党的十八大代表。旗帜鲜明同"三股势力"作坚决斗争的先进模范,面对宗教极端势力的死亡威胁,毫不畏惧,挺身而出。坚持强基固本,大抓支部建设和党员队伍建设,任村支书30多年,村里未发生一起暴恐事件。深入开展"民族团结一家亲"和民族团结联谊活动,开办国语幼儿园推广国家通用语言文字,为推动民族团结进步作出突出贡献。荣获"全国优秀共产党员""全国劳动模范"等称号。

12. 李宏塔,男,汉族,1949年5月生,1978年4月入党,河北乐亭人,安徽省政协原党组成员、副主席,第十一、十二届全国政协委员。党员领导干部忠诚干净担当的典范。在民政系统工作18年,视孤寡老人为父母、视孤残儿童为子女、视民政对象为亲人,每年至少一半时间在基层度过。共产党人革命传统、优良家风的传承人,始终艰苦朴素、清正廉洁、以严治家,秉持了"革命传统代代传,坚持宗旨为人民"的不变信念。

13. 吴天一,男,塔吉克族,1934年11月生,1982年5月入党,新疆伊犁人,青海省心脑血管病专科医院原研究员,中国工程院院士。高原医学事业的开拓者,投身高原医学研究50余年,提出高原病防治救治国际标准,开创"藏族适应生理学"研究,诊疗救治藏族群众上万名。青藏铁路建设期间,主持制定一系列高原病防治措施和急救方案,创造了铁路建设工人无一例因高原病致死的奇迹,被称为"生命的保护神"。80多岁高龄仍带着心脏起搏器在海拔4500米以上的高原开展科研工作。荣获"国家科技进步奖特等奖"。

14. 辛育龄,男,汉族,1921年2月生,1939年7月入党,河北高阳人,中日友好医院原院长、胸外科主任,第五届全国人大代表。新中国胸外科事业的开拓者和奠基人。战争时期,曾与白求恩并肩战斗,多次冲上前线救治伤员。和平年代,长期致力于我国胸外科创建和发展,是中国人体肺移植手术第一人,在胸外科领域多个方面取得"从0到1"的突破,为我国卫生健康事业创新发展作出卓越贡献。荣获"全国劳动模范""全国先进工作者"等称号。

15. 张桂梅,女,满族,1957年6月生,1998年4月入党,辽宁岫岩人,云南省丽江华坪女子高级中学党支部书记、校长,华坪县儿童福利院(华坪儿童之家)院长,党的十七大代表。扎根贫困地区40余年,创办全国第一所全免费女子高中,帮助1800多名贫困山区女孩圆梦大学,是为教育事业奉献一切的"张妈妈"。探索形成"党建统领教学、革命传统立校、红色文化育人"特色教学模式,用红色基因树人铸魂。拖着病体忘我工作,持续12年家访超过

1600户,行程11万余公里。荣获"全国脱贫攻坚楷模"荣誉称号和"全国优秀共产党员""全国先进工作者"等称号。

16. 陆元九,男,汉族,1920年1月生,1982年12月入党,安徽来安人,中国航天科技集团有限公司科技委顾问,中国科学院院士、中国工程院院士。第三届全国人大代表,第五、六、七届全国政协委员。我国自动化科学技术开拓者之一。作为早期出国留学的博士,新中国成立初期,突破重重阻力毅然回到祖国怀抱,潜心研究,矢志奉献。首次提出"回收卫星"概念,创造性运用自动控制观点和方法对陀螺及惯性导航原理进行论述,为"两弹一星"工程及航天重大工程建设作出卓越贡献。荣获"航天奖"。

17. 陈红军,男,汉族,1987年3月生,2009年4月入党,2020年6月牺牲,甘肃两当人,中国人民解放军某部原分队长。新时代革命军人的杰出代表,坚守高原边防10年,带领官兵完成各种急难险重任务。2020年6月15日,奉命带队前往一线紧急支援,在同外军战斗中,英勇作战、誓死不屈,为捍卫祖国领土主权、维护国家核心利益壮烈牺牲。被追授"卫国戍边英雄"荣誉称号。

18. 林丹,女,汉族,1948年12月生,1985年8月入党,福建福州人,福建省福州市鼓楼区东街街道军门社区党委书记,党的十七大、十八大代表。社区工作者的杰出代表,扎根社区40余年,始终为民爱民,当好党的"传声筒"、群众的"服务员",脚踏实地做好社区每一项工作。以党建为引领,创新社区治理模式,推行"一趟不用跑、最多跑一趟"服务,设立居民恳谈日、"居家养老服务中心"等,把党的工作做到群众心坎上,被群众亲切地称为"小巷总理"。荣获"全国优秀共产党员""全国三八红旗手标兵"等称号。

19. 卓嘎,女,藏族,1961年9月生,1996年7月入党,西藏隆子人,西藏自治区隆子县玉麦乡玉麦村农民,西藏自治区妇联副主席(兼职),第十三届全国人大代表。爱国守边精神的传承者,秉持"家是玉麦、国是中国"的坚定信念,数十年如一日以抵边放牧、巡逻的方式守护数千平方公里的国土,国旗挂遍走过的每一条路,践行了"再苦再累也要守好祖国的每一寸土地"的承诺。积极宣讲党的恩情,引导群众听党话、感党恩、跟党走。荣获"全国三八红旗手标兵""时代楷模"等称号。

20. 周永开,男,汉族,1928年3月生,1945年8月入党,四川巴中人,四川省原达县地委副书记。一生追随党、赤诚为人民。解放前,冒着生命危险在川北地区开展党的地下工作。新中国成立后,全心全意为百姓造福,恪尽职守推动地方发展、脱贫攻坚、改善民生和生态建设,是群众心中的"草鞋书记"。离休后带领群众植树造林,在当地建成国家级自然保护区,被亲切地称为"周老革命"。荣获"全国优秀共产党员""全国离退休干部先进个人"等称号。

21. 柴云振,男,汉族,1926年11月生,1949年12月入党,2018年12月去世,四川岳池人,四川省岳池县财政局原副县级离休干部。九死一生的战斗英雄,先后参加解放战争、抗美援朝,被称为"活着的黄继光",是《谁是最可爱的人》原型之一。1951年在抗美援朝朴达峰阻击战中,杀敌百余人,浴血奋战到孤身一人。1952年伤残复员回乡务农,从不提及自己的功绩,为党和人民默默奉献了一辈子。荣获志愿军"一级战斗英雄"荣誉称号,被朝鲜授予"一级自由独立勋章"。

22. 郭瑞祥,男,汉族,1920年12月生,1937年3月入党,河北魏县人,贵州省都匀军分区原副政治委员。矢志坚守初心的红军战士。16 岁投身革命，抗日战争时期，先后参加冀南战斗、反扫荡战役、肖渠战斗、曹县东南反顽战役等，作战英勇。解放战争时期，在情况非常危急、部队成分不纯的情况下，及时整顿健全组织、加强党的领导，有效挽救危局。离休后生活简朴，始终保持红军的政治本色。荣获"三级独立自由勋章""三级解放勋章""独立功勋荣誉章"。

23. 黄大发，男，汉族，1935 年 11 月生，1959 年 11 月入党，贵州遵义人，贵州省遵义市播州区平正仡佬族乡原草王坝村党支部书记。一心为民、埋头苦干、百折不挠的楷模。带领村民历时 36 年，在悬崖绝壁上开凿出一条主渠长 7200 米、支渠长 2200 米的"生命渠"，用实干兑现"水过不去、拿命来铺"的誓言，为改善山区群众用水条件、实现脱贫致富作出巨大贡献，被誉为"当代愚公"。荣获"全国劳动模范""时代楷模"等称号。

24. 黄文秀，女，壮族，1989 年 4 月生，2011 年 6 月入党，2019 年 6 月去世，广西田阳人，广西壮族自治区百色市委宣传部理论科原副科长、乐业县新化镇百坭村党支部原第一书记。在脱贫攻坚一线挥洒汗水、忘我奉献的新时代青年党员干部的优秀代表。研究生毕业后，放弃大城市的工作机会，主动请缨到贫困村任第一书记，把生命奉献给脱贫攻坚事业，谱写了新时代青春之歌。被追授"全国脱贫攻坚楷模"荣誉称号和"全国优秀共产党员""时代楷模"等称号。

25. 黄宝妹，女，汉族，1931 年 12 月生，1952 年 11 月入党，上海人，原上海第十七棉纺织厂工会副主席，党的八大代表。新中国纺织工人的优秀代表，国家发展的见证者、参与者、奉献者。为实现"全国人民穿好衣"的梦想，勤勤恳恳干了一辈子，在平凡的岗位上干出了不平凡的业绩。退休后坚持发光发热，参与多地多个棉纺厂建设，积极服务居民群众，参加市"百老德育讲师团"，直播宣讲劳模精神、宣讲党的优良传统。两次荣获"全国劳动模范"称号。

26. 崔道植，男，朝鲜族，1934 年 6 月生，1953 年 12 月入党，吉林梅河口人，黑龙江省公安厅刑事技术处原正处级侦查员。我国第一代刑事技术警察、中国首席枪弹痕迹鉴定专家。60 余年刑侦生涯，检验鉴定 7000 余件痕迹物证，参与办理 1200 余起重特大案件疑难痕迹检验鉴定，无一差错。研发现场痕迹物证图像处理、枪弹痕迹自动识别系统，填补国内多项技术空白。80 多岁高龄仍忘我工作，参与破获久侦未破的系列案件。荣获"全国公安系统一级英雄模范""全国离退休干部先进个人"等称号。

27. 蓝天野，男，汉族，1927 年 5 月生，1945 年 9 月入党，河北饶阳人，北京人民艺术剧院原演员、导演。将一生奉献给人民文艺事业。青年时代参加革命，从事进步文艺活动。解放后，出演或导演《蜕变》、《茶馆》、《家》等数十部优秀文艺作品，塑造众多经典人物形象。传承艺术艺德，发掘和培养一大批文艺界领军人才，为中国话剧艺术繁荣发展作出重大贡献。荣获"全国优秀共产党员"称号和"中国戏剧奖·终身成就奖""全国德艺双馨终身成就奖"等。

28. 魏德友，男，汉族，1940 年 11 月生，1983 年 6 月入党，山东沂水人，新疆生产建设兵团第九师 161 团 1 连退休职工。兵团精神的典型代表。把家安在边境线上，为国巡边 50 多年，劝返和制止临界人员千余人次，管控区内未发生一起涉外事件，他的家被称为"不换防的夫妻哨所"。巡边总里程达 20 多万公里，相当于绕赤道 5 圈，被誉为边境线上的"活界碑"。

荣获"全国道德模范""时代楷模"等称号。

29. 瞿独伊,女,汉族,1921年11月生,1946年8月入党,浙江萧山人,新华通讯社原国际新闻编辑部干部。赓续红色基因的革命先烈后代。1941年被捕入狱,面对敌人威逼利诱,绝不屈服。立足本职岗位,勤勤恳恳奉献。开国大典上,用俄语向全世界播出毛主席讲话,作为我国第一批驻外记者赴莫斯科建立新华社记者站,期间多次担任周总理和中国访苏代表团的翻译。一生淡泊名利,从不向党伸手,从不搞特殊化,始终保持共产党员的精神品格和崇高风范。

推荐阅读

1. 中央党校采访实录编辑室. 习近平的七年知青岁月. 北京:中共中央党校出版社,2017.
2. 童小言. 生活需要自律力. 北京:人民交通出版社股份有限公司,2019.
3. 张继宏. 中国自信的文化考量:文化自信铸就匠世匠心. 北京:东方出版社,2017.
4. 许建良. 中国伦理思想史(先秦儒家道德论). 南京:东南大学出版社,2010.
5. 陈金华. 伦理学与现实生活:应用伦理学引论. 上海:复旦大学出版社,2006.
6. 陈果. 人生哲学课(套装共2册). 南京:江苏文艺出版社,2019.
7. 李松. 诚信:中国社会的第一项修炼. 北京:新华出版社,2013.
8. 付守永. 工匠精神. 北京:中华工商联合出版社,2014.

学习笔记

授课时间		授课教师	
授课主题			
学习反思			

第六章
明大德、严公德、守私德

自我测评

一、单选题

1. 中国特色社会主义进入新时代,加强公民道德建设、提高全社会道德水平,是全面建成小康社会、全面建设社会主义现代化_____,是适应社会主要矛盾变化,满足人民对美好生活向往的迫切需要,是促进社会全面进步、人的全面发展的必然要求。

　　A. 战略任务　　　　　　　　　B. 目标任务
　　C. 战略要求　　　　　　　　　D. 阶段性任务

2. 中国共产党领导人民在革命、建设和改革历史进程中,坚持马克思主义对人类美好社会的理想,继承发扬中华传统美德,创造形成了引领中国社会发展进步的社会主义_____。

　　A. 文化体系　　　　　　　　　B. 道德体系
　　C. 道德风尚　　　　　　　　　D. 文化自信

3. 中国特色社会主义和中国梦深入人心,践行社会主义核心价值观、传承中华优秀传统文化的自觉性不断提升,爱国主义、集体主义、社会主义思想广为弘扬,崇尚英雄、尊重模范、学习先进成为风尚,民族自信心、自豪感大大增强,人民_____、_____、_____不断提高,道德领域呈现积极健康向上的良好态势。

　　A. 获得感、幸福感、参与感
　　B. 文化素养、道德水平、思想观念
　　C. 获得感、幸福感、自豪感
　　D. 思想觉悟、道德水平、文明素养

4. 加强公民道德建设是一项长期而紧迫、艰巨而复杂的任务,要适应新时代新要求,坚持目标导向和问题导向相统一,进一步加大工作力度,把握规律、积极创新,持之以恒、久久为功,推动全民_____和社会文明程度达到一个新高度。

　　A. 道德意识　　　　　　　　　B. 道德功能
　　C. 道德素质　　　　　　　　　D. 道德修养

5. 坚持以社会主义核心价值观为引领,将国家、社会、个人层面的价值要求贯穿到道德建设各方面,以主流价值建构道德规范、强化道德认同、指引道德实践,引导人们_____、_____、_____。

　　A. 明公德、守大德、严私德
　　B. 明大德、守公德、严私德
　　C. 守公德、明大德、严私德
　　D. 守大德、严私德、明公德

6. 坚持发挥社会法治的促进和保障作用,以法治承载道德理念、鲜明道德导向、弘扬美德义行,把社会主义道德要求体现到_____、_____、_____、_____之中,以法治的力量引导人们向上向善。

　　A. 立法、执法、司法、守法　　　　　B. 立法、执法、守法、司法

C. 立法、司法、执法、守法　　　　D. 立法、守法、执法、司法

7. 推动践行以爱国奉献、明礼遵规、勤劳善良、宽厚正直、自强自律为主要内容的个人品德，鼓励人们在日常生活中养成_____。

　　A. 好习惯　　　　　　　　　　B. 好行为
　　C. 好品行　　　　　　　　　　D. 好品德

8. 以爱国主义为核心的民族精神和以改革创新为核心的时代精神，是中华民族生生不息、发展壮大的坚实精神支撑和强大_____。

　　A. 道德体系　　　　　　　　　B. 中国精神
　　C. 意识形态　　　　　　　　　D. 道德力量

9. 新时代公民道德建设的重点任务是：_____、_____、_____、_____。

　　A. 有理想、有道德、有文化、有纪律
　　B. 筑牢理想信念之基、培育和践行社会主义核心价值观、传承中华传统美德，弘扬民族精神和时代精神
　　C. 筑牢信仰之基、培育文化自信、传承中华美德弘扬民族精神、做四有新人
　　D. 有灵魂、有本事、有血性、有品德

10. 职业道德是一种_____的约束机制。

　　A. 强制性　　　　　　　　　　B. 非强制性
　　C. 随意性　　　　　　　　　　D. 自发性

11. 下列选项中属于职业道德作用的是_____。

　　A. 增强企业的凝聚力　　　　　B. 增强企业的离心力
　　C. 决定企业的经济效益　　　　D. 增强企业员工的独立性

12. 正确阐述职业道德与人的事业的关系的选项是_____。

　　A. 没有职业道德的人不会获得成功
　　B. 要取得事业的成功，前提条件是要有职业道德
　　C. 事业成功的人往往并不需要较高的职业道德
　　D. 职业道德是人获得事业成功的重要条件

13. 下列事项中属于办事公道的是_____。

　　A. 顾全大局，一切听从上级　　B. 大公无私，拒绝亲戚求助
　　C. 知人善任，努力培养知己　　D. 坚持原则，不计较个人得失

14. 在日常接待工作中，对待不同服务对象，态度应该热情，_____。

　　A. 尊卑有别　　　　　　　　　B. 女士优先
　　C. 一视同仁　　　　　　　　　D. 外宾优先

15. 关于创新的正确论述是_____。

　　A. 不墨守成规，但是也不可标新立异
　　B. 企业经不起折腾，大胆的闯迟早会出现问题
　　C. 创新是企业发展的动力
　　D. 创新需要灵感，但不需要情感

第六章 明大德、严公德、守私德

16. 对待职业和岗位,_____并不是爱岗敬业所要求的。
   A. 树立职业理想　　　　　　　　B. 干一行,爱一行,专一行
   C. 遵守企业的规章制度　　　　　D. 一职定终身,不改行

17. 下列关于勤劳节俭的论述中,正确的选项是_____。
   A. 勤劳一定能使人致富　　　　　B. 勤劳节俭有利于企业持续发展
   C. 新时代需要巧干,不需要勤劳　D. 新时代需要创造,不需要节俭

18. 企业生产经营活动中,促进员工之间平等尊重的措施是_____。
   A. 互利互惠,平均分配　　　　　B. 加强交流,平等对话
   C. 只要合作,不要竞争　　　　　D. 人心叵测,谨慎行事

19. 下列选项中,关于职业道德与人的事业成功的关系的正确论述是_____。
   A. 职业道德是人事业成功的重要条件
   B. 职业道德水平高的人肯定能够取得事业的成功
   C. 缺乏职业道德的人更容易获得事业的成功
   D. 人的事业成功与否与职业道德无关

20. 劳动安全卫生管理制度对未成年工给予了特殊的劳动保护,规定严禁一切企业招收_____以下的童工。
   A. 14 周岁　　　B. 15 周岁　　　C. 16 周岁　　　D. 18 周岁

二、多选题

1. 道德修养应注重(　　　)。
   A. 要与道德主体改造客观世界和主观世界的实践活动相联系
   B. 要与道德主体具体的道德行为相联系
   C. 要与道德主体的全部道德实践过程相联系
   D. 要与道德主体的个性特点相联系

2. 大学生应当在进行道德修养和社会实践的过程中,(　　　)。
   A. 坚持理论与实践像统一
   B. 坚持继承光荣传统和弘扬时代精神相统一
   C. 坚持改造客观世界与改造主观世界相统一
   D. 坚持加强个人修养与接受教育引导相统一

3. 在中国传统道德中,反映重视道德践履,强调修养的重要性,倡导道德主体要在完善自身中发挥自己的能动作用的是(　　　)。
   A. "见贤思齐焉,见不贤而内省也""吾日三省吾身"
   B. "道虽迩,不行不至;事虽小,不为不成"
   C. 孔子说,"仁远乎哉?我欲仁,斯仁至矣"
   D. 墨家提倡"察色修身""以身戴行"

4. 在中国的传统道德中,反映讲求谦敬礼让,强调克骄防矜的是(　　　)。
   A. 老子以江海处下而为百谷王的事实,告诫人们不要"自矜""自伐""自是"
   B. 孔子说:"不学礼,无以立"

139

C."亲仁善邻,国之宝也"
　　D.要提倡"事思敬""不居功""择善而从"

5.在中国的传统文化中,以下说法(　　)反映了中华民族推崇"仁爱"原则,追求人际和谐的传统。
　　A."先天下之忧而忧,后天下之乐而乐"
　　B."己所不欲,勿施于人"
　　C."老吾老以及人之老,幼吾幼以及人之幼"
　　D."兼相爱,交相利"

6.道德的社会作用,主要表现在于(　　)。
　　A.道德对其他社会意识形态的存在有着重大的影响
　　B.道德通过调整人们之间的关系维护社会秩序的稳定
　　C.道德是提高人的精神境界、促进人的自我完善、推动人的全面发展的内在动力
　　D.在阶级社会中,道德是阶级斗争的重要工具

7.在"义"和"利"发生矛盾时,应当(　　)。
　　A.义以为上　　　　　　　　　B.先义后利
　　C.见利思义　　　　　　　　　D.义然后取

8.关于如何培养职业情感,正确的认识是(　　)。
　　A.只有从事符合个人兴趣的工作,才能激发职业情感
　　B.向英雄模范人物学习,有助于培养职业情感
　　C.以小"善"去小"恶",坚持点滴积累以巩固职业情感
　　D.时时反思自己的不足,有利于强化职业情感

9.下列做法中,符合诚实守信职业道德要求的是(　　)。
　　A.会计总是按照上司的要求上报统计数字
　　B.客户反映电器质量问题,该电器公司为其进行维修或更换
　　C.员工对企业上司早请示,晚汇报
　　D.某汽车公司实施招回制度

10.关于遵纪守法,看法正确的有(　　)。
　　A.只要没有违法犯罪的动机,即使不懂法也能够做到守法
　　B.学法的人未必守法,因此,从业人员没有必要学法
　　C.只有不断学法、用法,才能提高从业人员遵纪守法的自觉性
　　D.合理运用法律武器,有助于从业人员维护自身的合法权益

三、简答题
1.网络生活中的道德要求?
2.如何树立正确的恋爱观与婚姻观?

四、材料分析题

发展更高质量的职业教育,培养更多大国工匠

"在全面建设社会主义现代化国家新征程中,职业教育前途广阔、大有可为。"日前,全国

第六章
明大德、严公德、守私德

职业教育大会在北京召开,中共中央总书记、国家主席、中央军委主席习近平对职业教育工作作出重要指示,对职业教育发展寄予厚望,指明了加快构建现代职业教育体系的方向和要求。

党的十八大以来,尤其是《国家职业教育改革实施方案》出台以来,职业教育走上了提质培优、增值赋能的快车道,迎来大改革大发展的新阶段,职业教育面貌发生了格局性变化。目前,我国已经建成了世界上最大规模的职业教育体系,拥有1.13万所职业院校,3088万名在校生,职业教育在助力青年实现技能成才梦,助力脱贫攻坚,服务经济高质量发展中顺势而为、应势而起,作出了重要贡献。

随着中国经济进入高质量发展新阶段,整个社会对高素质技术技能人才的需求更加旺盛。数据显示,我国技能人才已超过2亿人,占就业总量的26%。然而高技能人才仅有5000万人,占技能人才总量的28%,与德国、日本等制造强国相比,仍有不小的差距。不管是实现经济增长方式由粗放型转向集约型转变、改造提升传统产业、发展壮大新兴产业,还是实现由制造业大国向制造业强国转变、由中国制造向中国创造转变,都需要更多高素质技术技能人才,需要更多能工巧匠、大国工匠的支撑。而进一步巩固脱贫攻坚成果,助力乡村振兴,也需要职业教育发挥助力技能成才梦想的作用。

职业教育是一种区别于普通教育的类型教育,而不是一种教育层次,这是职业教育的鲜明定位。但是受传统观念的影响以及职业教育人才培养水平不高,成长"天花板"太低等多种因素的影响,很长时间以来职业教育的吸引力不强,甚至成为"低人一等"的"二流教育"。由此,出现了一边是技工荒,一边是家长不愿意让孩子上职校的局面,形成了人才供给的结构性矛盾。

解决这些问题,必须构建现代职业教育发展体系,用高质量的职业教育体系,用高质量的技术技能人才培养水平来破解。一方面是用高质量发展的职业教育打破社会对职业教育低水平的误解,改变职业教育"低人一等"的印象;一方面是要提高职业教育人才培养水平,通过构建纵向贯通、横向融通的职教体系,打破人才成长"天花板"。要进一步推进职普融通,让职业教育轨道学生与普通教育轨道学生,在升学、求职、工作待遇、职务晋升等方面享有更平等的机会。只有职教毕业生掌握高超的技能,找到好工作,过上体面的生活,才能提高职业教育的吸引力,打消家长以及全社会对接受职业教育没有前途的误解。

发展高质量职业教育,政府部门必须加大对职业教育的投入,要充分认识到职业教育的发展对于服务地方经济发展,服务就业改善民生的重要作用,在资金、资源投入上给予职业教育更多的支持。同时,要鼓励和引导企业、行业等社会力量积极参与、支持职业教育发展,形成全社会推动职业教育发展的合力。从职业教育自身出发,则要推进育人方式、办学模式的改革,深化产教融合、校企合作,融入行业和企业办学,实现教育链、人才链与创新链、产业链的有机衔接,从而不断增强职业教育适应性,不断提高技术技能人才培养质量,培养更多能工巧匠大国工匠。

——摘自《光明网》

1. 谈谈你对职业教育前景的看法?
2. 请从职业道德方面谈谈,如何成为合格的工匠?

第七章 法的相关理论

● 专题设计概述

通过进一步学习马克思主义法学理论，深刻理解社会主义法律的本质特征和运行机制，让学生整体把握中国特色社会主义法律体系、法治体系和法治道路的精髓，从而培养法治思维，尊重和维护法律的权威。

思维导图

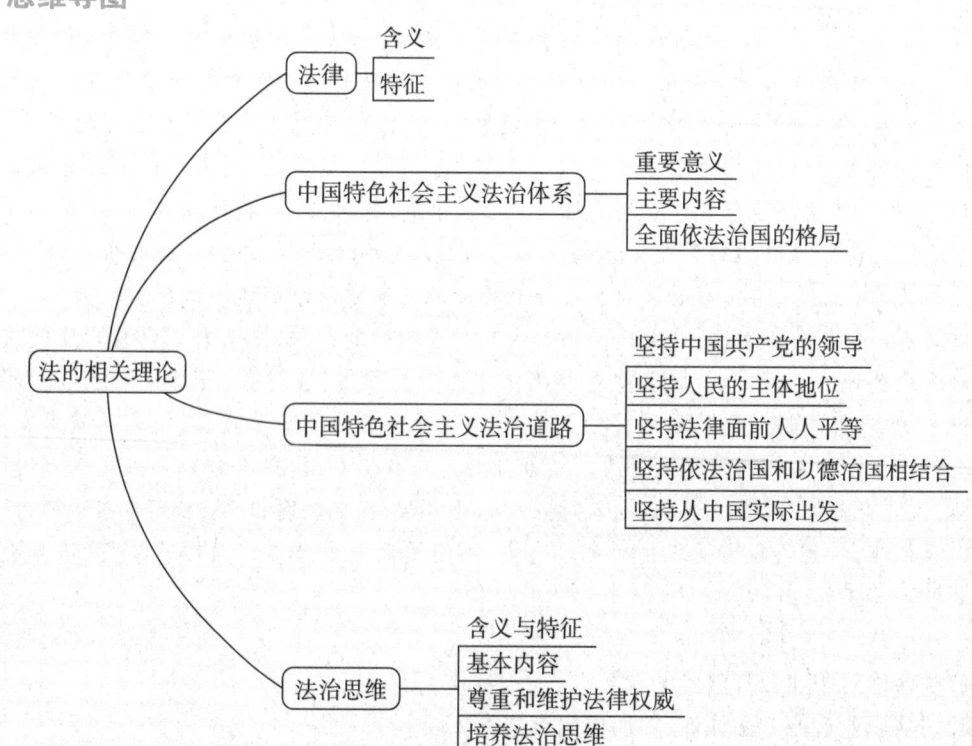

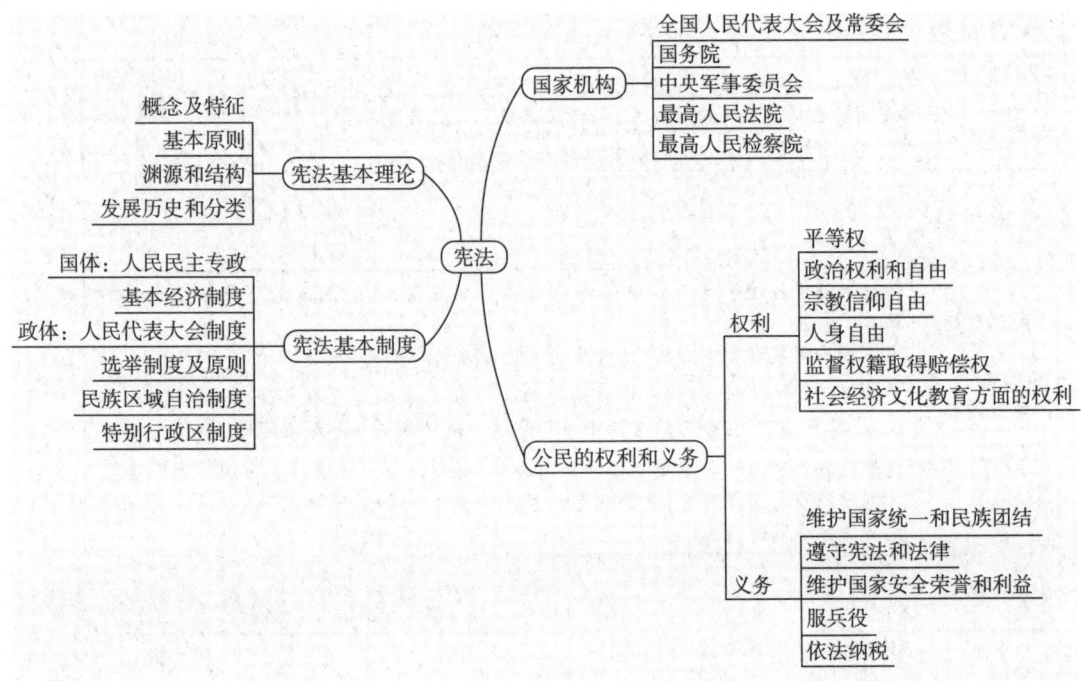

平语近人

"治国者,圆不失规,方不失矩,本不失末,为政不失其道,万事可成,其功可保。"
——2013年11月12日,习近平在党的十八届三中全会第二次全体会议上的讲话

"国无常强,无常弱。奉法者强则国强,奉法者弱则国弱。"
——2014年9月5日,习近平在庆祝全国人民代表大会成立六十周年大会上的讲话

春秋战国时期,法家主张"以法而治",偏在雍州的秦国践而行之,商鞅"立木建信",强调"法必明、令必行",使秦国迅速跻身强国之列,最终促成了秦始皇统一六国。
——2018年8月24日,习近平在中央全面依法治国委员会第一次会议上的讲话

"纵有良法美意,非其人而行之,反成弊政。"制度的生命力在于执行。
——2019年9月24日,习近平在十九届中央政治局第十七次集体学习时的讲话

成长话题

1. 我又不犯法,为什么要学习法律?
2. "事后惩罚"和"事前威慑"哪一个更重要?
3. 疫情期间有哪些值得关注的法律问题?
4. 法治一定优于人治吗?
5. 都知道依法治国,法又该依什么呢?
6. 法律是否代表正义。如果不是,法律与正义的关系是什么?
7. 如果舆论可以影响法律,那么还叫依法治国吗?

课时安排 4学时

序号	题目	课型	课时分配
1	《了解中国特色社会主义法治体系、法治道路及法治思维的培养》	理解认知	2课时
2	《宪法及公民的基本权利与义务》	理解认知	2课时

教学目标

知识目标	通过教师讲授使学生了解中国特色社会主义法治体系、法治道路及法治思维的培养 通过理论讲授和案例分析，让学生自觉地尊法、学法、守法、用法
能力目标	培养大学生的法治思维，自觉将法律作为判断是非和处理事务的准绳，更加崇尚法治、尊重法律，在今后的生活中善用法律手段协调关系和解决问题
情感目标	使学生深刻了解社会主义法律的本质特征，明白社会主义法律是中国特色社会主义制度的重要组成部分，是党领导人民当家做主的制度保障，进一步提升对社会主义法律认同的情感

教学重难点

重点	运用法治思维分析、解决问题
难点	公民应该如何依法行使权利和履行义务

教学资源

一、法律的含义及其特征

1. 法律的含义

法律是指体现掌握国家政权的阶级意志、由国家制定或认可并由国家强制力保证实施的具有普遍约束力的社会规范的总和。

法字的渊源

"法"的本来写法是"灋"。会意字。从"水"，表示法律、法度公平如水；从"廌"（zhì），即解廌（又叫解豸），神话传说中的一种神兽，据说它能辨别曲直，在审理案件时，它能用角去触理亏的人。所以，"法"字的本义就是"法律、法度"。

"灋，刑也。平之如水，从水，廌所以触不直者去之，从去，会意。"（《说文》）

法律的名言警句

法律就是秩序，有好的法律才有好的秩序。

——古希腊哲学家亚里士多德

法典就是人民自由的圣经。

——马克思

2. 我国社会主义法律的本质特征

我国社会主义法律是中国特色社会主义制度的重要组成部分，是党领导人民当家做主的制度保障。

我国社会主义法律体现了党的主张和人民意志的统一

2018年《中华人民共和国宪法修正案》

2018年3月11日，十三届全国人大一次会议高票表决通过《中华人民共和国宪法修正案》。这一表决结果充分说明，宪法修正案顺应了党和人民事业发展要求，体现了党的主张和人民意志的高度统一，反映了全党全军全国各族人民的共同愿望和心声。宪法修正案顺应历史、适应时代、凝聚党心民心。

随着社会形势发生变化，宪法只有不断适应新形势、吸纳新经验、确认新成果、做出新规范，把党和人民在实践中坚持和发展中国特色社会主义取得的重大理论创新、实践创新、制度创新成果上升为宪法规定，才能具有持久的生命力，才能为新时代全面推进国家治理体系和治理能力现代化提供宪法依据和宪法保障。

回溯我国宪法发展的历史可以看出，我国的宪法一直处在探索实践和不断完善的过程中。现行宪法自1982年公布施行后，分别于1988年、1993年、1999年、2007年四次修改，有力促进了改革开放和社会主义现代化建设。这次修改宪法的一个重要的内容就是把习近平新时代中国特色社会主义思想载入国家根本法，这反映了全党全国各族人民的共同心愿，体现了党和国家事业发展的根本要求，进一步夯实了新时代完善和发展中国特色社会主义制度、推进国家治理体系和治理能力现代化的宪制基础。修改完善后的宪法，将对全面依法治国，对以后其他法律的修改，民主立法、科学立法都有非常深远的指导意义。

党的十九届二中全会审议通过的《中共中央关于修改宪法部分内容的建议》中，提出了对国家主席任职规定的修改。这是我们党在全面总结党和国家长期历史经验基础上，站在新时代坚持和发展中国特色社会主义全局和战略高度，提出的健全党和国家领导体制的重大举措。其要旨在于完善"三位一体"的领导体制，对于坚持和加强党的全面领导、坚持和维护党中央权威和集中统一领导，更好发挥宪法在新时代推进全面依法治国、推进国家治理体系和治理能力现代化中的国家根本法作用，具有重要意义。

这样修改与我们党的政治体制改革方向是并行不悖的。20世纪80年代初，邓小平同志针对政治体制改革曾说过很重要的话："领导制度、组织制度问题更带有根本性、全局性、稳定性和长期性。这种制度问题，关系到党和国家是否改变颜色，必须引起全党的高度重视。"这段话，实质上回答了为什么必须坚持党的全面领导、为什么要保持领导的连续性。例如，能否确保党对"党政军民学"和"东西南北中"的全面领导？这就事关"根本性"和"全局性"。能否坚持和维护党中央的权威和集中统一领导？这就事关"稳定性和长期性"以及"党和国家是否改变颜色"。

实践证明，中国共产党、中华人民共和国、中国人民解放军领导人"三位一体"的领导体制，是我们党在长期执政实践中探索出的一条成功经验。国家主席制度是党和国家领导体制的重要组成部分，修改国家主席任职规定，是着眼于健全党和国家领导体制，在宪法中做出制度安排，不意味着改变党和国家领导干部退休制，也不意味着领导干部职务终身制。使党的总书记、党的中央军委主席、国家中央军委主席、国家主席的任职规定保持一致，是符合我国国情、保持党和国家长治久安的制度设计,是中国特色社会主义政治优势和制度优势的重要体。

（**资料来源**：https://finance.sina.com.cn/roll/2018-03-10/doc-ifyscmwz1670331.shtml）

我国社会主义法律具有科学性和先进性

国情下的立法体制

同当今世界普遍存在的单一的立法体制、复合的立法体制、制衡的立法体制相比,中国现行立法体制独具特色。其一,在中国,立法权不是由一个政权机关甚至一个人行使的,因而不属于单一的立法体制。其二,在中国,立法权由两个以上的政权机关行使,是指中国存在多种立法权,如国家立法权、行政法规立法权、地方性法规立法权,它们分别由不同的政权机关行使,而不单单是同一个立法权由几个政权机关行使,因而也不属于复合的立法体制。其三,中国立法体制也不是制衡的立法体制,不是建立在立法、行政、司法三权既相互分立又相互制约的原则基础上的,国家主席和政府总理都产生于全国人大,国家主席是根据人大的决定公布法律,总理不存在批准或否决人大立法的权力,行政法规不得与人大法律相抵触,地方性法规不得与法律和行政法规相抵触,人大有权撤销与其所制定的法律相抵触的行政法规和地方性法规,这些只表明中国立法体制内部的从属关系、统一关系、监督关系,不表明制衡关系。

（**资料来源**：https://baike.baidu.com/item/%E7%AB%8B%E6%B3%95%E6%9D%83/10487700?fr=aladdin）

立法权

我国是单一制的社会主义大国,人口众多,幅员辽阔,发展很不平衡。因此,国家立法权的划分,既要充分体现主权在民的原则,确保全国人民代表大会在国家立法中的优势地位,又要赋予中央政府和地方适当的立法权限以便对国家进行有效的治理。基于这种考虑,我国立法权主要包括国家立法权（由全国人大及其常委会行使）、行政法权（由国务院行使）、地方立法权（由省级地方国家权力机关和行政机关行使）。

国家立法权

1. 立法机关

我国《宪法》第58条规定：全国人大及其常委会行使国家立法权。人大常委会是人大的常设机构,在人大闭会期间行使国家权力。具体地说,它有权解释宪法、法律并监督其实施；有权制定和修改应由人大制定的法律以外的法律；有权对人大制定的法律加以补充和修改,但不得违背其基本原则和精神。一般地说,基本法律,如刑法、民法等的制定权都应由全国人大行使。全国人大常委会应向全国人大负责并报告工作,接受人大的监督。全国人大有权否决全国人大常委会的不适当的立法和决定。

2. 立法范围

从原则上讲,全国人大及其常委会的立法是没有边界的,但在立法实践中,国家也将某些事项交给政府制定行政法规。根据2000年3月15日通过、7月1日生效的《中华人民共和国立法法》,下列事项只能由全国人民代表大会及其常委会制定法律：①国家主权事项；

②国家机关的产生、组织和职权;③民族区域自治制度、特别行政区制度、基层群众自治制度;④犯罪和刑法;⑤涉及公民权利自由的事项;⑥对非国有财产的征收;⑦民事基本制度;⑧基本经济制度以及财政、税收、海关、金融和外贸的基本制度;⑨诉讼和仲裁制度;⑩必须由人大及其常委会制定法律的其他事项。

从实践来看,"必须制定法律的其他事项"大体包括:①有关公民基本权利和义务及其利益的事项,如《行政诉讼法》等;②有关政治、经济、文化、军事制度方面的事项,如《兵役法》等;③有关国家资源开发、利用、保护等事项;④凡最高国家权力机关认为应该由它立法加以调整的事项。我国《立法法》同时还规定,上述第8项涉及经济基本制度方面的"部分事项",全国人大可专门授权国务院"根据实际需要""先制定行政法规",但不得涉及"犯罪和刑罚、对公民政治权利的剥夺和限制人身自由的强制措施和处罚、司法制度等事项"。

3. 立法程序

(1)提案。全国人大主席团、常委会、各专门委员会、全国人大各代表团或30名以上代表,可以向全国人大提出议案;国务院、中央军委、最高人民法院、最高人民检察院,可以向全国人大提出属于自己职责范围内事项的议案。

(2)审议。代表团或30名以上代表联名提出的议案是否列入议程,由大会主席团决定,或者先交有关委员会审议后再根据审查意见决定是否列入议程。由人大主席团、常务委员会、其他中央国家机关提出的议案,由主席团决定交各代表团审议,或交有关专门委员会审议后提出报告,再由主席团决定交大会表决。提交全国人大常委会的议案,由委员长会议决定是否提交常委会会议审议,或先交专门委员会审议,提出报告,再决定是否提交常委会会议审议。全国人大常委会经法定程序审议后决定提交全国人大会议审议的法案,应当在会议举行前一个月将法律草案发给代表,必须由人大常委会或提案人向人大全体会议做说明。在各代表团审议过程中,提案人应派人听取意见,回答询问;有关组织和机关应当根据代表的要求介绍情况。

(3)通过。全国人大审议的议案,凡未在审议过程被提案人撤回或经主席团决定停止审议的,都要进行表决,"由全体代表过半数通过",宪法和宪法修正案须经全体代表2/3赞成方为通过;全国人大常委会审议的议案,由它的全体组成人员的过半数通过。

(4)公布。人大及其常委会通过的法案,皆以国家主席令形式公布,并同时宣布生效时间。

(资料来源:https://baike.baidu.com/item/%E7%AB%8B%E6%B3%95%E6%9D%83/10487700?fr=aladdin)

法律渊源与位阶关系

法律的称谓	制定机关	效力等级(位阶)	立法例
宪法	全国人大	最高法律地位和效力	《宪法》
法律(狭义)	全国人大及常委会	效力低于宪法	《刑法》《民法典》
行政法规	国务院	效力低于法律	《食盐专营办法》
部门规章	国务员各部委	效力低于行政法规	《彩票管理条例实施细则》
地方性法规	设区的市以上级地方人大及其常委会	效力低于行政法规	《北京市制定地方性法规条例》
地方政府规章	设区的市以上级地方政府	效力低于同级地方性法规	《四川省行政规范性文件管理办法》

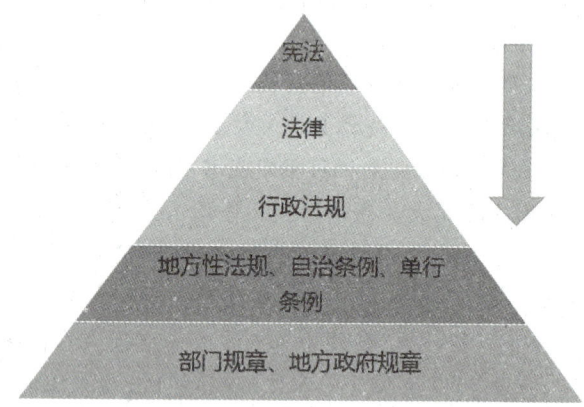

（资料来源：https://www.icourse163.org/learn/PKU-1003760006? tid=1464018447#/learn/content? type=detail&id=1242338104&cid=1265290237）

我国社会主义法律是中国特色社会主义建设的重要保障

政治建设方面，我国社会主义法律维护和巩固社会主义基本政治制度，保障人民享有并依法行使当家做主的权利，保障社会主义民主政治建设顺利进行，镇压敌对势力和敌对分子的反抗和破坏活动，保卫国家主权和领土完整，维护国家安全。

经济建设方面，我国社会主义法律维护和巩固以公有制为主体、多种所有制经济共同发展的社会主义基本经济制度，保障改革开放的顺利进行，促进社会主义市场经济秩序的形成和稳定发展，保护市场主体的合法行为和权益，实现国家宏观调控的目标。

文化建设方面，我国社会主义法律既为繁荣社会主义先进文化做出自己的贡献，同时又为社会主义文化建设保驾护航，促进教育科学文化事业的发展和科技成果的推广、使用，满足人民群众日益增长的物质和文化生活需要。

社会建设方面，我国社会主义法律维护社会的公平正义，协调人与人、人与社会的关系，保障社会主体的正常交往，维护和谐、稳定的社会秩序，加强社会管理，推动社会主义和谐社会建设。

生态文明建设方面,我国社会主义法律充分发挥生态文明制度建设主力军的作用,通过加强立法,积极参与建立健全国土空间开发保护制度、耕地保护制度、水资源保护制度和环境保护制度,为人民创造良好的生产生活环境,保障生态安全。

二、建设中国特色社会主义法治体系的重大意义

中国特色社会主义法治体系本质上是中国特色社会主义制度的法律表现形式。完善和发展中国特色社会主义制度、推进国家治理体系和治理能力现代化,必须建设和完善中国特色社会主义法治体系。中国特色社会主义法治体系是实现社会主义现代化和中华民族伟大复兴制度保障。

三、建设中国特色社会主义法治体系的主要内容

1. 完备的法律规范体系

为"高铁霸座"立法叫好

前段时间,不断爆出的高铁霸座事件引发关注。"霸座男""霸座女"一度成为网络热门词,不少网友呼吁这些行为需要法律更强有力的约束。日前,终于有地方出手了!

近日,《广东省铁路安全管理条例》(以下简称《条例》)已经立法程序通过条例明确规定,旅客应当按照车票载明的座位乘车,不得强占他人座位。值得注意的是,《条例》对乘客车票的购买以及铁路安全运行做了详细规定,其中,最令人瞩目的,就是针对"霸座行为"做出了"定性":霸座属于违法行为!《条例》中规定:旅客应当按照车票载明的座位乘车,不得强占他人座位。对扰乱铁路站车运输秩序且危及铁路安全、造成严重社会不良影响,以及严重违反铁路运输企业安全管理规章制度的失信行为进行记录,并按照规定推送全国和地方信用信息共享平台。有关部门和铁路运输企业应当依法对失信行为实施联合惩戒。

……

尽管这些霸座行为一次次受到公众舆论的谴责,对于霸座者来说,道德方面的压力也颇大。但是,仅仅依靠舆论谴责是远远不够的,从两个月内接连发生三次霸座行为就可以看出,这些行为如果不能以立法的方式进行管束和规范,"霸座事件"仍然会继续出现和存在。出于这种考量,广东省此次出台的《条例》中,专门针对霸座行为做出了法律解释,直接把它作为"违法行为"来定性,可以说,相对先前模糊的法律规定,此次的立法指向性明确,规定更加详细。从小的方面来说,是把霸座行为进行了法律上的约束;从大的方面来说,法律规定也是对社会的指引、评价和教育,凸显了法律的准绳和底线在文明秩序建设中的重要性。

随着类似法规的出台,霸座者的违法成本将会越来越高。同时,我们也真心希望其他地方能根据本地情况陆续跟进,以法律为基准,进一步规范文明出行秩序和乘车秩序。这对社会文明建设和精神文明建设来说,都是一件好事。

(**资料来源**:https://baijiahao.baidu.com/s? id = 1614111916412768638&wfr = spider&for = pc)

2. 高效的法治实施体系

曹某某拒不执行判决、裁定案

基本案情： 李某与曹某某侵权责任纠纷一案，贵州省正安县人民法院于2013年8月作出的（2013）正民初字第1313号民事判决，判令被告曹某某赔偿李某因提供劳务而遭受人身损害赔偿的各项费用共计20余万元。判决生效后，曹某某未在判决确定的期限内履行义务，李某于2014年3月向正安县人民法院申请强制执行。在执行过程中，被执行人曹某某与李某达成分期履行的和解协议，曹某某先后共计履行了10万元后，尚余10余万元一直未履行。

法院执行过程中查明，正安县城建设工程指挥部于2013年7月拆迁被执行人曹某某的房屋433.50㎡，门面101.64㎡，拆迁返还住房4套、门面3间。2014年5月28日法院查封了曹某某安置房一套。为逃避债务履行，曹某某与贾某某于2014年8月办理了离婚登记，离婚协议约定所有返还房产均归贾某某所有。2014年12月曹某某、贾某某与向某某夫妇签订房屋转让协议，将法院查封的住房以20.50万元转让给向某某。其后，曹某某继续不履行判决确定的义务，且下落不明，致使该判决长期得不到执行。

正安县法院遂将曹某某涉嫌拒不执行判决、裁定罪的线索移交正安县公安局立案侦查。被执行人曹某某于2017年3月30日向正安县公安局投案自首，当天被刑事拘留。在拘留期间，被执行人的前妻贾某某于2017年4月5日主动到法院交纳了欠款及迟延履行期间的债务利息。经检察机关提起公诉，2017年8月8日正安县人民法院以拒不执行判决、裁定罪，判处曹某某有期徒刑一年。

典型意义： 本案被执行人具有履行能力，以和妻子协议离婚的方法，将其名下全部财产转移到妻子名下，并私自将法院查封的房产予以出售，致使判决无法执行，情节严重，构成拒不执行判决、裁定罪。法院将其犯罪线索依法移交公安机关启动刑事追究程序，并依法定罪判刑，有效惩治了拒执犯罪，维护了司法权威。同时促使被执行人的前妻主动帮助被执行人全部履行债务，有效保障了申请执行人的合法权益，法律效果和社会效果良好。

魏某拒不支付抚养费被拘留案

魏某和周某，婚后因性格不合，导致家庭矛盾激化，于2014年7月起诉离婚，并达成调解协议，由周某抚养孩子，魏某则每月给付抚养费750元，直至孩子年满18周岁为止；同时，魏某要支付孩子医疗费18607.85元。民事调解书生效后，魏某并未按照调解书内容支付抚养费及医疗费。

执行过程中，执行法官对魏某的财产情况进行了调查，并敦促其到法院履行义务，魏某拒不露面且拒绝履行调解书确定的义务。2018年6月15日，潍坊市奎文区人民法院执行干警找到长期逃避执行的魏某，多次做其思想工作，但魏某仍然以种种理由拒不支付抚养费及医疗费。法院决定对魏某采取拘留，并通知魏某的现任妻子。魏某的妻子赶到法院后，执行干警对其说明了情况，其妻子了解到事态的严重性后，主动与周某达成和解协议，约定分三次结清抚养费及医疗费。

失信被执行人岳某无法乘坐飞机案

张某与岳某，因家庭琐事，导致夫妻感情破裂。2016年10月14日，经诸城市人民法院调解,双方达成离婚协议,约定孩子随母亲张某生活,岳某每月支付抚养费600元,直至孩子年满18周岁;岳某支付张某夫妻共同财产11800元。因岳某拒不履行调解书确定的义务,张某遂向法院申请强制执行。执行中,执行法官依法向被执行人岳某发出《执行通知书》、《报告财产令》。2018年1月26日,将被执行人岳某纳入失信被执行人名单,并发布了限制消费令。

2018年3月7日,岳某出差无法购买飞机票,被告知其存在失信记录,岳某才意识到履行生效法律文书确定义务的重要性,主动到法院缴纳了部分抚养费,与申请执行人张某达成执行和解协议。目前,该案已全部执行完毕。

(**资料来源**:http://wfzy.sdcourt.gov.cn/wfzy/442495/442628/2658582/index.html)

3. 严密的法治监督体系

孙某果案件

孙某果(1977年—2020年),男,汉族,曾用名陈果、李某宸,云南省昆明市人,身高约1.70米,略显壮实,1992年12月入伍,曾是武警昆明某部的一个上等兵,后又进入武警某学校学习。

1998年,孙某果一审被判处死刑后,二审维持原判,但死刑没被核准,遂改为死缓。孙某果在服刑期间,此案又启动再审程序,孙某果最终被改判为有期徒刑20年。2010年起,孙某果以"李某宸"之名在狱外活动。

2019年4月,中央扫黑除恶第20督导组进驻云南省期间,昆明市打掉了孙某果等一批涉黑涉恶犯罪团伙。

5月24日,全国扫黑办将云南昆明孙某果涉黑案列为重点案件,实行挂牌督办。

6月4日,全国扫黑办派大要案督办组赴云南督办孙某果案,进驻昆明。

10月14日,云南省高级人民法院依照审判监督程序对孙某果强奸、强制侮辱妇女、故意伤害、寻衅滋事一案依法再审开庭审理。同时,云南省检察机关已对孙某果出狱后涉嫌黑社会性质组织犯罪提起公诉,云南省监察机关、检察机关依法对孙某果案19名涉嫌职务犯罪的公职人员及重要关系人移送审查起诉。

11月6日至7日,玉溪市中级人民法院对孙某果一案公开开庭审理。一审获刑25年。

12月17日,云南省高级人民法院依法对孙某果组织、领导、参加黑社会性质组织等犯罪一案二审公开宣判,对上诉人孙某果驳回上诉,维持原判。

12月23日,云南高院依法公开宣判孙某果再审案,决定执行死刑。

2020年2月20日,孙某果被执行死刑。

(**资料来源**:百科词条)

4. 有力的法治保障体系

法律保障体系是指在法律制定、实施和监督过程中形成的结构完整、机制健全、资源充分、富有成效的保障系统,包括政治和组织保障、人才和物质条件保障、法治意识和法治精神保障等。

完善法治保障体系的重点内容包括以下几点。

(1) 切实加强和改进党对全面依法治国的领导,提高依法执政能力和水平,为全面依法治国提供有力的政治和组织保障。

(2) 加强高素质法治专门队伍和法律服务队伍建设,提高法治工作队伍和法律服务队伍思想政治素质,为全面依法治国提供坚实的人才和物质保障。

(3) 努力推动形成办事依法、遇事找法、解决问题用法、化解矛盾靠法的良好的守法社会氛围,为全面依法治国提供丰厚法治文化保障。

5. 完善党内法规体系

违反党的组织纪律主要表现及典型案例

违反组织纪律的行为大多发生在四个方面。

党员身份管理方面

表现形式一:违反规定发展党员,或为非党员出具党员身份证明的。(条规依据:《中国共产党纪律处分条例》第八十条,以下简称《条例》)

党员是党的肌体的细胞和党的活动的主体,发展党员工作是党的建设一项经常性重要工作。《中国共产党发展党员工作细则》对发展党员工作做出了明确规定,其核心是坚持党要管党、从严治党,目标是建设一支规模适度、结构合理、素质优良、纪律严明、作用突出的党员队伍。违反党章和其他党内法规的规定,采取弄虚作假或者其他手段把不符合党员条件的人发展成党员的,或者所发展的党员虽符合条件,但发展程序不符合规定的,或者为非党员出具党员身份证明的,均属于违反组织纪律的行为。

典型案例:某高等院校某系党支部书记王某,为促进应届毕业生就业,伪造支部会议记录等材料,突击发展了10名党员。

执行民主集中制方面

表现形式二:违反民主集中制原则,拒不执行或擅自改变党组织做出的重大决定。(条规依据:《条例》第七十条)

民主集中制是无产阶级政党最根本的组织原则,中国共产党是按照民主集中制组织起来的统一整体,任何违反民主集中制的行为,都为党的纪律所不允许。党章规定,党员对党的决议和政策如有不同意见,在坚决执行的前提下,可以声明保留,并且可以把自己的意见向党的上级组织直至中央提出。但在声明保留或提出意见的同时,在党组织改变决定前,党员必须无条件执行原决定,不得公开发表和散布与该决定相反的言论,更不能擅自改变党组织做出的重大决定,自行其是。

典型案例:某县党员陈某对县委做出的决定存在异议,通过手机短信散布与该决定相左的言论,造成恶劣影响。

表现形式三:违反议事规则,个人或者少数人决定重大事项。(条规依据:《条例》第七十条)

党章规定,凡属重大问题都要按照集体领导、民主集中、个别酝酿、会议决定的原则,由党的委员会集体讨论,做出决定。《关于党内政治生活的若干准则》《国有企业领导人员廉洁从业若干规定》等亦做了类似规定。违反相关议事规则,擅自决定单位大额度资金运作、生产经营和企业改革的重大决策、重要人事任免等事项,都属于违反组织纪律的行为。

典型案例:某国有企业党组书记、董事长黄某,在企业经营中,擅自决定向提供中介服务的某公司支付上亿元"中介费",虽然该国有企业最终获得了数十亿元的利润,但黄某的行为属个人决定重大事项,违反了党的组织纪律。如果黄某的行为还造成了重大损失或不良影响,则将构成滥用职权违纪。

表现形式四:下级党组织拒不执行上级党组织决定。(条规依据:《条例》第七十一条)

下级组织服从上级组织,是党的民主集中制的基本原则之一,没有这样一条纪律,就没有党的团结统一。上级党组织做出决定之后,下级党组织如有不同意见,可以向上级党组织提出,请求上级党组织改变原决定。但在上级党组织坚持原决定时,下级党组织必须无条件服从并予执行,并且不得公开发表不同意见。如果下级党组织对上级党组织的决定拒不执行,或者阳奉阴违,都是违反组织纪律的行为。

典型案例:某县某乡党委委员李某因违反廉洁自律规定被县委给予党内严重警告处分,乡党委书记黄某认为处分过重,在乡党委会议上公开提出对县委的处分决定不予执行。黄某作为下级党组织负责人,其行为违反了党的组织纪律。需要指出的是,本案中,如果该乡党委全体或多数党员均拒不执行上级党组织决定,本身又不能纠正,上级党组织可对该乡党委予以解散或者改组处理。

维护党的团结统一方面

表现形式五:在党内搞非组织活动,破坏党的团结统一。(条规依据:《条例》第四十九、第五十二条)

党章规定,党员必须维护党的团结和统一,对党忠诚老实,言行一致。党章同时对党的组织原则和组织制度做出了明确规定。违反党章规定,搞小团体甚至拉帮结派,背离正常组织程序搞违反组织原则的活动,搬弄是非、挑拨离间或者散布不实情况,诋毁党组织或者其他党员,危害党的团结统一的行为,都属于违反组织纪律的行为。

典型案例:某村党支部成员于某等3人,为使于某能在下届选举中当选村支部书记,分头向各村民小组散布现任村支部书记挪用征地补偿款的虚假消息。于某等人的行为,即属于在党内搞非组织活动,破坏党的团结统一的行为。

涉外活动方面

表现形式六:以不正当方式谋求本人或者其他人用公款出国(境)。(条规依据:《条例》第一百三十条)

首先需指出,以各种名义用公款出国(境)旅游的行为,属违反廉洁自律规定的行为,应按《条例》第七十八条等规定处理。认定违反组织纪律行为中所称的"以不正当方式谋求本人或者其他人用公款出国(境)",前提是公款出国(境)并非为了旅游。而这里所称的"以不正当方式",主要指伪造或骗取邀请函、出国(境)批件,或利用本人工作或职务之便,挤占应属他人的公款出国(境)名额等。

典型案例:某市外办负责办理该市文化局出国举办展览事宜,该办党组书记肖某为兑现安排该县公安局工作人员李某公款出国的承诺,强行挤占文化局工作人员出国名额安排给李某。

表现形式七:临时出国(境)团(组)或者人员中的党员,擅自延长在国(境)外期限,或者

擅自变更路线的。(条规依据:《条例》第一百三十一条)

"临时出国(境)",系相对于"长期出(国)境"而言。临时出国(境)团(组)或者人员,指的是因公临时派往国(境)外学习、工作、考察、访问不满一年的各类团组或者人员,此类团组或者人员一般在国(境)外驻留时间较短,其行程和任务亦十分明确,未经批准擅自延长在国(境)外期限,或者擅自变更在国(境)外路线,且给国家或者集体造成了不良影响或者经济损失的行为,即属于违反组织纪律的行为。

典型案例:某市市长瞿某因公率团赴德国考察,完成相关任务后,瞿某在未经请示批准的情况下,擅自率团组成员前往邻近的奥地利逗留1天,为此多支付的2万元费用均由公款支付。

表现形式八:驻外机构或者临时出国(境)团(组)中的党员擅自脱离组织,或者从事外事、机要、军事等工作的党员违反有关规定同国(境)外机构、人员联系和交往。(条规依据:《条例》第八十三条)

派驻国(境)外的使(领)馆、商务机构、企业、事业单位,以及临时出国(境)团(组)中的党员,应按照组织决定安排活动,不经请示报告和批准,擅自脱离组织的领导和管理,致使组织上不知其去向和所为的,即为"擅自脱离组织"。从事外事、机要、军事等工作的党员,无论在国(境)内、外,如果需要与国(境)外机构、人员以各种方式联系和交往的,均需经过有关组织批准。未经批准,擅自进行上述联系和交往的,均属违反组织纪律的行为。

典型案例:某国家局工作人员张某(中共党员)驻英国工作期间,未向主管部门请示报告,擅自离开驻地参加英国某公司为期3天的面试。面试结束后,张某向原单位申请提前退休,隐瞒了其参加英国某公司面试的情况,并在退休次日即与该公司签订了工作协议。

表现形式九:驻外机构或者临时出国(境)团(组)中的党员,脱离组织出走时间不满六个月又自动回归,或者脱离组织出走时间超过六个月,或者故意为他人脱离组织出走提供方便条件。(条规依据:《条例》第八十四条)

驻外机构或者临时出国(境)团(组)中的党员,在国(境)外擅自脱离组织不归或者超过规定期限滞留国(境)外不归,但没有申请政治避难或公开发表反对中国共产党和中国政府言论的,以及故意为上述人员脱离组织出走提供方便条件,如提供经济资助、开具证明的行为,均属于违反组织纪律的行为。

典型案例:某国有企业赴国外进行商务谈判期间,团组成员李某擅自出走不归。李某出走前曾与团组中另一党员刘某商议,刘某还为李某提供了3000美元的路费。本案中,李某、刘某的行为均违反了党的组织纪律。需要注意的是,如果查实李某在国外申请政治避难或公开发表了反对中国共产党和中国政府的言论,对李某的行为应以叛逃行为定性处理,同时,对刘某的行为也应按故意为叛逃人员提供方便条件定性处理。

(资料来源:http://www.ccdi.gov.cn/djfg/ywgw/201407/t20140714_114560.html)

偷闲少跑路,被人钻空子

县开发投资有限公司工作人员李玉红,负责对所收储宗地到相关部门进行业务联系的工作。2013年,李玉红在温泉镇白石坳村一宗土地收储工作中,将本应由自己办理的相关手续多次交给郑某某(万嘉房地产公司股东)去办理。郑某某在县开发投资公司常务副经理田某某(另案处理)的同意下,虚构还建工程居民小区建设项目名义,获得了开发投资有限公司出具的相关前置手续,进而办理了发改、林业等相关手续,并在该地块进行了房地产开发活动,被县城市管理执法局认定为违法建设,在社会上造成不良影响。李玉红在此宗地块收储工作中不正确履行职责,存在失职错误。2015年7月29日,县纪委对其立案调查。在调查过程中,发现李玉红在上述事件中,没有主观故意帮助郑某某骗取该地块国有建设用地使用权,仅按该单位以往的做法将手续交由他人代跑。同时积极配合调查工作,如实坦白违纪情况,认识深刻,认错态度好。2015年8月17日,依据《中国共产党纪律处分条例》第二十三条之规定,经县纪委常委会研究决定,免予李玉红同志党纪处分。

解析:1.何种情形下可免予党纪处分?

《中国共产党纪律处分条例》第十七条明确规定了有下列情形之一的,可以依照规定从轻或者减轻处分:(一)主动交代本人应当受到党纪处分的问题的;(二)在组织核实、立案审查过程中,能够配合核实审查工作,如实说明本人违纪违法事实的;(三)检举同案人或者其他人应当受到党纪处分或者法律追究的问题,经查证属实的;(四)主动挽回损失、消除不良影响或者有效阻止危害结果发生的;(五)主动上交违纪所得的;(六)有其他立功表现的。

《中国共产党纪律处分条例》第十九条也规定,对于党员违犯党纪应当给予警告或者严重警告处分,但是具有本条例第十七条规定的情形之一或者本条例分则中另有规定的,可以给予批评教育或者组织处理,免予党纪处分。

上述案件中,李玉红"没有主观故意,积极配合调查工作,如实坦白违纪情况,认识深刻,认错态度好"符合《中国共产党纪律处分条例》第十七条第一款,按照第十九条规定,可免于党纪处分。

2.免予党纪处分与把纪律和规矩挺在前面是否矛盾?

把纪律和规矩挺在前面,是适应新形势下加强党的建设特别是党风廉政建设和反腐败斗争的现实需要,是从惩治少数腐败分子向用纪律管住大多数的发展,是从着力治标向标本兼治的深化。对组织忠诚、向组织坦白、主动向组织交代问题、申报个人有关事项,是党的政治纪律和政治规矩。对此类情形,免于党纪处分,是鼓励违纪者从主观出发,认识错误、改正错误,从标到本的一个自我教育的过程,是严守纪律和规矩的表现。同时,党的纪律有其严肃性和权威性,惩前毖后、治病救人是其重要作用。对主动交代问题等行为,免于党纪处分,有效地维护了党纪的严肃性和权威性。因此,免于党纪处分与把纪律和规矩挺在前面,不是矛盾的。

3.对于违纪问题有哪些处理方式?

对于违纪问题可采取组织处理、纪律处分或"双处理"等方式。

组织处理是指党组织按照干部管理权限,对涉嫌违犯党纪的党员干部,进行必要的岗位、职务调整的组织措施,如停职、调整、免职。同时,还可以根据实际采取批评教育、通报批评、降职、责令辞职、诫勉谈话等措施。

纪律处分是指党组织对违反党章和其他党内法规、违反国家法律、法规、违反党和国家政策、社会主义道德,危害党、国家和人民利益行为的党组织或个人,按照党内法规有关规定所做出的纪律处罚。对党员的纪律处分包括警告、严重警告、撤销党内职务、留党察看、开除党籍。对严重违犯党纪的党组织的纪律处理措施包括改组、解散。

（资料来源：http://www.ysxjjjc.gov.cn/gov/315/ciye/4076640314740001.html? nohlngdjmopphdbi? ekfkfcjeknophlno）

四、全面依法治国的基本格局

"科学立法、严格执法、公正司法、全民守法"十六字方针，展现了全面依法治国的基本格局。推进全面依法治国，必须从立法、执法、司法、守法四个方面统筹推进。

1. 科学立法

王灿发"揪心地奔走呼吁"

雾霾，冲击着中国人的眼睛、肺叶和心灵，每个人都真切感受到环保的紧迫和重要。而早在20年前，就已经有人预感到这一幕，为修改《大气污染防治法》奔走呼吁了。

"1995年修改《大气污染防治法》的时候，起草的修订草案非常严格，按照那个去通过法律的话，那我们可能就不会有那么严重的雾霾。"

说话的这个人叫王灿发，环境法专家，他说自己是专替地球说话的人，圆圆的脸上，最突出的是两撇浓重的八字眉，流露出替地球说话艰难不易的表情。因为环保总是与人们急切赚钱和发展的愿望相冲突，例如当年的《大气污染防治法》，在各地方、各部门利益博弈之后，令人心碎地流产了。

作为法学教授，王灿发确实在努力"吹"走污染，不靠肺活量，而靠推动我国环境法建设。他研究环境法，成立"污染受害者法律援助中心"、开通010-62267459的援助热线，培训律师、法官，参与环境法的制定和修改，给相关职能部门讲课……"教授很忙"是常态，但在所有冲突的日程中，他首选的必是参与立法。

王灿发说："环境公益诉讼的司法解释，我虽然那天有五个会，但我还是推掉两个去参加那个会，有的就说，那对于生态破坏的诉讼不能实行被告举证，那我一听这个，就赶快反驳，我说比如在内蒙挖煤，它要疏干地下水，水位就会下降，草原就会沙化，你要让牧民来证明草原的沙化是由于挖煤造成的，这可能吗？我说只能实行被告举证制。所以在这种情况下，我觉得我必须来参与这些立法的进程。"

（资料来源：http://shizheng.xilu.com/20141021/1000150003269881.html）

何山和《消费者权益保护法》

北京市西交民巷23号，全国人大常委会法工委的办公楼，记者见到了头发微白的何山。他在这座楼里与一部法律打了几十年的交道，那就是每个人在一生中都有可能遇到的《消费者权益保护法》。

记者：学生平时是不是也经常问您这方面问题？

何山：不仅是学生问，平时机关里很多人遇到消费纠纷，自己解决不了了也经常来找我。

如今，大部分人遭遇消费纠纷，都懂得利用《消费者权益保护法》保护自己。而在二十多年前，面对遍地假货，消费者却常常只能吃哑巴亏。

何山：消费者遇到的问题是什么，就是这些假货横行。特别是到了八十年代末，大商店、地摊上,假货可以说比比皆是,非常普遍。

这个问题怎么破?立法者何山冥思苦想了半年,悟出了这么一条道道:

何山:中国民间有一个缺一罚十的民间俗语,缺一两补一斤,把这个东西上升为法律就是惩罚性赔偿。

然而,把民间俗语变成法律条文并不容易。由于对"买到假货,该不该赔"的认识不同,《消费者权益保护法》通过前一个月,草案中都没有出现惩罚性赔偿的条款的内容。

何山:非常的不容易。因为这是个新的东西,别人说大陆法系没有这个啊,法律中没有这个东西啊。

何山至今清楚记得,1993年10月在一场激烈争论之后,最终一锤定音:

何山:多数意见是写上惩罚性赔偿,终于有了这么个好的开端了。

可是法律实施一年多后中,何山却陷入了焦虑:

何山:这个思想在法案中写得很明确,就是动员老百姓来知假买假。到1995年夏天,我就说这个法贯彻得不好,怎么还没有人来买假货呀?那种焦急的心情就像,自己的孩子生了病一样。

终于,何山按捺不住,亲自"以身试法"。1996年他从某商行买下两幅徐悲鸿的"画作",一个月后以"怀疑有假,特诉请保护"为由诉至北京市西城区法院,被称为"全国首例疑假买假诉讼案"。

何山:那个画,徐悲鸿的独马,纸都是黄的,做旧做得(很逼真)。最后店家都承认是假货,因为价钱在那儿呢。法院问调解不调解,我表示不调解,就要法院那张判决书。

何山执着想要的不是双倍赔偿,而是让老百姓明白这部法律真的可以维护他们的权利。

2013年,《消费者权益保护法》实施20年后大修,退休的何山又积极投入修改自己参与制定的法律。他很高兴有更多的"何山"参与立法,5000条网民意见被征集,甚至网店经营者代表被请进最高立法机关,"无理由退货"等新权益条款被写入法律,公众参与成为中国立法和必然选择和新常态。

(**资料来源**:http://china.cnr.cn/yaowen/201410/t20141020_516624199_1.shtml)

2. 严格执法

古代严格执法故事三则
"公与私"

汉顺帝时,苏章任冀州刺史。他的一个朋友在冀州境内的清河郡任太守,有人举报他贪赃枉法。接到举报后,苏章微服巡行到清河郡,查清了太守贪赃枉法的事情后,设立了行辕。太守前来拜见,苏章置酒摆宴,与他饮酒畅谈,太守满心高兴,得意地说:"人皆有一个天,我独有两个天。"苏章笑着说:"今晚我与故友饮酒,这是私情;明日我作为冀州刺史办案,那是公法,公与私是很难并论的。"一席话说得太守心惊肉跳。第二天,苏章果然秉公办事,召来冀州境内的郡守县令,列举了清河郡太守的条条罪状,后将他罢官论罪。苏章此举,使冀州境内大小官吏皆肃然起敬。

"赵绰断案"

隋朝初年,朝廷虽严令禁止,但仍有人在集市上使用劣币。一次,巡逻的将士逮住了使用劣币的人,隋文帝下令将那人处死。大理寺少卿赵绰说:"按照法律,这个人只该受杖刑。"文帝生气地说:"这事与你无关。"赵绰回答说:"陛下既然任命我为法官,这样草菅人命,怎能说与我无关呢?"文帝怒说:"一个人想撼大树,若见树不动,就该知趣地站到一边。"赵绰说:"我不想撼大树,只想维护朝廷的法律。"文帝大怒:"你若庇护此人,就不能保护自己,我先把你杀了。"赵绰面不改色地说:"陛下可以用忤旨的罪杀我,但决不可滥杀此人。"说完,赵绰走下朝堂,解开衣衫,准备受刑。这时候,隋文帝也想到杀赵绰太没道理,就对赵绰说:"你还有什么话说?"赵绰跪在地上,挺直了腰说:"臣一心执法,不怕一死。"文帝冷静下来后,觉得赵绰没错,于是赦免了他,并赐给他三百匹锦缎,以示褒奖。

"戴胄执法"

唐朝贞观年间,允许人们自报在隋朝的资历,对谎报资历的,唐太宗李世民下令:限期自首,否则以死罪论处。之后不久,一个叫柳雄的人谎报资历的事败露了,时任大理寺少卿的戴胄依法判其流放。唐太宗很生气,召见戴胄说:"我已颁发诏书,对谎报资历而不自首的人处以死刑,而你只判他流放。这不是明明告诉天下人,皇上说话不算数吗?"戴胄平静地说:"皇上如果抓到柳雄当场杀了,大理寺管不着,现在你既然把他交给大理寺,我就得依律判刑。"太宗大怒:"你守法,却让我失掉信用。"戴胄说:"法律是朝廷向百姓公布的最高信条,皇帝因一时喜怒惩罚他人,不应效尤,如今依法惩治柳雄,这是皇帝舍小信而存大信。是真正的取信于百姓啊!"唐太宗深感戴胄的良苦用心,遂收回了成命。

(**资料来源**:http://www.360doc.com/content/15/0511/07/15151924_469574166.shtml)

严格执法≠过度执法

案例一:2018年8月6日我平台以《涉县交通运管鸡蛋挑骨头乱罚款,想罚多少就罚多少》披露了涉县境内一运管过度执法,指着车上破了几个洞的篷布说是抛洒,张口就要罚款500元,司机好说歹说罚款降为200元。

案例二:2018年6月11日,《超宽被查处,货车司机彻底怒了:不叫咱老百姓活了!》一文中,路政人员声称超宽,需要接受处罚,而处罚原因则是因为由于路上颠簸,部分白菜叶子露出车厢外部。这令货车司机十分无奈。

2018年1月,《人民日报》就曾公开批评沈阳交警过度执法。而当时交警以号牌不清晰为由处罚该小车车主,而这辆车的号牌仅仅是有一些小的磕蹭,并不影响电子监控识别,甚至在经过多次截图,压缩之后仍能清晰地分辨出该号码牌。

从一个极端到另一个极端,执法者的态度实在令人"难以捉摸",公正执法为何那么困难呢?

《中华人民共和国行政处罚法》虽规定,"任何行政部门都没有权利私自处理罚没款,都要上交国库",但各地财政一般会按40%~50%的比例将罚没款返还给行政执法部门,有关部门再按照四六或五五的比例返还给各分支机构,此办法被俗称为"两次五五分成"。

从中我们看到,地方政府不给交通执法部门经费或所给经费很少,不足以维持部门生存,而是寄望于其创收;而执法单位创收多少与单位和领导的绩效考核挂钩,创收得越多,单位提成和政府财政返回得就越多,领导和员工的奖金、福利等也就越多;单位又将创收任务分解给每一个执法人员,并与个人奖金、福利、考核、提职加薪等挂钩。

(资料来源:https://www.sohu.com/a/256099255_679175)

3. 公正司法

司法公正与舆论

案例一:许某恶意取款案有了重审结果,许某被以盗窃罪判处五年有期徒刑,并处罚金两万元;相对于一审判决的无期徒刑,剥夺政治权利终身,并处没收个人全部财产而言,重审判决量刑要轻了很多。由于重审判决需首先逐级上报至最高人民法院,如果予以核准,即使许某提起上诉,之后的二审结果也极有可能是维持原判。网络媒体将此"蹦极"似的判决归结为"舆论监督力量"的胜利(许某律师语),而法院也出面解释了判决理由,社会舆论、司法界对重审结果似乎都甚为满意,沸沸扬扬的争论要在此妥协"双赢"的局面下暂时告一段落了。

民众据以立论的事实是经过伪饰和预设价值观的媒体事实,公众没能看到许某在第一次偶得之后的170次主动提款、携款潜逃、花销挥霍和不能归还的事实真相,善良的民众受到了媒体的误导。媒体不遗余力地描述了一个被天上掉下的馅饼砸中的无辜青年的故事,他偶拾银行巨款、苦苦等待失主问询、默默保护不意之财,结局却是被判无期。媒体报道追求的是轰动效应,有别于法律事实的媒体事实就是要让人一眼就看出愤怒,联想到之前银行的霸道劣迹,怀抱着仇强怜弱朴素正义情结的民众,出于思维习惯就将许某案浓缩为"无辜百姓冒犯恶霸财阀被依据恶法判处无期"的故事。于是,导致故事之中有了人民与敌人的分别,许某被接受为人民阵营中一分子,银行成了特殊利益集团,刑法被指立法不公。

(资料来源:https://wenku.baidu.com/view/c6868ee84b35eefdc9d33321.html)

4. 全民守法

守法是做人做事的本分

案例讲述人:李威,男,25岁,北京化工大学学生。

感悟:像遵守法律一样去遵守口头协议,就能体现出一个人诚信的品质。

2014年10月末,我和朋友到一处繁华的商业街吃饭。一个穿着红色运动衣的男孩拦住我们,伸手递过来一张健身中心的宣传单。这家健身中心位于一座大厦的顶楼,透过透明的玻璃顶能看到天空,四周落地玻璃窗能看到商业街和周围的办公楼。朋友开始和健身顾问唇枪舌剑地讨价还价。健身顾问开始开价很高,最终两人以2000元70次成交。50次放在正式的会员卡里,20次要用一张一张的"次卡"兑现。朋友正要付款时,健身顾问说,"月底了,只能先给你10张,剩下的明天才能给你"。听到这句话,朋友有些犹豫,起身准备离开,并和我耳语说:"我不信任他。"在我的劝说下,朋友付了款。走出健身中心,朋友道出了自己的疑虑。此前,她在另一家健身中心办卡,健身顾问隐瞒了马上要装修的事情。朋友交钱仅一个星期,健身中心开始施工。6个月后,健身中心以换了名字、换了老板为由,既不允许使用以前的健身卡,也不退款。她担心又被"忽悠"。

第二天,我接到朋友电话,得知健身中心另一位工作人员接待了她,并告诉她健身顾问今天放假都不在,"次卡"只能以后再说。"你看,他们开始耍花招了!"朋友有些愤怒。

第三天,朋友又来电话说,健身中心又以跟她签合同的顾问请假不在为由拒绝兑现承诺。"民法领域里有这么一句话,合同是当事人之间的法律!"朋友嘟囔着,语气烦躁!"但当时他和我只是口头协议,也没录音。合同里也没写清楚,连他签的名字都只是个代称。如果健身中心不认账怎么办?肯定说不清楚了,这次又栽了!"当时劝说她相信对方是不是错的?我心里也开始打鼓。"告诉你一个好消息!我今天碰到那个健身顾问了!你猜怎么着,他真的请假回家了,他真的把剩下那几张'次卡'给我了!"再接到这位朋友电话是一个月以后,从她的语气中不难听出,结果让她非常意外,也非常满意。心里一块石头落地,我又想起她说的那句话,"合同是当事人之间的法律"。在只有口头协议没有任何其他证明的时候,能像遵守法律一样去遵守口头协议,就能体现出一个人诚信的品质。如果每个人都能有这样的诚信,人们的心情也会变得更轻松,生活中也会少很多令人焦虑不安的事情。

案例讲述人:刘和义,男,31岁,北京律师。

感悟:社会之中的规则无处不有,而法律是社会交往的底线,若连底线都守不住,人生中的情感财富、物质财富恐怕都会失守。

2013年9月,我帮当事人打赢了一场劳动争议诉讼,对方当事人走下法院台阶时,朝我的当事人挥了挥手。"她的意思大概是,这辈子都不会再见面了。"我的当事人说,其实对方当事人曾是我当事人情同姊妹的同门师姐。两个人大学时学的都是软件工程专业,师姐毕业时正值电子商务发展的黄金时期,她自己创业,开办了一家网络密钥研发公司。师妹毕业时进入了互联网巨头公司。2009年,师妹收到了师姐伸出的"橄榄枝"。师姐邀请她到自己公司一同打拼,口头许诺每月一万余元的薪水、每笔生意5%的提成以及公司股份。想到读书时师姐曾陪伴自己熬夜做论文,还曾主动分享数据,生活上也曾多次关照,师妹欣然接受师姐邀请。然而,一个细节为日后埋下了隐患——双方仅有口头协议,没有签订劳动合同。师姐负责研发,师妹以自己在国际公司积累的人脉作为基础,负责市场销售。公司效益不断爬升,员工也增加到30多名。

一次意外成了两人关系的转折点。2011年5月,师妹在参加公司组织的会议中不慎摔倒致腿骨骨折,造成伤残。师妹想获得相关工伤补助,但是师姐却拖延不办,两人关系出现裂痕。5个月后,师妹怀孕,她没有收到师姐的祝贺,相反却仅收到一纸解除劳动关系通知。公司应给师妹的提成累计40余万元,也一拖再拖不予支付。两人协商不成,师妹为争取自己怀孕期间应有的合法权益,包括工伤待遇、产假工资等,诉诸法律,维权过程曲曲折折,其间经历两次劳动仲裁,提起两场诉讼,两次诉讼都经历了一审、二审程序。双方都用尽了法律手段。"师姐太了解我了,她知道我怀孕了,这就是故意气我。她是用尽手段拖延时间。"说这话时,我的当事人瞪大眼睛,面颊泛红。这话虽掺杂当事人猜想的成分,但也不难看出,她们的姐妹情分丧失殆尽。耗时两年的维权终于在2013年9月结束,当初约定的提成因没有相关证据,法院未予支持,除此以外,我的当事人其他请求均得到了法院的支持。听完法官判决,我靠在椅背上,心情复杂。我的当事人得到的,只是她应得的部分。几年下来,两方当事人早已身心疲惫,形同陌路。对方当事人为了这场官司,无暇经营;师妹当初带给公司的客户,也因这场官司而流失,公司日渐衰败。社会之中的规则无处不有,而法律是社会交往的底线,若连底线都守不住,人生中的情感财富、物质财富恐怕都会失守。

点评：不守法所带来的短暂利益，终究会是镜中花水中月。应该说，守法是做人做事的本分。经营者在经营时，应将"守法"作为企业一直坚持的最重要的底线，企业盈利是在"守法"的框架内实现的。只有坚持"守法"这条底线，才能在事业长久发展的同时，自身平安、家庭幸福。

（资料来源：http://legal.people.com.cn/n/2014/1122/c188502-26074342.html）

五、培养法治思维

1. 法治思维的含义

法治思维是指以法治价值和法治精神为导向，运用法律原则、法律规则、法律方法思考和处理问题的思维模式。

几个与法治思维有关的典型案例

在中国，商住房是一个比较特殊的现象，各个城市基本上都有。2017年，部分城市在继续住宅限购的同时，开始进行商住房整治，推行一系列政策，要求商住房恢复商住性质、不得作为住宅适用。这就涉及法理中的"法不溯及既往原则"。

杨氏婚后无法怀孕。在医生的建议下，夫妻决定做试管婴儿。但在合同签订之后，杨氏调养身体期间，老公出海打鱼失踪。医生根据卫计委相关规定，认为此时杨氏已为单身妇女，不能移植胚胎。最后，法院判决，医院需要履行合同。这里涉及上位法和下位法的效力原则问题。

丈夫拒绝签字导致孕妇胎儿死亡。该医院妇产科医生在3个小时的急救过程中，一方面请110紧急调查该孕妇的户籍，试图联系上她的其他家人；一方面上报了北京市卫生系统的各级领导，得到的指示为：如果家属不签字，不得进行手术。案件发生以后，展开了全国性的讨论，法律责任归于谁？其实应该归为医院的相关负责人，因为法律赋予他们紧急情况下的处置权。（详见戈含锋：《法律运用的误区与分析——拒签导致孕妇死亡事件再反思》，载《法治研究》，2010年第1期）

交警执法导致孕妇胎儿死亡。一个孕妇要生产了，找了一辆车，司机驾车飞快地向医院开去，由于超速被交警拦住了，一查，这个司机还没有驾照，严重违章。在这个过程中，由于互相纠缠，耽误了时间，孕妇胎儿死亡。交警虽然认为自己是严格执法，但他实际上不熟悉紧急避险制度。（详见刘作翔：《紧急避险：解决权利冲突的制度设计及刑民案例》，载《河北法学》，2014年）

北京大学撤销于艳茹博士学位案。这个案件的一审、二审判决都强调了正当程序原则。中国的文化传统没有程序意识，包括在日常的行政工作中，程序意识也比较缺乏。必须认识到，正当程序原则不仅仅是一个司法过程诉讼程序中的重要原则，在我们整个工作过程中，正当程序都是很重要的原则。

因此，法治思维的确立是以法制观念为前提的，而法制观念又以法律知识为基础，法律知识为塑造法制观念奠定基础。"有事情找律师，有事情找法院"的观点是有用的，但也有其局限性。守法是公民个人行为，如果公民对于法律知识不熟悉，就可能做出一些违法的事情，公民个人行为也可能受到一定的限制。一个人连自己有哪些权利都不知道，他就不知道去主张权利，这是一个简单的道理。内蒙古农民王力军玉米收购案，被判了一年有期徒刑，两年缓刑，并罚了两万块钱，由于不懂法，没有上诉，最后通过指定再审，加之粮食收购体制的改革，才被再审改判为无罪。所以，要强调法律知识的学习。

中国有成千上万的执法人员，执法行为遍布整个中国的城乡，如果执法人员的法律知识好一些，他可以在执法过程中解决很多比较有技术含量的问题。不仅仅是法律职业工作者要学习法律，其他各行各业都要学习法律，至少要学习和自己工作密切相关的法律，比如医院院长要学习《医疗机构管理条例》，才不至于在紧急情况下处置无措；如果不学习、不熟悉相关法律规定，一旦出了问题，就要承担责任，因为没有履行法律赋予的责任和义务，严重地讲是失职。政府在日常工作中经常会出台一些政策，如果不知道法律怎么规定的，出台的政策就可能和法律相冲突，就可能制造新的社会矛盾。

（资料来源：http://www.360doc.com/content/19/0206/15/15710918_813347471.shtml）

法律与成本

一位校友在德国留学期间，在一家图书馆，钱包被扒手窃走，包里有20欧元。他不准备报警，可是图书馆的保安却报了警，不到5分钟，一位女警察赶到现场，问了情况，便请他做笔录。女警察说："图书馆的自动安全系统已经录下了小偷的容貌，警察局今天就可以将小偷的照片张贴到全区各个警察局。如果仍找不到小偷，我们会把录像带送电视台反复播放，直到破案为止。""我看算了，只有20欧元，不必兴师动众。即使抓到了小偷，所花费的代价也太大了。"他对女警察说。"不！我们是警察，不是商人，只有商人才讲值不值，而法律的尊严不能用金钱衡量。小偷触犯了法律，就必须受到法律的惩罚。"女警察严厉地说。结果，当电视台播出小偷偷钱录像的第二天，小偷就落网了。

短评： 不计法律成本的国家和地区，付出的成本反而小，而报案难或不愿报案的国家或地区，往往要付出更大的代价。

（资料来源：http://www.hbfxh.com/Home/ShowArticle/e9b0c5d9775247f2a4bd22826526d3ab）

两难抉择

有一个法院在公务员面试的时候向考生提出了一个问题：如果你母亲和你女朋友同时掉到河里，你只能救一个人，请问你会救谁？为什么？

对于这个大家耳熟能详的问题，看起来似乎很难回答，但又似乎很容易回答。说这个问题难，是因为在现实中，如果真的遇到这个情况，你真的是很难做出选择的，而且如果问你这个问题的是你的女朋友，那你就更难答了。

当然，也有一些人比较聪明，回答了一些似乎是两头都不得罪的答案，比如，我会选择救离我比较近的那个人；我会选择救我的母亲，然后跳到河里跟我的女朋友共赴黄泉云云。正如前文所说，少数人最后选择了模棱两可的回答，而剩下的大多数，则回答说先救自己的母亲，而在问及为什么这样做的时候，大多数都是大义凛然回答说：母亲怀胎十月，育我二十多年，这份情谊，何人能比。当然，也有些头脑更聪明的人是这样回答的：救母亲代表我选择了社会公义，救女朋友则代表我选择了个人私利，面对社会公义与个人私利的抉择，我应该当然的选择公义。

第七章
法的相关理论

但从法律的角度来讲,我们只能有一种思维方式,那就是法律思维,他的核心就是忠实于法律。因此,我们的回答也只能是一种:根据婚姻与家庭继承法的有关规定,家庭成员之间存在互相救助的强制义务,受法律所保护;而你与女朋友之间则只是一种单纯的情感关系,并不受法律的直接保护。因此如果你没有履行这种对母亲的救助义务,对落水的母亲视而不见,只是去救你的女朋友,根据刑法的有关规定,你的行为将有可能构成违反法定义务情况下的间接故意杀人罪。作为一名法官,你必须遵循法律,所以你只能救你的母亲。

(资料来源:https://wenku.baidu.com/view/60f65b156c175f0e7cd13785.html)

2. 法治思维的基本内容

法律至上:法律至上是指在国家或社会的所有规范中,法律是地位最高、效力最广、强制力最大的规范。

《绿皮车"无烟诉讼"案宣判:法院判决铁路局在相关列车取消吸烟区》

2017年6月9日,刚考入大学的李华从北京乘坐哈尔滨铁路局运营的K1301次列车到天津旅游。因为想有个好的乘车环境,她选择了有空调的软卧车厢。在车厢内,李华闻到浓浓的烟味。她发现,虽然乘客是在车厢连接处的吸烟区抽烟,但烟味弥漫到了整个车厢,列车上不但无人劝阻抽烟行为,列车工作人员也在列车上吸烟。

李华于是将铁路局诉至法院,她认为,列车禁烟是大势所趋,吸烟者即便是在火车车厢连接处吸烟,二手烟也会对非烟民的乘客造成影响。铁路方面则表示,在普速列车、长途慢车等"绿皮车"设吸烟区,是对烟民乘客一种"人性化"的管理措施。

该案于2017年12月在北京市铁路运输法院开庭审理。法院对案件进行一审宣判。法院认为,哈尔滨铁路局具有承运人义务,设置吸烟区必然导致车内环境降低,尽管设置在通风处,但烟依然会飘散到列车其他地方,此外,该列车是全车禁烟,设置吸烟区的行为违法,法院对李华的上述诉讼请求予以支持。最终法院判决哈尔滨铁路局30日内在K1301次车上取消吸烟区并拆除烟具。

(资料来源:https://www.sohu.com/a/237674289_114988)

权力制约:法律是约束权力最大的笼子,也就是要把权力关进笼子里。在我国,国家权力是人民的,即一切权力为民所有;国家权力是为人民服务的,一切权力为民所用。

四川省政府原党组成员、副省长彭宇行因严重违纪违法受到开除党籍、政务撤职处分

经中共中央批准,中央纪委国家监委对四川省政府原党组成员、副省长彭宇行严重违纪违法问题进行了立案审查调查。经查,彭宇行毫无"四个意识"和党性原则,丧失了一名党的高级干部的政治忠诚和政治觉悟;违反中央八项规定精神,违反规定拆分团组出国并借机旅游,违规组织、参加用公款支付的宴请和住宿接待,接受可能影响公正执行公务的宴请,超标准乘坐交通工具;以权谋私,收受他人财物,侵吞公共财物;违规干预项目立项评审活动;道德败坏,追求低级趣味,大搞权色、钱色交易。

彭宇行的行为已违反党的纪律并构成职务违法,且在党的十八大后不收敛、不收手,应予严肃处理。同时,鉴于彭宇行能够如实交代违纪违法问题且部分问题组织之前不掌握,积极上交违纪违法所得,认错悔错态度较好,可予从轻、减轻处理。依据《中国共产党纪律处分条例》《中华人民共和国监察法》等有关规定,经中央纪委常委会会议研究并报中共中央批

163

准，决定给予彭宇行开除党籍处分；由国家监委给予其政务撤职处分，降为四级调研员；免去其第十一届中共四川省委委员职务；终止其党的十九大代表、四川省第十一次党代会代表资格；收缴其违纪违法所得。

（**资料来源**：中央纪委国家监委网站）

公平正义：社会的政治利益、经济利益和其他利益在全体社会成员之间合理、公平分配和占有。公平正义主要包括权利公平、机会公平、规则公平和救济公平。

劳动法对劳动者倾斜保护

……

第三十七条　劳动者提前三十日以书面形式通知用人单位，可以解除劳动合同。劳动者在试用期内提前三日通知用人单位，可以解除劳动合同。

第四十七条　经济补偿按劳动者在本单位工作的年限，每满一年支付一个月工资的标准向劳动者支付。六个月以上不满一年的，按一年计算；不满六个月的，向劳动者支付半个月工资的经济补偿。

权利保障：对公民权利的法律保障，具体包括公民权利的宪法保障、立法保障、行政保护和司法保障。

被告人除自己行使辩护权外，有权委托律师作为辩护人

适用简易程序、速裁程序审理的案件，被告人没有辩护人的，人民法院应当通知法律援助机构派驻的值班律师为其提供法律帮助。

——摘自2017年10月《最高人民法院司法部关于开展刑事案件律师辩护全覆盖试点工作的办法》

正当程序：做一件事情，往往需要按照一定的程序，只有按照程序做，才能防止主观任性、无序混乱。表现在程序的合法性、中立性、参与性、公开性、时限性等方面。

我们为什么要坚持程序正义

"好人蒙冤"的时候要不要坚持程序正义？

2018年8月27日，江苏省昆山市一宝马车与电动车发生交通事故后，车中一花臂男子"龙哥"下车持刀砍向电动车骑车人。在争斗中"龙哥"的砍刀不慎落地，随后被骑车人抢到反向追砍"龙哥"，最终致其死亡。

这起案件令舆论一时大哗，这是因为在当时的法律下，进入了起诉程序后，骑行人显然将要被判有罪，法律中的正当防卫判定非常严苛，非常不利于防卫者，网友对骑行者最终将面临的判罚都很悲观。最终，在巨大的舆论压力之下，检察机关提前介入侦查，并由公安机关宣布骑行者属于正当防卫，依法不追究刑事责任。

这是一个令人拍手称快的处理结果，好似是包青天转世，好人终于得救了一般。但是，这样的处理方式合适吗？检察机关提前介入调查目前还没有直接、明确的法律条文依据。这个案件之所以会采用这样的方式，显然也是因为公检机关与网友的判断一致：一旦进入刑事起诉程序之后，在现行的法律框架下无法公平解决这个案件。检察机关提前介入，就好像是给法律流程开了个口子。但是这个口子一旦开了，可以用来救人，难道就不可以用来杀人吗？

从个案来看,似乎不论用什么方式,只要救下了骑行人,就从结果上追求到了公正,即"结果正义"、皆大欢喜。但是现代社会,我们要有宏观意识和整体视角,放眼我们国家无数的刑事案件来看,我们是否总能够一眼就判断出事实真相?每个案件都是不同的:昆山反杀案的全程都被摄像头监控了,因此,我们才清楚地了解到案件的过程,但还有许许多多的案件没有记录,甚至反杀者本身可能就是无恶不作的坏人,又或者案件沉寂多年过往难以追溯,证据难以获取。这时,我们在没有录像的情况下还能否一眼看清事实真相?再者说,每个人对正义的定义都是不同的,同一个判决,不同人也持有不同的观点。也正是因为如此,我们才要尽可能地制定一个相对完备的法律体系,我们只是去判断这个体系是否公正,即程序是否正义,而对所有的案件都一视同仁地适用,在执行中无限地追求程序正义。这并不是说结果正义不重要,而是结果正义难以达到,我们只能用一个相对正义的程序去努力追求结果正义罢了,而如果连程序正义都不追求了,我们怎么敢相信在这样的程序下获得的结果是正义的?

3. 尊重和维护法律权威

拒绝越狱的苏格拉底

公元前399年,古希腊雅典的公民墨勒图斯等三人突然向公民法庭提出指控:享有盛誉的哲学家苏格拉底,引进其他新的神祇,亵渎雅典城邦所信奉的神明,蛊惑、腐化青年人并使之误入歧途,请求法庭对之处以死刑。两项罪名中最为严重的是亵渎雅典神灵,这项指控,实际是说苏格拉底不信神或只相信他自己发明的神灵,而不相信国家认可的诸神,这当然遭到了当时雅典权贵以及普通公民的严重不满。在五百雅典公民陪审团组成的法庭上,经过一番激烈的辩驳,墨勒图斯等人引用当时雅典荒诞不经的法律,并且说服了法官和雅典公民,将苏格拉底送进监狱并宣判其死刑。

苏格拉底遭到的死刑判决,很大程度缘于古代雅典特有的司法制度。古雅典法院系统经过了复杂的演化,从最早的"阿留帕克"(有审判权的民族贵族权力机关)到后来负责刑事案件的埃菲特法院,即"51人委员会",各具特色。其中,最具民主特色的是"陪审法院",该"法院"实行陪审团制度,这大约是梭伦改革以后逐渐形成的,被认为是最具民主特色的制度。"陪审法院"是雅典最重要的司法机关,负责有关国事罪、渎职罪的审判,同时也是其他法院判决案件的上诉上级,雅典公民如对初审不满,有向陪审法院申诉的权利。陪审团的规模相当庞大,是由每年抽签选出的人员,代表了不同的阶层,是人民参与司法的一种途径,因此,司法的程序本质上是非专业的,司法裁判更多是诉诸公民的"公共理性"。对苏格拉底的指控,正是被提交给由普通公民组成的"陪审法院",作为杰出的思想家、哲学家,苏格拉底的很多言论,自然与很多普通公民的传统观念形成冲突,代表广大公民的陪审团做出有罪的判决也就不足为奇了。

在等待行刑的这段时间里,苏格拉底的许多学生和朋友们,络绎不绝地前来监狱看望他,交谈中,大家都认为当时的雅典法律荒谬无理,做出裁判的法庭更是缺乏公正,根据荒诞的法律判处苏格拉底死刑简直是有悖天理,因此,遵守这样的法律判决,引颈受刑,简直是迂腐透顶。特别是他的学生兼好友克里同,更是愤愤不平,他悄悄地对苏格拉底说,学生和朋友们已经决定帮助他越狱,而且监狱内外一切均已安排妥当,只要苏格拉底同意,他们马上就可以帮助其实施越狱，很快就能够远走高飞，避开即将到来的不公正的严苛刑罚。

令众人感到十分意外的是，苏格拉底拒绝了越狱的建议。苏格拉底说，他虽然与克里同一样认为当时雅典的法律有很多荒诞不经之处，但他决不能同意朋友们提出不公正的法律就可以不遵守的观点。苏格拉底继续说道：雅典的"法官们"依据不公正的法律对他做出的有罪判决当然是不公正的，但是，自己如果通过越狱的方式来逃避法律的制裁，难道就正当了？如果大家都以法律不公正为由进而拒绝服从法官的裁判，无视法律的权威，岂不是要天下大乱？基于这些理由，苏格拉底毅然决定继续留在监狱，接受法庭做出的死刑处罚。

两千多年前，苏格拉底以自己的宝贵生命维护了雅典"法律"的权威，表达了他所憧憬的法治理想。

（资料来源：http://cppcc.people.com.cn/n1/2016/0112/c34948-28039476.html）

4.培养法治思维

学习法律知识，掌握法律方法，参与法律实践，养成守法习惯，守住法律底线。

六、宪法及公民的基本权利与义务

1.宪法是国家的根本法

近代意义的宪法

近代意义的宪法，是17至18世纪资产阶级革命取得胜利的产物。这一时期具有代表性的资本主义宪法是英国宪法、美国宪法和法国宪法。

英国是资产阶级革命最先发生的国家，也是最早实行宪政的国家。但在法律的形式上，英国宪法没有形成统一完整的宪法法典，而是由各个时期陆续颁布的宪法性法律文件和形成的宪法惯例所构成的。尽管当时的英国宪法是典型的不成文宪法，但它揭开了世界宪政运动的序幕，不愧是近代宪法的先驱。

资本主义国家第一部成文宪法是美国宪法。它以《独立宣言》为先导，于1787年在费城制定。它在世界上第一次宣布了共和国制度的诞生，并确立了一系列资产阶级民主原则，为许多后起的资本主义国家所效仿。

法国宪法是欧洲大陆第一部成文宪法，它以《人权宣言》为其序言，在宪法史上具有深远的影响。它实行的议会制，既不同于美国的总统制，又与英国的君主立宪制相区别。

世界上最早出现的社会主义类型的宪法是1918年的苏俄宪法。它把人类历史上第一个无产阶级专政的社会主义国家的根本制度和基本原则，用法律的形式固定下来，对以后的社会主义国家的立宪活动起了指导的作用。从此宪法就有了两种历史类型的划分，即资本主义宪法和社会主义宪法。

（资料来源：https://wenku.baidu.com/view/20768166640e52ea551810a6f524ccbff121caff.html）

宪法日的由来

12月4日，是中国的"宪法日"。之所以确定这一天为"宪法日"，是因为中国现行的宪法，在1982年12月4日正式实施。宪法是国家的根本大法，是不可或缺的，将宪法实施日定为"宪法日",意义十分重大。

历届主题:

2014 年:弘扬宪法精神,建设法治中国。

2015 年:弘扬宪法精神,推动创新、协调、绿色、开放、共享发展。

2016 年:大力弘扬法治精神,协调推进"四个全面"战略布局。

2017 年:学习贯彻党的十九大精神,维护宪法权威。

2018 年:尊崇宪法、学习宪法、遵守宪法、维护宪法、运用宪法。

2019 年:弘扬宪法精神,推进国家治理体系和治理能力现代化。

(资料来源:https://baike.baidu.com/item/%E5%9B%BD%E5%AE%B6%E5%AE%AA%E6%B3%95%E6%97%A5/15952728?fr=aladdin)

我国宪法的形成和发展

1949 年,通过了具有临时宪法作用的《中国人民政治协商会议共同纲领》。

1954 年,第一届全国人大一次会议通过了《中华人民共和国宪法》。

1982 年 12 月 4 日,五届全国人大五次会议通过了《中华人民共和国宪法》。

1988 年、1993 年、1999 年、2004 年,全国人大分别对我国宪法个别条款和部分内容做出必要的也是十分重要的修正,使我国宪法在保持稳定性和权威性的基础上紧跟时代前进步伐,不断与时俱进。

2018 年 3 月,十三届全国人大一次会议根据党的十九届二中全会提出的建议,审议通过了《中华人民共和国宪法修正案》。

2. 我国的实体法律部门

(1)宪法

宪法包括宪法、国家机关组织法、选举法和代表法、国籍法、国旗法、特别行政区基本法、民族区域自治法、公民基本权利法、法官法、检察官法、立法法和授权法。

毁损国旗案

2018 年 2 月 9 日 23 时许,一名男子在舞狮表演过程中用国旗当红布摆放祭品,并多次践踏国旗。近日,广东省广宁县人民法院对这起案件依法公开审理,被告人钟某因犯侮辱国旗罪,被判处有期徒刑 6 个月。

2017 年 10 月 3 日至 10 月 6 日晚间,吴某某携带剪刀至天津市河西区两小区内,剪破、损毁悬挂于各楼栋门前的中华人民共和国国旗,并将部分损毁的国旗、旗杆丢弃在小区道路及垃圾桶等处。后经统计,被损毁的国旗共计 66 面。同年 12 月,天津市河西区人民法院对该市首例侮辱国旗罪案进行公开宣判。法院审理认为,被告人吴某某在公共场合以剪刀剪坏、损毁中华人民共和国国旗,其行为已构成侮辱国旗罪。法院以侮辱国旗罪判处吴某某有期徒刑两年。

2017 年 10 月 22 日,青海省门源县公安机关发现,微博发帖"青海门源的某餐厅把国旗裁一半做门帘"引起了网友的广泛关注和热议,在社会中造成了不良影响。此后,马某某因侮辱国旗被公安机关处以行政拘留 15 日的处罚。

法律解读:《中华人民共和国国旗法》第三条规定:国旗是中华人民共和国的象征和标

志。每个公民和组织,都应当尊重和爱护国旗;第十九条规定:在公共场合故意以焚毁、毁损、涂画、玷污、践踏等方式侮辱国旗的,依法追究刑事责任。

(资料来源:https://www.sohu.com/a/340385316_120207617)

(2)行政法

行政法包括国家安全法、城市居民委员会组织法、村民委员会组织法、监狱法、土地管理法、高等教育法、食品卫生法、药品管理法、海关法。

具体行政行为和抽象行政行为

某市原有甲、乙、丙、丁四家定点屠宰场,营业执照、卫生许可证、屠宰许可证等证照齐全。1997年国务院发布《生猪屠宰管理条例》,该市政府根据其中确认并颁发定点屠宰标志牌的规定发出通告,确定只给甲发放定点标志牌。据此,市工商局将乙、丙丁三家屠宰场营业执照吊销,卫生局也将卫生许可证吊销。乙、丙、丁三家屠宰场对此不服,找到市政府,市政府称通告属于抽象行政行为,需遵守执行。三家屠宰场遂提起行政诉讼。

问题:①市政府的通告属于何种类型的行政行为?理由是什么?

②谁是此案的被告?理由何在?

③此案乙、丙、丁是否有权提起行政诉讼?理由是什么?

④颁发定点屠宰标志牌属于何种性质的行为,工商局、卫生局能否据此吊销乙、丙的执照许可证?

解析:①市政府的通告属于具体行政行为。本案中市政府发布的通告,明确只给甲发放定点标志牌,而该市原仅有甲、乙、丙、丁四家定点屠宰场,这就意味着剥夺了乙、丙、丁三家屠宰场的屠宰资格。可见,该通告是针对定点屠宰这一特定的事和甲、乙、丙、丁这一特定的人做出的,侵害了乙、丙、丁三家屠宰场的公平竞争权,属于典型的具体行政行为。

②市政府、市工商局、市卫生局均可成为本案的被告。依《最高人民法院关于〈行政诉讼法〉若干问题的解释》第13条第(一)项可知,公民、法人或其他组织可以对涉及其相邻权或者公平竞争权的具体行政行为提出行政诉讼,由于市政府的行为是具体行政行为且直接侵犯了乙、丙、丁的利益,故乙、丙、丁均可依据《行政诉讼法》第25条第1款的规定,以市政府为被告提起行政诉讼。依《行政诉讼法》第11条第1款第(一)项规定,乙、丙、丁可以市工商局、市卫生局为被告提起行政诉讼。

③乙、丙、丁可以提起行政诉讼。理由如上题所述。

④颁发定点屠宰标志牌是行政许可行为,具体而言是属于资格许可行为,即赋予行政相对人从事某种活动的资格的许可。既然颁发定点屠宰标志牌的行为是资格许可行为,未获得该牌的企业就不得从事生猪屠宰的经营活动,市工商局、市卫生局就有权据此吊销其执照与许可证。但本案中,由于市政府的行为违法,所以,工商局、卫生局就不得据此吊销乙、丙、丁的执照与许可证。

(资料来源:https://wenku.baidu.com/view/59b957d882c4bb4cf7ec4afe04a1b0717ed5b352.html)

(3)民法典

民法典,就是对我国现行的、制定于不同时期的民法通则、物权法、合同法、担保法、婚姻法、收养法、继承法、侵权责任法和人格权方面的民事法律规范进行全面系统的编订纂修,形成一部具有中国特色、体现时代特点、反映人民意愿的民法典。

《民法典》五十问

1.问:胎儿尚未出生,父亲因车祸不幸身亡,胎儿是否有权继承父亲的遗产?

答:胎儿有继承权。

《民法典》第十六条规定,涉及遗产继承、接受赠与等胎儿利益保护的,胎儿视为具有民事权利能力。但是,胎儿娩出时为死体的,其民事权利能力自始不存在。第一千一百五十五条规定,遗产分割时,应当保留胎儿的继承份额。胎儿娩出时是死体的,保留的份额按照法定继承办理。

2.问:小刚尚年幼,家人因为新冠肺炎疫情被隔离,谁来照顾他?

答:居民委员会、村民委员会或者民政部门。

《民法典》第三十四条规定:因发生突发事件等紧急情况,监护人暂时无法履行监护职责,被监护人的生活处于无人照料状态的,被监护人住所地的居民委员会、村民委员会或者民政部门应当为被监护人安排必要的临时生活照料措施。

3.小刘7岁时,将父亲送给他的一块手表卖给了二手商店,其父母能要求退回吗?

答:父母可以要求退回。

《民法典》第二十条规定,不满八周岁的未成年人为无民事行为能力人,由其法定代理人代理实施民事法律行为。

4.13岁的小刚在妈妈网购时偶尔看到付款密码,他用妈妈的手机看直播,一时冲动私自给主播打赏8万元,妈妈事后发现,能追回打赏吗?

答:要求退回打赏有法律依据。

《民法典》第十九条规定,八周岁以上的未成年人为限制民事行为能力人,实施民事法律行为由其法定代理人代理或者经其法定代理人同意、追认;但是,可以独立实施纯获利益的民事法律行为或者与其年龄、智力相适应的民事法律行为。

第一百四十五条规定,限制民事行为能力人实施的纯获利益的民事法律行为或者与其年龄、智力、精神健康状况相适应的民事法律行为有效;实施的其他民事法律行为经法定代理人同意或者追认后有效。

相对人可以催告法定代理人自收到通知之日起三十日内予以追认。法定代理人未作表示的,视为拒绝追认。民事法律行为被追认前,善意相对人有撤销的权利。撤销应当以通知的方式作出。

5.小花遭父亲虐待,父亲被法院撤销监护权后,有义务继续付抚养费吗?

答:有。

《民法典》第三十七条规定:依法负担被监护人抚养费、赡养费、扶养费的父母、子女、配偶等,被人民法院撤销监护人资格后,应当继续履行负担的义务。

6.网购商品用快递送达,商品在快递途中、签收之前毁损的风险谁承担?

答:卖家。

《民法典》第五百一十二条规定,通过互联网等信息网络订立的电子合同的标的为交付商品并采用快递物流方式交付的,收货人的签收时间为交付时间。第六百零四条规定,标的物毁损、灭失的风险,在标的物交付之前由出卖人承担,交付之后由买受人承担,但是法律另有规定或者当事人另有约定的除外。

7.小兰租房期间,房东把房子卖了,小兰与原房东的租赁合同还有效吗?

答:有效。

《民法典》第七百二十五条规定,租赁物在承租人按照租赁合同占有期限内发生所有权变动的,不影响租赁合同的效力。

8.小周想在租的房子合同到期后继续租,有其他房客来看房,这时小周有什么权利?

答:相同条件下,小周有优先承租权。

《民法典》第七百三十四条规定,租赁期限届满,房屋承租人享有以同等条件优先承租的权利。

9.小王在签合同时没认真看格式条款,对方也未做出说明,事后小王觉得自己遭遇"霸王条款",相关条款有效吗?

答:若涉及与小王有重大利害关系的条款,可以主张格式条款不成为合同的内容。提供格式条款一方不合理地免除或者减轻其责任、加重对方责任、限制对方主要权利等情形下,格式条款无效。对格式条款有两种以上解释的,应当作出不利于提供格式条款一方的解释。

《民法典》第四百九十六条规定,格式条款是当事人为了重复使用而预先拟定,并在订立合同时未与对方协商的条款。采用格式条款订立合同的,提供格式条款的一方应当遵循公平原则确定当事人之间的权利和义务,并采取合理的方式提示对方注意免除或者减轻其责任等与对方有重大利害关系的条款,按照对方的要求,对该条款予以说明。提供格式条款的一方未履行提示或者说明义务,致使对方没有注意或者理解与其有重大利害关系的条款的,对方可以主张该条款不成为合同的内容。

第四百九十七条规定,有下列情形之一的,该格式条款无效:

(一)具有本法第一编第六章第三节和本法第五百零六条规定的无效情形;

(二)提供格式条款一方不合理地免除或者减轻其责任、加重对方责任、限制对方主要权利;

(三)提供格式条款一方排除对方主要权利。

第四百九十八条规定,对格式条款的理解发生争议的,应当按照通常理解予以解释。对格式条款有两种以上解释的,应当作出不利于提供格式条款一方的解释。格式条款和非格式条款不一致的,应当采用非格式条款。

第五百零六条规定,合同中的下列免责条款无效:

(一)造成对方人身损害的;

(二)因故意或者重大过失造成对方财产损失的。

10.小芳12岁时遭到性侵,她后来学了更多法律知识,20岁时想起诉索赔,诉讼时效过了吗?

答:未成年人遭受性侵害的诉讼时效,自受害人满18周岁起算。

《民法典》第一百八十八条规定,向人民法院请求保护民事权利的诉讼时效期间为三年。

法律另有规定的,依照其规定。

《民法典》第一百九十一条规定,未成年人遭受性侵害的损害赔偿请求权的诉讼时效期间,自受害人年满十八周岁之日起计算。

11. 一条宠物狗与主人走失,被小张收留并悉心照顾,数天后狗主人来领,小明可以向狗主人要饲养费吗?

答:可以。

《民法典》第九百七十九条规定,管理人没有法定的或者约定的义务,为避免他人利益受损失而管理他人事务,可以请求受益人偿还因管理事务而支出的必要费用;管理人因管理事务受到损失的,可以请求受益人给予适当补偿。管理事务不符合受益人真实意思的,管理人不享有前款规定的权利;但是,受益人的真实意思违反法律或者违背公序良俗的除外。

12. 前男友长期打骚扰电话,使小芳心烦意乱,无法正常安宁生活,算不算侵犯隐私?

答:私人生活安宁属于隐私。

《民法典》第一千零三十二条规定,自然人享有隐私权。任何组织或者个人不得以刺探、侵扰、泄露、公开等方式侵害他人的隐私权。

隐私是自然人的私人生活安宁和不愿为他人知晓的私密空间、私密活动、私密信息。

第一千零三十三条规定,除法律另有规定或者权利人明确同意外,任何组织或者个人不得实施下列行为:

(一)以电话、短信、即时通讯工具、电子邮件、传单等方式侵扰他人的私人生活安宁;

(二)进入、拍摄、窥视他人的住宅、宾馆房间等私密空间;

(三)拍摄、窥视、窃听、公开他人的私密活动;

(四)拍摄、窥视他人身体的私密部位;

(五)处理他人的私密信息;

(六)以其他方式侵害他人的隐私权。

13. 小张在餐厅吃饭,服务员误将他人点的一道菜上给他,小张明知上错菜仍然吃完,服务员发现后,可否让小张付钱?

答:可以,小张的行为属于不当得利。

《民法典》第九百八十七条规定,得利人知道或者应当知道取得的利益没有法律根据的,受损失的人可以请求得利人返还其取得的利益并依法赔偿损失。

14. 针对一些旅客不配合安检、"买短乘长""霸座"等行为,《民法典》有哪些规定?

答:《民法典》第八百一十五条规定,旅客应当按照有效客票记载的时间、班次和座位号乘坐。旅客无票乘坐、超程乘坐、越级乘坐或者持不符合减价条件的优惠客票乘坐的,应当补交票款,承运人可以按照规定加收票款;旅客不支付票款的,承运人可以拒绝运输。

第八百一十九条规定,承运人应当严格履行安全运输义务,及时告知旅客安全运输应当注意的事项。旅客对承运人为安全运输所作的合理安排应当积极协助和配合。

15. 小刘参加了一场单位组织的足球比赛,和对方球员发生规则范围内的碰撞,导致脚踝骨折,他可以向对方请求赔偿吗?

答:《民法典》确立了"自甘风险"规则,若对方非故意且无重大过失,不得请求赔偿。

《民法典》第一千一百七十六条规定，自愿参加具有一定风险的文体活动，因其他参加者的行为受到损害的，受害人不得请求其他参加者承担侵权责任；但是，其他参加者对损害的发生有故意或者重大过失的除外。

16.小李发现有人在某网络平台上发自己患艾滋病的虚假信息，他能要求平台删帖吗？

答：可以搜集侵权的初步证据，通知网络平台删帖。

《民法典》第一千一百九十五条规定，网络用户利用网络服务实施侵权行为的，权利人有权通知网络服务提供者采取删除、屏蔽、断开链接等必要措施。通知应当包括构成侵权的初步证据以及权利人的真实身份信息。

网络服务提供者接到通知后，应当及时将该通知转送相关网络用户，并根据构成侵权的初步证据和服务类型采取必要措施；未及时采取必要措施的，对损害的扩大部分与该网络用户承担连带责任。

权利人因错误通知造成网络用户或者网络服务提供者损害的，应当承担侵权责任。法律另有规定的，依照其规定。

17.小陈在人行道上正常行走，结果被身后驶来的一辆自行车撞伤，对方意图逃走，周围又没有摄像头，小陈可否扣留对方的自行车？

答：《民法典》规定了"自助行为"制度，小明可以在必要范围内采取扣留侵权人的财物等合理措施，但是应当立即请求有关国家机关处理。

《民法典》第一千一百七十七条规定，合法权益受到侵害，情况紧迫且不能及时获得国家机关保护，不立即采取措施将使其合法权益受到难以弥补的损害的，受害人可以在保护自己合法权益的必要范围内采取扣留侵权人的财物等合理措施；但是，应当立即请求有关国家机关处理。

18.小刘在小区中散步时，被从居民楼落下的一扇窗户砸伤，物业是否有责任？

答：若物业未采取必要安全保障措施，应承担责任。

《民法典》第一千二百五十四条规定，禁止从建筑物中抛掷物品。从建筑物中抛掷物品或者从建筑物上坠落的物品造成他人损害的，由侵权人依法承担侵权责任；经调查难以确定具体侵权人的，除能够证明自己不是侵权人的外，由可能加害的建筑物使用人给予补偿。可能加害的建筑物使用人补偿后，有权向侵权人追偿。物业服务企业等建筑物管理人应当采取必要的安全保障措施防止前款规定情形的发生；未采取必要的安全保障措施的，应当依法承担未履行安全保障义务的侵权责任。发生本条第一款规定的情形的，公安等机关应当依法及时调查，查清责任人。

19.亲属、近亲属和家庭成员的范围如何界定？

答：《民法典》第一千零四十五条规定，亲属包括配偶、血亲和姻亲。配偶、父母、子女、兄弟姐妹、祖父母、外祖父母、孙子女、外孙子女为近亲属。配偶、父母、子女和其他共同生活的近亲属为家庭成员。

20.小张将自己养的宠物狗遗弃，这条狗流浪期间咬伤他人，小张是否承担责任？

答：小张应当承担责任。

《民法典》第一千二百四十九条规定，遗弃、逃逸的动物在遗弃、逃逸期间造成他人损害

第七章
法的相关理论

的,由动物原饲养人或者管理人承担侵权责任。

21. 小马路遇一儿童落水,奋勇跳入水中救人,救起儿童的过程中造成其局部挫伤,小马要为此赔偿吗?

答:不需要。

《民法典》第一百八十四条规定:因自愿实施紧急救助行为造成受助人损害的,救助人不承担民事责任。

22. 小张遇一男子正对女子施暴,阻止施暴男子过程中致对方受伤,是否需要赔偿?

答:合理限度内造成的伤害不需要赔偿。

《民法典》第一百八十一条规定,因正当防卫造成损害的,不承担民事责任。正当防卫超过必要的限度,造成不应有的损害的,正当防卫人应当承担适当的民事责任。

23. 若小张阻止施暴男子过程中,自己的名牌眼镜被对方打坏,如何索赔?

答:可以直接向施暴男子索赔,若施暴男子逃跑或无力赔偿,被救女子应适当补偿。

《民法典》第一百八十三条规定,因保护他人民事权益使自己受到损害的,由侵权人承担民事责任,受益人可以给予适当补偿。没有侵权人、侵权人逃逸或者无力承担民事责任,受害人请求补偿的,受益人应当给予适当补偿。

24. 一37岁单身男子有性侵少女的违法犯罪记录,他能收养女儿吗?

答:不能。为进一步强化对被收养人利益的保护,《民法典》在收养人的条件中增加规定"无不利于被收养人健康成长的违法犯罪记录",并增加规定民政部门应当依法进行收养评估。此外,《民法典》第一千一百零二条规定,无配偶者收养异性子女的,收养人与被收养人的年龄应当相差四十周岁以上。

25. 小赵的女友患有重大疾病,但一直对小赵隐瞒,婚后小赵发现,能请求离婚吗?

答:可以向法院请求撤销婚姻。

《民法典》第一千零五十三条规定,一方患有重大疾病的,应当在结婚登记前如实告知另一方;不如实告知的,另一方可以向人民法院请求撤销婚姻。请求撤销婚姻的,应当自知道或者应当知道撤销事由之日起一年内提出。

26. 孩子名字选取姓氏有哪些规则?

答:《民法典》第一千零一十五条规定,自然人应当随父姓或者母姓,但是有下列情形之一的,可以在父姓和母姓之外选取姓氏:(一)选取其他直系长辈血亲的姓氏;(二)因由法定扶养人以外的人扶养而选取扶养人姓氏;(三)有不违背公序良俗的其他正当理由。少数民族自然人的姓氏可以遵从本民族的文化传统和风俗习惯。

27. 一对夫妻已经有子女,可以再收养孩子吗?

答:若符合条件,只有一名子女的收养人只能收养一名子女,若收养孤儿则不受是否有子女的限制。

《民法典》第一千零九十八条规定,收养人应当同时具备下列条件:

(一)无子女或者只有一名子女;

(二)有抚养、教育和保护被收养人的能力;

(三)未患有在医学上认为不应当收养子女的疾病;

173

（四）无不利于被收养人健康成长的违法犯罪记录；

（五）年满三十周岁。

第一千一百条规定，无子女的收养人可以收养两名子女；有一名子女的收养人只能收养一名子女。收养孤儿、残疾未成年人或者儿童福利机构抚养的查找不到生父母的未成年人，可以不受前款和本法第一千零九十八条第一项规定的限制。

28. 小区内占用公共道路的车位对外开放收费、小区公共电梯内贴广告的收入，属于谁？

答：扣除合理成本之后，属于业主共有。业主共有部分的经营与收益情况，物业应以合理方式向业主公开。

《民法典》第二百七十四条规定，建筑区划内的道路，属于业主共有，但是属于城镇公共道路的除外。建筑区划内的绿地，属于业主共有，但是属于城镇公共绿地或者明示属于个人的除外。建筑区划内的其他公共场所、公用设施和物业服务用房，属于业主共有。

第二百七十五条规定，建筑区划内，规划用于停放汽车的车位、车库的归属，由当事人通过出售、附赠或者出租等方式约定。占用业主共有的道路或者其他场地用于停放汽车的车位，属于业主共有。

第二百八十二条规定，建设单位、物业服务企业或者其他管理人等利用业主的共有部分产生的收入，在扣除合理成本之后，属于业主共有。

第九百四十三条规定，物业服务人应当定期将服务的事项、负责人员、质量要求、收费项目、收费标准、履行情况，以及维修资金使用情况、业主共有部分的经营与收益情况等以合理方式向业主公开并向业主大会、业主委员会报告。

29. 70年住宅建设用地使用权到期后怎么办？

答：自动续期。

《民法典》第三百五十九条规定，住宅建设用地使用权期限届满的，自动续期。续期费用的缴纳或者减免，依照法律、行政法规的规定办理。

30. 土地承包经营权可以转让吗？

答：可以。《民法典》对土地承包经营权的相关规定作了完善，增加土地经营权的规定，并删除耕地使用权不得抵押的规定，以适应"三权分置"后土地经营权入市的需要。

《民法典》第三百三十四条规定，土地承包经营权人依照法律规定，有权将土地承包经营权互换、转让。未经依法批准，不得将承包地用于非农建设。第三百三十五条规定，土地承包经营权互换、转让，当事人可以向登记机构申请登记；未经登记，不得对抗善意第三人。

31. 小丽在一家公司上班，上司经常在网上聊天时发色情图片给她，这让她感到困扰、反感，上级这种行为算性骚扰吗？公司有什么责任？

答：属于性骚扰，公司要承担相应责任。

《民法典》第一千零一十条规定，违背他人意愿，以言语、文字、图像、肢体行为等方式对他人实施性骚扰的，受害人有权依法请求行为人承担民事责任。机关、企业、学校等单位应当采取合理的预防、受理投诉、调查处置等措施，防止和制止利用职权、从属关系等实施性骚扰。

32. 人脸特征、指纹、航班行程是个人信息吗？

答:生物识别信息、行踪信息等都是个人信息。

《民法典》第一千零三十四条规定,自然人的个人信息受法律保护。个人信息是以电子或者其他方式记录的能够单独或者与其他信息结合识别特定自然人的各种信息,包括自然人的姓名、出生日期、身份证件号码、生物识别信息、住址、电话号码、电子邮箱、行踪信息等。个人信息中的私密信息,适用有关隐私权的规定;没有规定的,适用有关个人信息保护的规定。

33. 知名的"网名"受保护吗?

答:受保护,可参照适用姓名权和名称权保护的有关规定。

《民法典》第一千零一十七条规定,具有一定社会知名度,被他人使用足以造成公众混淆的笔名、艺名、网名、译名、字号、姓名和名称的简称等,参照适用姓名权和名称权保护的有关规定。第一千零一十二条规定,自然人享有姓名权,有权依法决定、使用、变更或者许可他人使用自己的姓名,但是不得违背公序良俗。

第一千零一十三条规定,法人、非法人组织享有名称权,有权依法决定、使用、变更、转让或者许可他人使用自己的名称。第一千零一十四条规定,任何组织或者个人不得以干涉、盗用、假冒等方式侵害他人的姓名权或者名称权。

34. 用AI换脸技术伪造他人的脸恶搞,是否侵权?

答:侵犯肖像权。

《民法典》第一千零一十九条规定,任何组织或者个人不得以丑化、污损,或者利用信息技术手段伪造等方式侵害他人的肖像权。未经肖像权人同意,不得制作、使用、公开肖像权人的肖像,但是法律另有规定的除外。未经肖像权人同意,肖像作品权利人不得以发表、复制、发行、出租、展览等方式使用或者公开肖像权人的肖像。

35. 李佳琦的声音如"Oh my god,买它买它"可以随便拿来用吗?

答:不可以。

《民法典》第一千零二十三条第二款规定,对自然人声音的保护,参照适用肖像权保护的有关规定。

36. 《民法典》为人体基因、胚胎研究确立了哪些规则?

答:《民法典》第一千零九条规定,从事与人体基因、人体胚胎等有关的医学和科研活动的,应当遵守法律、行政法规和国家有关规定,不得危害人体健康,不得违背伦理道德,不得损害公共利益。

37. 一对夫妻为琐事吵架,两人都提出离婚,于是一起到民政局办理,如何避免冲动离婚?

答:为了防止夫妻冲动离婚、轻率离婚,《民法典》规定了为期三十天的离婚冷静期。《民法典》第一千零七十七条规定,自婚姻登记机关收到离婚登记申请之日起三十日内,任何一方不愿意离婚的,可以向婚姻登记机关撤回离婚登记申请。前款规定期限届满后三十日内,双方应当亲自到婚姻登记机关申请发给离婚证;未申请的,视为撤回离婚登记申请。

38. 什么情况下"夫债"不用"妻还"?

答:《民法典》第一千零六十四条规定,夫妻一方在婚姻关系存续期间以个人名义超出家庭日常生活需要所负的债务,不属于夫妻共同债务;但是,债权人能够证明该债务用于夫妻共同生活、共同生产经营或者基于夫妻双方共同意思表示的除外。

39.法院判决不准离婚后,一方仍无法挽回对方的感情,双方分居,一方再次起诉离婚,法院会准予吗?

答:双方又分居满一年,法院应当准予离婚。

《民法典》第一千零七十九条规定,夫妻一方要求离婚的,可以由有关组织进行调解或者直接向人民法院提起离婚诉讼。经人民法院判决不准离婚后,双方又分居满一年,一方再次提起离婚诉讼的,应当准予离婚。

40.离婚时,此前为家庭付出更多的一方是否有权利请求补偿?

答:有。《民法典》将夫妻采用法定共同财产制的,纳入适用离婚经济补偿的范围,以加强对家庭负担较多义务一方权益的保护。

《民法典》第一千零八十八条规定,夫妻一方因抚育子女、照料老年人、协助另一方工作等负担较多义务的,离婚时有权向另一方请求补偿,另一方应当给予补偿。具体办法由双方协议;协议不成的,由人民法院判决。

41.夫妻离婚,孩子过了哺乳期但不满两周岁,原则上父母哪一方直接抚养?

答:不满两周岁的子女,以由母亲直接抚养为原则。

《民法典》第一千零八十四条规定,父母与子女间的关系,不因父母离婚而消除。离婚后,子女无论由父或者母直接抚养,仍是父母双方的子女。离婚后,父母对于子女仍有抚养、教育、保护的权利和义务。离婚后,不满两周岁的子女,以由母亲直接抚养为原则。已满两周岁的子女,父母双方对抚养问题协议不成的,由人民法院根据双方的具体情况,按照最有利于未成年子女的原则判决。子女已满八周岁的,应当尊重其真实意愿。

42.老张夫妻膝下无子女,亲属又不在身边,退休之后,他们开始担心年老后无人照顾,可以有什么方式?

答:可以签订遗赠抚养协议。《民法典》完善了遗赠扶养协议制度,适当扩大扶养人的范围,明确继承人以外的组织或者个人均可以成为扶养人。

《民法典》第一千一百五十八条规定,自然人可以与继承人以外的组织或者个人签订遗赠扶养协议。按照协议,该组织或者个人承担该自然人生养死葬的义务,享有受遗赠的权利。

43.老高立下遗嘱,房子由儿子继承,但希望照顾他多年、无子女无房产的保姆继续居住,可以怎么做?

答:可以以遗嘱的方式为保姆设立居住权并办理登记。《民法典》增加规定"居住权"这一新型用益物权,明确居住权原则上无偿设立,居住权人有权按照合同约定或者遗嘱,经登记占有、使用他人的住宅,以满足其稳定的生活居住需要。

《民法典》第三百六十六条规定,居住权人有权按照合同约定,对他人的住宅享有占有、使用的用益物权,以满足生活居住的需要。

第三百六十七条规定,设立居住权,当事人应当采用书面形式订立居住权合同。

第三百六十八条规定,居住权无偿设立,但是当事人另有约定的除外。设立居住权的,应当向登记机构申请居住权登记。居住权自登记时设立。

第三百六十九条规定,居住权不得转让、继承。设立居住权的住宅不得出租,但是当事人另有约定的除外。

第三百七十条规定,居住权期限届满或者居住权人死亡的,居住权消灭。居住权消灭的,应当及时办理注销登记。

第三百七十一条规定,以遗嘱方式设立居住权的,参照适用本章的有关规定。

44.老王去世后,有人在网上对其侮辱诽谤,家属能否维权?

答:可以。

《民法典》第九百九十四条规定,死者的姓名、肖像、名誉、荣誉、隐私、遗体等受到侵害的,其配偶、子女、父母有权依法请求行为人承担民事责任;死者没有配偶、子女且父母已经死亡的,其他近亲属有权依法请求行为人承担民事责任。

45.老王意外离世,他生前曾说想在死后捐献器官、遗体,但未留下书面材料和遗嘱,这时他的家人能决定捐献吗?

答:《民法典》第一千零六条规定,完全民事行为能力人有权依法自主决定无偿捐献其人体细胞、人体组织、人体器官、遗体。任何组织或者个人不得强迫、欺骗、利诱其捐献。完全民事行为能力人依据前款规定同意捐献的,应当采用书面形式,也可以订立遗嘱。自然人生前未表示不同意捐献的,该自然人死亡后,其配偶、成年子女、父母可以共同决定捐献,决定捐献应当采用书面形式。

46.李先生生前先后立了多份遗嘱,内容不同,应该以哪份遗嘱为准?

答:以最后的遗嘱为准。

《民法典》第一千一百四十二条规定,遗嘱人可以撤回、变更自己所立的遗嘱。立遗嘱后,遗嘱人实施与遗嘱内容相反的民事法律行为的,视为对遗嘱相关内容的撤回。立有数份遗嘱,内容相抵触的,以最后的遗嘱为准。

47.老王想以录音录像的方式立遗嘱,应该怎么做?

答:《民法典》第一千一百三十七条规定,以录音录像形式立的遗嘱,应当有两个以上见证人在场见证。遗嘱人和见证人应当在录音录像中记录其姓名或者肖像,以及年、月、日。

48.小王因虐待父母丧失继承权,但他后来悔过,获得被继承人原谅,他能继承父母的财产吗?

答:可以。《民法典》增加规定了对继承人的宽恕制度。《民法典》第一千一百二十五条规定,继承人有下列行为之一的,丧失继承权:

(一)故意杀害被继承人;

(二)为争夺遗产而杀害其他继承人;

(三)遗弃被继承人,或者虐待被继承人情节严重;

(四)伪造、篡改、隐匿或者销毁遗嘱,情节严重;

(五)以欺诈、胁迫手段迫使或者妨碍被继承人设立、变更或者撤回遗嘱,情节严重。

继承人有前款第三项至第五项行为,确有悔改表现,被继承人表示宽恕或者事后在遗嘱中将其列为继承人的,该继承人不丧失继承权。

49. 个体户老王去世后留下遗产,无人继承或受遗赠,这些遗产归谁?

答:《民法典》第一千一百六十条规定,无人继承又无人受遗赠的遗产,归国家所有,用于公益事业;死者生前是集体所有制组织成员的,归所在集体所有制组织所有。

50. 侄子、外甥有继承权吗?

答:《民法典》第一千一百二十八条规定,被继承人的兄弟姐妹先于被继承人死亡的,由被继承人的兄弟姐妹的子女代位继承。

代位继承人一般只能继承被代位继承人有权继承的遗产份额。

(**资料来源**:宜都司法、法律一讲堂、每日法言 https://www.sohu.com/a/400706829_99913547)

(4)刑法

孙文斌杀医案

2019年12月4日,被告人孙文斌联系急救车将其母送至北京市民航总医院治疗,孙母经急诊诊治未见好转,患者家属多次拒绝医院的进一步检查和治疗并且认为孙母病情未见好转与首诊医生被害人杨某的诊治有关。12月24日6时,孙文斌在急诊抢救室内,持事先准备的尖刀反复切割、扎刺值班医生杨某的颈部,致被害人颈髓横断合并创伤失血性休克死亡,孙文斌作案后报警投案。2020年1月16日,北京市第三中级人民法院一审对被告人孙文斌故意杀人案进行公开审理并当庭宣判,认定孙文斌犯故意杀人罪,判处死刑,剥夺政治权利终身。宣判后,孙提出上诉,北京市高级人民法院经依法开庭审理,于2020年2月14日裁定驳回上诉,维持原判,并对孙文斌的死刑裁定依法报请最高人民法院核准,2020年4月3日,遵循最高人民法院下达的执行死刑命令,北京市第三中级人民法院对故意杀人犯孙文斌依法执行死刑。

点评:医患纠纷,唇亡齿寒!本案是一起患者家属因患者病情未见好转而预谋报复杀害医生的典型案件,人民法院依法对孙文斌判处死刑,体现了坚决惩治暴力杀医犯罪的严正立场,绝不能让医生流汗又流血。2020年6月1日实施的《基本医疗卫生与健康促进法》是我国卫生健康领域内的第一部基础性、综合性的法律,其明确规定:全社会应当关心、尊重医疗卫生人员,维护良好安全和医疗卫生服务秩序,共同构建和谐社会。医疗人员的人身安全、人格尊严不受侵犯,其合法权益受法律保护。孙文斌杀医案不是"医疗纠纷",而是一起刑事案件,"医疗纠纷"与刑事犯罪具有严格区别,"医疗纠纷"绝不是暴力伤医的借口,更不是为犯罪开脱的理由!

(**资料来源**:大河看法 https://baijiahao.baidu.com/s?id=1689069140007353633&wfr=spider&for=pc)

大连蔡某某故意杀人案

2019年10月20日3时许,家住大连市沙河口区的被害人某某(女孩,10岁)在放学路上失踪,随后警方介入调查,发现蔡某某(男,2006年1月出生,13岁)有重大嫌疑,经侦查确定,蔡某某与被害人住同一小区,当日,蔡某某将被害人某某骗至家中,欲与其发生性关系,遭到拒绝后将其杀害,并抛尸于附近花坛灌木丛中,由于案发时蔡某某未满十四周岁,大连市公安局于2019年10月24日作出大公收决字[2019]第1号《收容教养决定书》,认定被告蔡某某实施故意杀人行为,致被害人死亡,决定对被告蔡某某收容教养三年。2020年1月3日,被害人家属对蔡某某及其父母提起民事诉讼,要求对方道歉并赔偿一百余万元,案件于5月9日开庭,由于涉及未成年人,法院未公开审理,2020年8月,大连市沙河口区人民法院对该案做出民事诉讼判决,判处蔡某某、庄某某赔偿原告合计1286024元并向原告公开赔礼道歉。

[问题]石某的行为是否构成犯罪,为什么?

点评:无知少年不再无畏!未成年人犯罪恶性案件频频发生,少年司法遭遇现实困境,我国现行最低刑事责任年龄一定程度上使得刑法无法对犯罪低龄化趋势予以有效遏制,较高的刑事责任年龄起点设置,阻碍了刑法保障和防卫社会秩序功能的有效发挥。刑事责任年龄是否应该降低再次热议,近日,《中华人民共和国刑法修正案(十一)》正式通过,该法规定"已满十二周岁不满十四周岁的人,犯故意杀人、故意伤害罪,致人死亡或者以特别残忍手段致人重伤造成严重残疾,情节恶劣,经最高人民检察院核准追诉的,应当负刑事责任。"这表明我国法定最低刑事责任年龄将下调至12岁,该法通过有效地回应了社会关切,利于遏止犯罪低龄化趋势,促进未成年人司法制度的健全,当然,刑事责任年龄降低并不是"一劳永逸",完善的配套制度与健全的社会支持体系仍是少年司法应该关注的重点。

(资料来源:大河看法 https://baijiahao.baidu.com/s?id=1689069140007353633&wfr=spider&for=pc)

张玉环再审无罪案

1993年10月24日,两个男孩失踪的消息打破了张家村的平静,次日,孩子们的遗体在村子附近的水库中被发现。法医学鉴定书显示,他们均为死后被抛尸入水,一男童是绳套勒致下颌压迫颈前窒息死亡,另一名系扼压颈部窒息死亡。时年26岁的张玉环被认定是"杀人嫌犯"。1995年1月26日,南昌市中级人民法院作出一审判决,判处张玉环死刑,缓期二年执行,剥夺政治权利终身。一审宣判后,张玉环提出上诉,江西高院撤销原判,发回重审。南昌市中级人民法院经重审后,于2001年11月7日以故意杀人罪判处张玉环死刑,缓期二年执行,剥夺政治权利终身。随后,张玉环再次提出上诉。这一次,江西高院驳回上诉,维持并核准原判。法院认定张玉环因生活中的一些小摩擦,用手掐、绳勒致6岁的男孩死亡,为灭口又将4岁的男孩掐死,将遗体装进麻袋后抛尸水库。2020年8月4日,江西省高级人民法院再审张玉环故意杀人案,法院最终以"原审判决事实不清,证据不足",宣告张玉环无罪。2020年10月30日,江西省高级人民法院向赔偿请求人张玉环送达了国家赔偿决定书,依法决定向赔偿请求人张玉环支付赔偿金4960521.5元。

点评:张玉环是中国羁押时间最长的蒙冤者。习近平总书记强调,要努力让人民群众在每一个司法案件中都能感受到公平正义。对此,中央出台首个防止冤假错案指导意见,并在《关于建立健全防范刑事冤假错案工作机制的意见》等文件中明确规定,"采用刑讯逼供或者冻、饿、晒、烤、疲劳审讯等非法方法收集的被告人供述,应当排除"。司法公正的蒙尘下所诞生的任何一个冤屈,都不仅仅只是一个错误,更应该被称为一场横祸!而对于张玉环来说,那是从1993年开始一直延续长达9778天的难眠日夜。从中国法治建设的宏伟重任来讲,我们不能把正义的实现寄托于某种"人为",张玉环最终含冤得雪,不能仅是因为其弟弟

27年的坚持申诉,也不能仅是因为重审阶段辩护律师的称职,而更应该是出自程序的严格保障。法治建设的历史上,这一起起让人唏嘘的冤假错案,都值得我们不断反思,程序正义是我们在法治建设之路上需要始终护在怀里的明镜,不使其蒙灰,不使其破碎,才能让法官袍在民众眼里映出公正,才能让警服在民众心中代表安全。

（资料来源:大河看法 https://baijiahao.baidu.com/s?id=1689069140007353633&wfr=spider&for=pc）

（5）经济法

经济法包括关于国民经济和社会发展规划、计划和政策的法律,关于经济体制改革的原则、方针和政策的法律、预算法、审计法、会计法、统计法、农业法、企业法、银行法、市场秩序法、税法等。

协议性质

乙公司欠甲公司200万元,甲公司欠丙公司180万元,丁公司欠乙公司200万元。现乙、丁两公司达成协议,由丁公司向甲公司清偿乙公司的200万元债务,乙、丁间债权债务关系消灭。该协议经甲公司同意。后甲公司又与丙公司达成协议,由丁公司向丙公司清偿200万元,甲、丙间的180万元债权债务消灭。

问题: ①乙、丁间协议的性质是什么？该协议是否生效？

②甲、丙间协议的性质是什么？丙公司因此获利20万元,是否违法？若甲公司未将此事通知丁公司,该协议是否生效？

③若甲公司未将此事通知丁公司,丁公司向甲公司为清偿,甲公司接受,该种清偿是否有效？此时应如何救济丙公司？

④若甲公司已通知丁公司,但丁公司忘记此事,仍向甲公司为清偿,甲公司接受,该种清偿是否有效？此时如何救济丙公司？甲、丁间为何种法律关系？

⑤如果丁公司不能清偿债务,丙公司能否要求乙公司承担连带责任？

解析: ①甲、乙间协议是债务承担,由丁承担乙的债务。乙、丁间协议生效。根据《合同法》,债务承担经债权人同意后生效,本案债权人甲公司已经同意。

②甲、丙间协议属债权转让,甲将对丁的债权转让给丙。丙公司并不违法。因为法律并无债权转让不得牟利的强行性规定,而且也不应有此规定:丙在获利的同时,也承担了丁支付不能的风险。该协议已经生效。根据《合同法》,债权转让只要双方达成合意即可生效,通知债务人只是对债务人的生效要件。

③该种清偿有效。债权转让未通知债务人,对债务人不生效力,丁公司的债权人仍是甲公司,该种清偿自然有效。此时,甲对丙构成不当得利,丙可请求甲返还给付。

④该种清偿无效。债权转让通知债务人后,对其发生效力。因此,丙公司已成为新债权人,丁公司向甲公司为清偿,对丙公司自然无效力。丙公司可以请求丁公司为原定之给付。丁公司对甲公司的清偿为非债清偿,在甲、丁间成立不当得利之债关系。

⑤丙公司不能要求乙公司承担责任。因为乙公司只应承担债权本身的权利瑕疵担保责任,对丁公司的清偿能力并不负责。本案中转让的债权合法、有效,并无瑕疵可言。

（资料来源:2014年司法考试题。）

第七章 法的相关理论

(6)社会法

社会法包括保护弱势群体的法律规范,如未成年人保护法、老年人权益保障法等;维护社会稳定的法律规范,如劳动法与社会保障法;保护自然资源和生态环境的法律规范,如环境保护法、能源法、自然资源保护法、生态法等。

为"少年的你"撑好法律"保护伞"——聚焦新修订的未成年人保护法

新修订的未成年人保护法17日经十三届全国人大常委会第二十二次会议表决通过,自2021年6月1日起施行。

给孩子们一个更安全、更温馨的成长环境,是全社会的共同心愿。新修订的未成年人保护法有哪些亮点?将如何进一步织密法治之网、筑牢法律基石,提升未成年人保护法治化水平?

亮点一:关爱呵护"留守儿童" 细化监护人监护职责

新修订的未成年人保护法对监护人的监护职责作出全面规定,未成年人的父母或者其他监护人应当为未成年人提供生活、健康、安全等方面的保障,关注未成年人的生理、心理状况和情感需求,保障未成年人休息、娱乐和体育锻炼的时间等。

随着人口流动速度的加快,"留守儿童"群体规模也在不断加大。新修订的未成年人保护法对父母或者其他监护人因外出务工等原因在一定期限内不能完全履行监护职责的,要求其委托具有照护能力的完全民事行为能力人代为照护;无正当理由的,不得委托他人代为照护。

监护人将未成年人"一托了之"怎么办?新修订的未成年人保护法明确,确定被委托人时要"听取有表达意愿能力未成年人的意见",并规定未成年人的父母或其他监护人要与未成年人、被委托人至少每周联系和交流一次,了解未成年人的生活、学习、心理等情况,并给予未成年人亲情关爱。

北京师范大学未成年人检察研究中心教授宋英辉说,此规定将避免实践中监护人因外出务工等原因导致监护实际缺位的问题,保障未成年人的安全、健康、教育等。

亮点二:筑牢网络安全"防火墙" 加强监管防止沉迷

伴随着互联网的高速发展,孩子们在尽情遨游互联网海洋的同时,也面临着越来越多的网络安全风险。网络沉迷、网络欺凌、网络色情等问题频发,如何保障和引导未成年人安全、合理使用网络?

新修订的未成年人保护法专门增设"网络保护"一章。针对未成年人沉迷网络等问题,新修订的未成年人保护法作出规定:网络产品和服务提供者不得向未成年人提供诱导其沉迷的产品和服务。网络游戏、网络直播、网络音视频、网络社交等网络服务提供者应当针对未成年人使用其服务设置相应的时间管理、权限管理、消费管理等功能。

在应对网络欺凌方面,新修订的未成年人保护法作出规定,遭受网络欺凌的未成年人及其父母或者其他监护人有权通知网络服务提供者采取删除、屏蔽、断开链接等措施。网络服务提供者接到通知后,应当及时采取必要的措施制止网络欺凌行为,防止信息扩散。

全国人大常委会法工委社会法室主任郭林茂表示,新修订的未成年人保护法从政府、学校、家庭、网络产品和服务提供者不同主体出发,对网络素养教育、网络信息内容管理、个人信息保护、网络沉迷预防和网络欺凌防治等内容作了规定,力图实现对未成年人的线上线下全方位保护。

亮点三:不做"沉默的羔羊"强化各方报告义务

现实生活中,一些未成年人合法权益受到侵害,但出于恐惧等原因不敢报告。

新修订的未成年人保护法明确了相关组织和个人的报告义务,规定任何组织或者个人发现不利于未成年人身心健康或者侵犯未成年人合法权益的情形,都有权劝阻、制止或者向公安、民政、教育等有关部门提出检举、控告。

"这是从强制报告的角度,进一步解决'发现难'的问题。"北京青少年法律援助与研究中心主任佟丽华说。

新修订的未成年人保护法在社会保护方面的另一大亮点,是强化了住宿经营者保护未成年人的责任,要求旅馆、宾馆、酒店等住宿经营者接待未成年人入住,或者接待未成年人和成年人共同入住时,应当询问父母或者其他监护人的联系方式、入住人员的身份关系等有关情况;发现有违法犯罪嫌疑的,应当立即向公安机关报告,并及时联系未成年人的父母或者其他监护人。

上海市法学会未成年人法研究会会长姚建龙表示,该条款是未成年人保护共同责任原则的体现,今后在条款落实上,可参照网吧管理模式,要求住宿经营者设置警示标志、严格年龄核实义务等。

亮点四:强化学校"防线"向性侵和欺凌说不

针对未成年人性侵害及性骚扰案件,新修订的未成年人保护法明确,对性侵害、性骚扰未成年人等违法犯罪行为,学校、幼儿园不得隐瞒,应当及时向公安机关、教育行政部门报告,并配合相关部门依法处理。

此外,新修订的未成年人保护法还要求密切接触未成年人的单位招聘工作人员时,应当向公安机关、人民检察院查询应聘者是否具有性侵害、虐待、拐卖、暴力伤害等违法犯罪记录;发现其具有前述行为记录的,不得录用。

"从世界各国的相关数据和经验来看,性侵未成年人等犯罪的再犯率是比较高的。"中国政法大学未成年人事务治理与法律研究基地副主任苑宁宁说,对于有过这些犯罪记录的人员,应限制他们从事相关职业。

在防治校园欺凌问题上,新修订的未成年人保护法明确,学校应当建立学生欺凌防控工作制度,对教职员工、学生等开展防治学生欺凌的教育和培训。学校对学生欺凌行为应当立即制止,通知实施欺凌和被欺凌未成年学生的父母或者其他监护人参与欺凌行为的认定和处理。

(**资料来源**:新华网 https://baijiahao.baidu.com/s?id=1680838300924316760&wfr=spider&for=pc)

环境保护法

前进化工厂和惠林造纸厂坐落在一条小河的两岸。化工厂生产中排放三氯化铁残液,造纸厂生产中排放漂液废水。其排污浓度均不超过规定的排放标准。在河水水位正常情况下,两个工厂均不会对河水造成污染。1999年5月该地大旱,河水明显减少,化工厂排放的废水冲入造纸厂的排污口,两股废水混合后,发生化学反应,产生有毒气体氯化氢,致使在河边劳动的 12 名搬运工人中毒晕倒。送医院抢救后脱险,受害人为此支付医疗费 86000 元。经当地环保局对两工厂排污口监测,其排污均无异常(达标排放),排放方式亦未违法。当地环保部门决定对两工厂各罚款 6000 元,并应 12 名受害人请求责令两工厂赔偿受害人医疗费 86000 元,每个工厂 43000 元,两工厂承担连带责任。

问题:①环保局对两工厂给予行政罚款是否有法律根据?为什么?

②工厂是否应对 12 名受害人进行赔偿?为什么?

解析:①环保局对两工厂进行罚款处罚无法律根据。因为依照我国有关水污染防治的法律规定,只有行为人的行为违法和行为人主观上有过错才能给予行政处罚。

②工厂应当对受害人进行赔偿。因为:(a)环境民事法律责任的承担不以行为的违法的违法性为必要前提,行为人的行为不违法,但造成了环境污染损害的,也要承担环境民事责任;(b)环境民事侵权责任的承担实行无过失责任制,行为人虽无故意或过失,但造成了污染危害后果,也要承担环境民事侵权责任(或环境损害赔偿责任)。

(资料来源:https://wenku.baidu.com/view/81116da3534de518964bcf84b9d528ea80c72f5d.html)

3. 我国程序法律部门

(1)诉讼法

诉讼法包括刑事诉讼法、民事诉讼法和行政诉讼法。

刑事诉讼

张某系某县一个下岗待业人员,一天晚上,张某在回家途中与王某发生争执。在争执过程中,张某卡住王某的颈部并致其窒息。张某误以为王某已死,遂向附近的县法院投案,称自己杀了人。法院值班人员告诉张某,法院不受理杀人案,让他去县公安局。张某在去公安局的路上,想到杀人要偿命,越想越害怕,于是便逃往了外地。王某自己醒过来后立即向公安局电话报警。后来王某又多次向公安局提出控告,公安局答复说,只有抓到犯罪嫌疑人才能立案,遂决定不立案。王某又向县检察院提出对张某的控告,检察院接到控告后建议公安局立案,公安局置之不理。王某无奈,只好向县法院起诉,法院又告诉王某自己无权管辖,让王某找公安局处理。

问题:试分析本案中公、检、法机关行为的不当之处,并说明理由。

解析:1. 公安局的错误: 公安局不应以没有抓到嫌疑人为由决定不立案。对有犯罪事实需要追究刑事责任的,公安机关应当立案。

2. 检察院的错误: 检察院不应建议公安局立案。检察院应当要求公安机关说明不立案的理由,认为理由不能成立的,应当要求公安机关立案。

3. 法院的错误:

(1)法院值班人员不应当不接受张某的投案,让他去公安局。人民法院对于自首应当接受。不属于自己管辖的,再移送有管辖权的机关。

(2)法院值班人员未对张某采取紧急措施,致其逃走的做法错误。对于不属于自己管辖而又必须采取紧急措施的,应当先采取紧急措施,然后移送主管机关。

(3)法院不应当不接受王某的起诉,让其找公安局处理。被害人有证据证明对被告人侵犯自己人身权利的行为应当依法追究刑事责任,而公安机关不予追究被告人刑事责任的案件,被害人可以直接向人民法院起诉。

(**资料来源**:https://wenku.baidu.com/view/377792ff866fb84ae45c8def.html)

民事诉讼

王某有三子一女,长子王甲,次子王乙,均在外地工作,女儿王丙已定居加拿大。小儿子王丁虽与王某住在同一城市,但王某的生活长期由侄女王庚照料。王某病逝后,王丁将其父留下的4幅祖传名画卖给张某,双方约定张某先交订货款8000元,其余3万元等画交付后再付。张某按约定交付了定金。画交付前,王甲与王乙得知这一情形后,来不及与王丙商量,便向法院提起诉讼,要求继承这4幅名画。诉讼提起后,王庚向法院提交了王某亲笔所写的遗嘱,要求依据该遗嘱将这4幅名画中的2幅判归自己所有。

问题:①在该案中,王甲、王乙、王丙、王丁的诉讼地位如何?
②如果王丙表示不愿回国参加诉讼应如何处理?
③张某、王庚在起诉中处于何种地位?

解析:本案为固有必要共同诉讼,法院对作为诉讼标的的继承关系须合一确定。王甲、王乙、王丙是共同原告,王丁为被告。应将王丙列为共同原告。张某为无独立请求权的第三人;王庚为有独立请求权的第三人。本案系因继承遗产引起的诉讼,这4幅名画系王某的遗产。王某有三子一女,他们均是王某的法定继承人。在遗产分割前,4幅名画属王甲等4人的共同财产。在继承遗产的诉讼中,侵害其他继承人利益的继承人为被告,其他继承人为共同原告。依据《民诉法意见》的有关规定:在这类诉讼中,部分继承人起诉的,法院应通知其他继承人作为共同原告参加诉讼,被通知的继承人不愿意参加诉讼又未明确表示放弃权利的,法院仍应把其列为共同原告,据此,法院在受理王甲、王乙提起的诉讼后,应通知王丙参加诉讼,王丙虽表示不愿参加诉讼,但未表示放弃权利,所以,仍然应当将她列为共同原告。张某作为无独立请求权第三人参加诉讼是由于法院裁判结果与张某有法律上的利害关系,王丁败诉,既会使王丁无法履行向自己交付名画的义务,又使自己有权向王丁主张双倍返还定金。王庚是有独立请求权第三人。因为她已向本诉的原、被告争议的部分诉讼标的主张了独立的请求权。

(**资料来源**:https://wenku.baidu.com/view/beeb026ca7c30c22590102020740be1e640ecc35.html)

行政诉讼的受案范围及举证规则

林某一直以在校生的身份在首都师范大学参加学习和学校组织的一切活动,完成了学校制订的教学计划,并且学习成绩和毕业论文已经达到了高等学校毕业生水平。然而,在临近毕业时,首都师范才通知他所在的系以林某未通过英语四级为由拒绝给他颁发毕业证书、学位证书和办理毕业派遣手续。李某认为学校的做法于法不合,遂向人民法院提起行政诉讼,那么林某可以提起行政诉讼吗?

根据我国行政诉讼法规定,提起行政诉讼需要具备以下条件:一是原告是认为具体行政行为侵犯了其合法权益的公民、法人或者其他组织。二是有明确的被告。三是有具体的诉讼请求和事实依据。四是属于人民法院受案范围和受诉人民法院的管辖。

《中华人民共和国行政诉讼法》规定了行政诉讼法的受理行政诉讼的受案范围：人民法院受理公民、法人和其他组织对下列具体行政行为不服的诉讼。一是对拘留、罚款、吊销许可证或执照、责令停产停业、没收财物等行政处罚不服的。二是对限制人身自由或者对财产查封、扣押、冻结等行政强制措施不服的。三是认为行政机关侵犯其法律规定的经营自主权的。四是认为符合法定条件申请行政机关颁发许可证和执照，行政机关拒绝颁发或者不予答复的。五是申请行政机关履行保护人身权财产权的法定职责，行政机关拒绝履行或者不予答复的。六是认为行政机关没有依法发给抚恤金的。七是认为行政机关违法要求履行义务的。八是认为行政机关侵犯其他人身权财产权的。除前款规定外，人民法院受理法律法规规定可以提起行政诉讼的其他行政案件。

提起行政诉讼除满足上述实质要件外还需要向法院提交书面形式的诉状。

行政诉讼不同于一般的民事诉讼，其在举证方面适用举证责任倒置的原则。根据《中华人民共和国行政诉讼法》规定被告对做出的具体行政行为负有举证责任，应当提供其做出具体行政行为的证据和所依据的规范性文件。行政诉讼中由于被告方负举证责任，有利于保护原告一方的诉权，且有利于充分发挥主体的举证优势，有效地推进诉讼的进程。

（资料来源：https://baijiahao.baidu.com/s?id=1631223923932559079&wfr=spider&for=pc）

（2）非诉讼程序法

非诉讼程序法包括仲裁法、人民调解法、引渡法、劳动争议调解仲裁法、农村土地承包经营纠纷调解仲裁法等。

4. 依法行使法律权利

我国宪法规定的基本权利如下：

政治权利：是指公民作为国家政治生活主体依法享有的参加国家政治生活的权利和自由，是国家为公民直接参与政治活动提供的基本保障。主要有：

（1）选举权利与义务；
（2）表达权利与义务；
（3）民族管理权利与义务；
（4）监督权利与义务。

选举权

2017年1月10日，浙江省乐清市翁垟街道海屿社区新河村召开群众代表测评，推荐村党支部委员候选人会议时，该村预备党员翁某某因对村级事务不满，在会场上吵闹，并辱骂殴打村干部，致使测评工作无法正常开展。

处理结果：乐清市公安局对翁某某作出行政拘留5天处罚，翁垟街道党工委取消翁某某预备党员资格。

分析：翁某某辱骂殴打村干部，严重干扰了正常的选举工作，影响十分恶劣。

（资料来源：https://www.sohu.com/a/246491836_705797）

人身权利：是指公民的人身不受非法侵犯的权利，是公民参加国家政治、经济与社会生

活的基础,是公民权利的重要内容。主要有:

(1)生命健康权利与义务;

(2)人身自由权利与义务;

(3)人格尊严权利与义务;

(4)住宅安全权利与义务;

(5)通信自由权利与义务。

躲猫猫事件

24岁的云南玉溪北城镇男子李某某死在了看守所,死因是"重度颅脑损伤"。晋宁区公安机关对此事件的解释是,李某某受伤是由于其与同监室的狱友在看守所天井里玩"躲猫猫"游戏时,遭到狱友踢打并不小心撞到墙壁而导致。结论遭网民一片质疑,后经调查系被牢头狱霸殴打致死。

点评:犯罪嫌疑人在被限制人身自由、身处不利境地的情况下,作为公民的生命权保护问题是值得宪法关怀的。在本案中,看守所是否尽到了保护的职责、履行了宪法规定的"国家尊重和保护人权"的义务是值得讨论的。《看守所条例》是国务院于1990年制定的,属于行政法规,而依据《立法法》第8、第9条的规定,行政法规不得规定对公民人身自由进行限制的行政处罚和强制措施。《看守所条例》仍然将犯罪嫌疑人称为"人犯",属于有罪推定,与宪法规定的"国家尊重和保障人权"的理念是否一致,值得探讨。晋宁区公安机关在此事件发生后,未能及时将事件真相告诉公众,而是与公众玩"躲猫猫"游戏,侵犯了公众的知情权。

(资料来源:https://wenku.baidu.com/view/bc8ff32bb4daa58da0114ab5.html)

财产权利:是指公民、法人或其他组织通过劳动或其他合法方式取得财产和占有、使用、收益、处分财产的权利。主要有:

(1)私有财产权利与义务;

(2)继承权利与义务。

社会经济权利:是指公民享有的经济生活和物质利益方面的权利,是公民实现其他权利的物质基础,包括财产权、劳动权、休息权、物质帮助权。公民在年老、疾病或者丧失劳动能力情况下,有从国家和社会取得物质帮助的权利。主要有:

(1)劳动权利与义务;

(2)休息权利与义务;

(3)社会保障权利与义务;

(4)物质帮助权利与义务(年老、疾病、丧失劳动能力)。

我国公民在什么情况下,有从国家和社会获得物质帮助的权利

关于社会保障制度,宪法第四十五条做了规定:中华人民共和国公民在年老、疾病或者丧失劳动能力的情况下,有从国家和社会获得物质帮助的权利。

国家发展为公民享受这些权利所需要的社会保险、社会救济和医疗卫生事业。(第一款)

国家和社会保障残废军人的生活,抚恤烈士家属,优待军人家属。(第二款,讲的是特殊群体)

国家和社会帮助安排盲、聋、哑和其他有残疾的公民的劳动、生活和教育。(第三款,讲的也是特殊群体)

宗教信仰及文化权利:是指公民依法享有的与宗教信仰活动和文化生活相关联的自由和权利的总称,主要包括宗教信仰自由、文化教育权等。主要有:

(1)宗教信仰权利与义务;

(2)文化教育权利与义务。

公民有受教育的权利,有进行科学研究、文学艺术创作和其他文化活动的自由。受教育既是权利也是义务。

高考状元拒录事件

因重庆市高考文科状元何川洋少数民族身份作假,北京大学决定放弃录取。此前,由重庆市监察局牵头,公安局、重庆市民宗委、重庆市教委和重庆市招办组成的联合调查组在对事件进行调查的基础上,纠正了包括何川洋在内的31名考生的少数民族身份,31名考生被取消录取资格。

点评:因少数民族身份而在高考分数的基础上可以加分,是否与我国宪法规定的民族平等和民族区域自治制度的精神相符合?高考加分可以达到20分以上,是否构成对其他考生的反向歧视?基于各种因素,而可以在高考分数的基础上加分,涉及宪法规定的受教育权的公平问题,已引起了社会各界的广泛关注。国家民委、教育部和公安部的办公厅联合下发的通知中规定,如果出现弄虚作假的情况就要取消考试资格,或者是录取资格。对何川洋进行处理的这一依据是否具有法律效力,是否侵犯了何川洋的受教育权?

(**资料来源**:https://wenku.baidu.com/view/bc8ff32bb4daa58da0114ab5.html)

5.依法履行法律义务

公民应履行的基本法律义务如下。

(1)维护国家统一和全国各民族团结。宪法第52条规定:"中华人民共和国公民有维护国家统一和全国各民族团结的义务。"任何人都不得以任何形式破坏国家统一、制造民族矛盾和民族冲突。

(2)遵守宪法和法律。《宪法》第53条规定:"中华人民共和国公民必须遵守宪法和法律,保守国家秘密,爱护公共财产,遵守劳动纪律,遵守公共秩序,尊重社会公德。"

(3)维护祖国的安全、荣誉和利益。维护祖国安全是我们的义务,一旦发现危害国家安全的行为,应当直接或者通过所在组织及时向国家安全机关或者公安机关报告。

(4)保卫祖国、依法服兵役和参加民兵组织。《宪法》第55条规定:"保卫祖国、抵抗侵略是中华人民共和国每一个公民的神圣职责。""依照法律服兵役和参加民兵组织是中华人民共和国公民的光荣义务。"

(5)依法纳税。

其他义务。

【**法条指引**】宪法第49条第2款、52条、53条、54条、55条、56条。

违反法律义务应当承担的法律责任:公民未能依法履行义务,根据情节轻重,应当承担相应的法律责任。具体的法律责任主要包括民事责任、行政责任和刑事责任。

推荐阅读

1. 刘星. 法律是什么. 北京:法律出版社,2009.
2. 孟德斯鸠. 论法的精神. 北京:商务印书馆,2012.
3. 约翰·赞恩. 法律的故事. 北京:中国盲文出版社,2002.
4. 许崇德. 中国宪法. 4 版. 北京:中国人民大学出版社,2010.
5. 张千帆. 宪法经典判例导读. 北京:高等教育出版社,2008.

第七章 法的相关理论

学习笔记

授课时间		授课教师	
授课主题			
学习反思			

自我测评

一、单选题

1. 除依照法律被剥夺政治权利的人外,年满(   )的中国公民都有选举权和被选举权。
   A. 18 周岁   B. 16 周岁,以自己劳动为主要生活来源
   C. 20 周岁   D. 22 周岁

2. 在宪法所保障的基本权利中,最基本的一项是(   )。
   A. 受教育权   B. 人身自由权
   C. 选举权和被选举权   D. 言论自由

3. (   )不属于现行宪法明文规定的公民的基本权利。
   A. 宗教信仰自由   B. 罢工权
   C. 结社自由   D. 受教育权利

4. 迄今为止,全国人民代表大会对现行宪法共进行了(   )次修改。
   A. 三   B. 四   C. 五   D. 六

5. 宪法是国家根本大法,具有最高法律效力。下列表述正确的是(   )。
   A. 在不成文宪法国家中,宪法法律效力高于其他法律
   B. 在我国,任何法律规范都不得与宪法规范、宪法原则和宪法精神相抵触
   C. 宪法的相对人主要是公民
   D. 宪法的法律效力不具有任何强制性

6. 关于现行宪法结构的表述正确的是(   )。
   A. 序言;国家机构;公民的基本权利和义务;国旗、国歌、国徽、首都
   B. 序言;总纲;国家机构;公民的基本权利和义务;国旗、国歌、国徽、首都
   C. 序言;总纲;公民的基本权利和义务;国家机构;国旗、国歌、国徽、首都
   D. 序言;总纲;公民的基本权利和义务;国家机构;国旗、国歌、国徽、首都;附录

7. 下列各项中,既是基本权利也是基本义务的是(   )。
   A. 劳动权   B. 纳税义务   C. 财产权   D. 选举权

8. 一般认为,我国宪法对人身自由实行特别法律保护,任何公民,非经(   )批准或者决定,或者(   )决定并由(   )执行,不受逮捕。(   )
   A. 公安机关,人民检察院,人民法院   B. 人民检察院,人民法院,公安机关
   C. 人民法院,人民检察院,公安机关   D. 人民法院,公安机关,人民检察院

9. 依照宪法规定,我国的根本制度是(   )。
   A. 人民民主专政   B. 中国共产党的领导
   C. 社会主义制度   D. 人民代表大会制度

10. 中国特色社会主义最本质的特征是(   )。
    A. 人民民主专政   B. 工人阶级领导
    C. 公有制   D. 中国共产党的领导

11. 某工商所接到群众举报,称其辖区内陈某经营的餐饮店在提供微信订餐服务的同

时,还超出经营范围买卖日化产品。于是,该工商所工作人员冯某、李某到陈某餐饮店进行调查,要求调阅其手机中微信交易信息。因遭拒绝,二人于是扣押了陈某手机,暴力破解之后,调阅微信全部信息。冯、李二人的行为可能侵害了陈某的(　　)。

  A. 通信自由和通信秘密　　　　　　B. 财产权

  C. 言论自由　　　　　　　　　　　D. 营业自由

12. 从组织与活动的原则角度看,我国人民代表大会制度实行(　　)。

  A. 少数服从多数　　　　　　　　　B. 民主集中制

  C. 首长负责制　　　　　　　　　　D. 政治协商

13. 就其性质而言,中国人民政治协商会议是(　　)。

  A. 国家机关　　B. 民主党派联盟　　C. 自治组织　　D. 统一战线组织

14. 我国的政府首脑是(　　)。

  A. 国家主席　　　　　　　　　　　B. 中共中央总书记

  C. 国务院总理　　　　　　　　　　D. 中央军事委员会主席

15. 下列选项中,一般认为不属于政治权利的是(　　)。

  A. 选举权　　B. 受教育权　　C. 出版自由　　D. 示威自由

16. 根据现行宪法,有权依照法律规定决定省、自治区、直辖市的范围内部分地区进入紧急状态的是(　　)。

  A. 全国人民代表大会常务委员会　　B. 国务院

  C. 中央军事委员会主席　　　　　　D. 国家主席

17. 根据现行宪法,有权依照法律规定决定全国或者个别省、自治区、直辖市进入紧急状态的是(　　)。

  A. 全国人民代表大会常务委员会　　B. 国务院

  C. 中央军事委员会主席　　　　　　D. 国家主席

18. 人民检察院是国家的(　　)。

  A. 监察机关　　B. 纪律检察机关　　C. 法律检察机关　　D. 法律监督机关

19. 根据现行宪法,有选举权和被选举权的年满(　　)周岁的中华人民共和国公民可以被选为中华人民共和国主席、副主席。

  A. 35　　　　　B. 40　　　　　C. 45　　　　　D. 50

20. 我国政体是(　　)。

  A. 人民代表大会制　　B. 人民代表大会

  C. 民主集中制　　　　D. 全国人民代表大会和地方各级人民代表大会

二、多选题

1. 下面对宪法内涵的理解,正确的有(　　)。

  A. 宪法是国家的根本法

  B. 宪法是公民权利的保障

  C. 宪法是民主事实法律化的基本形式

  D. 宪法是调整国家和公民关系的基本法律

2. 在全国人大代表选举过程中,(　　)可以联合或单独推荐代表候选人。
   A. 各政党　　　　B. 各企事业单位　　C. 各人民团体　　　D. 各国家机关
3. 下列内容在我国宪法上有规定的是(　　)。
   A. 国旗　　　　　B. 国歌　　　　　　C. 国徽　　　　　　D. 首都
4. 根据我国宪法的规定,我国的民族自治地方包括(　　)。
   A. 自治区　　　　B. 自治州　　　　　C. 自治县　　　　　D. 民族乡
5. 我国宪法规定,公民在行使自由和权利的时候,不得损害(　　)。
   A. 国家的利益　　　　　　　　　　　B. 集体的利益
   C. 社会的利益　　　　　　　　　　　D. 其他公民的合法自由和权利
6. 我国宪法规定,中华人民共和国公民对于任何国家机关和国家工作人员的违法失职行为,有向有关国家机关提出(　　)的权利。
   A. 申诉　　　　　B. 上诉　　　　　　C. 控告　　　　　　D. 检举
7. 现行宪法规定,宪法的修改,由(　　)提议,并由全国人民代表大会通过。
   A. 全国人民代表大会主席团
   B. 全国人大常委会
   C. 全国人民代表大会的各个专门委员会
   D. 1/5 以上的全国人民代表大会代表
8. 我国公民享有的(　　)等权利,同时也是义务。
   A. 劳动权　　　　B. 受教育权　　　　C. 监督权　　　　　D. 选举权和被选举权
9. 依照我国宪法规定,可以依法属于集体所有的有(　　)。
   A. 森林、草原
   B. 荒地、滩涂
   C. 除属于国家所有的以外的农村和郊区的土地
   D. 宅基地和自留山
10. 在我国,下列人员中没有选择人民代表权利的有(　　)。
    A. 未满 18 周岁的　　　　　　　　　B. 被劳动教养的
    C. 被剥夺政治权利的　　　　　　　　D. 患有精神病的

三、简答题
1. 如何理解我国社会主义法律本质?
2. 建设社会主义法治国家主要任务是什么?
3. 大学生应该如何增强法制观念,维护法律的权威?

四、材料分析题
我国现行宪法规定的公民基本权利体系,是在刚刚结束了十年"文化大革命",民主与法制建设的重要性才开始被人们认识到这样一个特殊的背景下制定出来的。由于这样一个特殊的背景,长期实行人治形成的各种制度及其思想观念还不能从根本上得到清算和改变;依然实行的计划经济体制使个人作为国家和社会的主体性地位还无法真正地确立;历史上长期的封建专制形成的国家主义思想还在事实上支配着我们的行动,公民基本权利本位的观念还无法成为整个社会的共识。因此,现行宪法规定的公民基本权利体系,在总结了"文化大革命"教训的基础上有所发展和完善,如将公民基本权利义务由过去规定在国家机构之后改变为国家机构之前,以显示公民权利与国家权力在关系上公民权利的重要性;对公民基本权利的规定更加详细具体,同时也增加了一些新的权利;对公民应尽的义务做了更加具体的规定,以体现权利义务的一致性,表明二者之间是相互依存、不可分割的关系等。

请回答:

(1)宪法作为我国的根本大法,具有哪些特征?其基本原则有哪些?

(2)宪法规定的我国公民的基本权利和基本义务主要包括哪些内容?

第八章 生活常用法律

● 专题设计概述

深刻理解《劳动法》的立法宗旨就是协调劳资关系，保障劳动者的劳动权利，提升劳动者在社会中的地位。让学生整体把握《劳动法》代表了社会大众的普遍需求和社会发展进步的共同价值取向，从而使大学生无论是进入企业实习还是进入企业工作，都具备一定的劳动法常识，减少劳动纠纷，保护有效证据，维护自身合理权益。

深刻理解《民法典》之婚姻家庭编和继承编是调整婚姻家庭关系的法律规范的总称。让学生整体把握《民法典》之婚姻家庭编的基本内容。从而培养学生正确的婚姻家庭观念和法律意识，运用婚姻家庭法律知识解决婚姻家庭领域的法律问题、维护自身在婚姻家庭领域中的合法权益。

▎思维导图

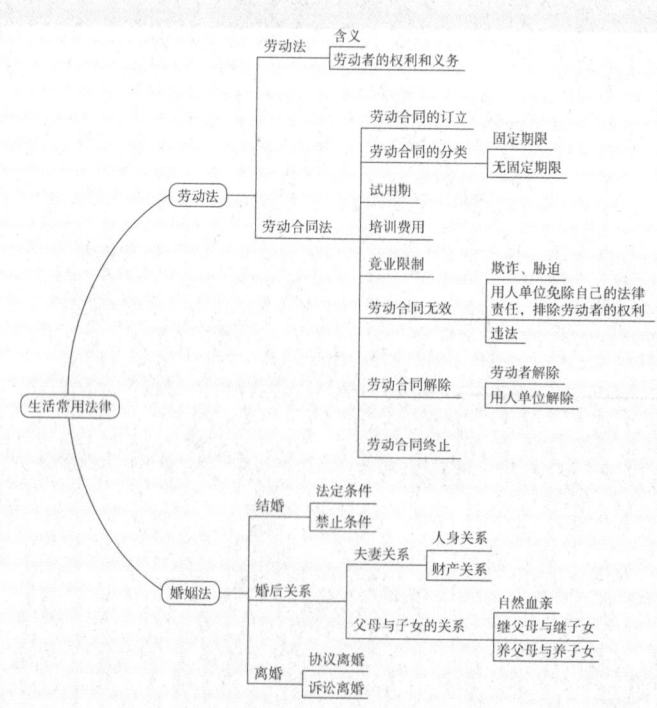

第八章
生活常用法律

▌平语近人

《中华人民共和国民法典》，是新中国成立以来第一部以"法典"命名的法律，是新时代我国社会主义法治建设的重大成果。

民法典实施水平和效果，是衡量各级党政机关履行为人民服务宗旨的重要尺度。

"法与时转则治。"随着经济社会不断发展，经济社会生活中各种利益关系不断变化，民法典在实施过程中必然会遇到一些新情况新问题。……要坚持问题导向，适应技术发展进步新需要，在新的实践基础上推动民法典不断完善和发展。

——2020年5月29日，习近平在十九届中央政治局第二十次集体学习时的讲话

▌成长话题

1. "996"违反劳动法吗？
2. 为何女性在职场容易遭遇性别歧视？
3. 试用期企业常钻的法律空子有哪些？
4. 婚姻法越来越不保护女性吗？
5. 哪些财产离婚后不可分割？
6. 真的禁收彩礼了吗？

▌课时安排

序号	题目	课型	课时分配
1	《劳动法》	理解认知	2课时
2	《民法典》之婚姻家庭编	理解认知	2课时

▌教学目标

知识目标	能界定劳动关系和劳务关系，明确劳动法的适用范围；能指出劳动者的权利和义务，维护自己的权利承担相应的义务；能辨别试用期的一些常见陷阱以及在签订劳动合同时应注意的问题；能够阐释我国婚姻法的立法精神及基本原则，能整体把握《婚姻法》的基本内容以及基于婚姻所产生的人身关系和财产关系
能力目标	通过案例教学的方法，培养学生理论联系实践的独立思考、独立判断能力，以此来维护自身合法权利
情感目标	铸造学生的劳动法治意识和正确的婚姻家庭观念

▌教学重难点

重点	劳动者的权利和义务 结婚的实质要件和形式要件
难点	劳动关系的界定 夫妻共同财产的分割

● 教学资源 ●

一、区分劳动关系和劳务关系

劳动关系与劳务关系

2014年12月高某进入某某投资有限公司从事卫生清洁工作，双方未签订书面协议。对于工作报酬，高某称双方口头约定每月3000元，公司一审庭审时称双方口头约定每小时20

元,每天工作2小时,高某工作时间不固定,只需要将卫生打扫干净就可以了。2015年1月20日后,高某未在公司工作。高某以公司无故解除劳动合同为由,向珠海市香洲区劳动人事争议仲裁委员会申请仲裁。仲裁过程中高某确认与公司口头约定每日工时为2小时,报酬为每小时20元,高某工作完成后,可在公司客房休息住宿,但高某主张其每日实际工作时间长达12小时。仲裁委驳回了高某的全部仲裁请求,高某向法院提起诉讼,要求支付拖欠的工资、吃饭补助、经济补偿金和两倍工资。

一审判决:认定高某与公司之间不存在劳动关系,而是劳务关系。

二审判决:驳回高某上诉请求,维持原判。

案件分析:当劳务关系一方是用人单位,另一方是自然人时,其外在表现形式与劳动关系非常相似,表面上都是自然人一方提供劳动力,用人单位一方支付报酬。在此情况下,劳动者一方主张与公司存在事实劳动关系时,双方之间是劳务关系还是劳动关系?这也是本案的焦点,高某与公司之间是劳务关系还是劳动关系。实务中对二者的把握,应当从法律事实、证据规定方面进一步区分。

1. 二者法律关系的性质

劳务关系的双方不存在隶属关系,没有管理与被管理、支配与被支配的权利义务,提供劳务的一方在工作过程中虽然也要接受用人单位指挥、监督,但并不受用人单位内部各项规章制度的约束,双方的地位处在同一平台上。

劳动关系的双方具有隶属关系,劳动者须接受用人单位的管理,遵守用人单位的规章制度,用人单位对于违反劳动纪律和规章制度的劳动者可以采取如降级、撤职和解除劳动关系等处分,这是劳务关系与劳动关系最重要的区别。

2. 二者的工作内容

劳务关系中提供劳务的内容一般非用人单位业务的组成部分,劳动过程主要依靠提供劳务一方独立完成。

劳动关系中劳动者提供的劳动是用人单位业务的组成部分,且需要其他协调配合完成。

3. 二者的形成条件

劳务关系一般只需双方达成合意即可成立,体现的是一种即时清结的关系,具有临时性的特征。

劳动关系的确立还需要经过较为正式的招聘程序,并常以工作证、入职证明等形式表现出来,具有长期性、持续性和稳定性的特征。

回归本案,高某认可其自己负责记录上下班的时间,其在仲裁中提交的考勤亦是自己所做。从中可知,高某未受到公司规章制度管理,不存在隶属关系。同时,高某所从事的打扫卫生等工作,不属于公司的业务组成部分,其自己独立工作就可以完成。除此之外,高某进入公司工作是经人介绍,双方达成口头约定,并未经过正式的招聘程序,也未约定工作期限,其实际工作时间只有一个月,由此可见,双方关系体现出一种临时性的特征,不具有长期性、持续性和稳定性。高某主张其提供的《收据》能够证明双方存在事实劳动关系,但上文所述,劳务关系中也需要支付劳务报酬,并不能以此证明双方之间形成劳动关系,高某以此主张劳动关系是混淆了劳动关系与劳务关系的法律概念。至于高某主张应由公司承担对入职表、考勤表、工资表的举证责任问题,对于考勤表,高某已承认由自己负责记录,其要求公司提交,明显不符合事实,另外,高某虽主张自己有填写入职表,但公司并不认可,高某亦未能提供其他证据予以佐证,法院不予采信。

因此,高某与公司之间不具备劳动关系的法律特征,双方形成的是劳务关系,而非事实劳动关系。因此,高某与公司的劳务关系适用《中华人民共和国民法通则》《中华人民共和国合同法》,不适用《中华人民共和国合同法》,也不适用《中华人民共和国劳动合同法》的相关规定,故高某要求经济补偿和未签订劳动合同的双倍工资并无法律依据。

劳务关系属于民事关系的一种,是指平等民事主体之间就一方向另一方提供劳务、另一方接受劳务并支付约定的报酬而相互形成的权利义务关系。因而劳务关系受民事法律规范调整,民法属于私法范畴,对当事人的权利予以平等保护。

劳动关系是指用人单位雇用劳动者为其成员,劳动者在用人单位的管理下,提供由用人单位支付报酬的劳动而产生的权利义务关系。因而劳动关系受劳动法律调整,劳动法属于社会法的范畴,其立法宗旨是保护劳动者弱者的合法权益。在法律制度的设计上,突出对劳动者的保护。

(资料来源:http://lawyers.66law.cn/s2917573208c2e_i473296.aspx)

二、什么是劳动法

1. 劳动法的产生

世界第一部劳动法

劳动法产生于19世纪,与产业革命的蓬勃发展及工人运动的日益壮大密切相关。18世纪末至19世纪初,随着西方各国无产阶级革命运动的逐步兴起,工人阶级强烈要求废除原有的"工人法规",颁布缩短工作日的法律;要求增加工资、禁止使用童工、对女工及未成年工给予特殊保护以及实现社会保险等。资产阶级政府迫于上述情况,制定了限制工作时间的法规,从而促使了劳动法的产生。英国在1802年通过《学徒健康和道德法》,这是现代劳动立法的开端。

(资料来源:https://www.sohu.com/a/312344468_120055348)

国际劳工组织成立

整个世界范围内,对于把劳动法这种观念意识传入中国,存在一个作为桥梁的国际组织,这个国际组织和凡尔赛会议是有关系的。1919年,在凡尔赛会议上,有一个国际劳工组织章程草案,被编入了凡尔赛合约。同年10月,在美国华盛顿召开第一届国际劳工大会,将雇主工会和政府相结合,同时制定相应的规则,形成了国际劳工组织,简称ILO。国际劳工组织成立之后,世界范围内的劳动者就拥有了一个表达自己权益诉求的平台。第二次世界大战后国际劳工组织就成为联合国所属的负责劳工事务的专门机构。

中国也是成员国之一。国际劳工组织以公约和建议书的形式,参与国际劳动立法活动,目前,它的成员国已经达到近 200 个,通过的公约、建议书达 200 多项,内容分为 19 类。

(**资料来源**:https://www.sohu.com/a/312344468_120055348)

2. 我国的劳动法

我国劳动法的起源

实际上,我国的劳动法起源,在清末就有了苗头,但在当时很难将其定义为一种文本成文法意义上的劳动法,工人一词是近现代的一个概念。在我国,有几千年的手工业领域的传统手工业者。但手工业者受传统户籍制度的影响,当时的户籍制度与现在不同。传统手工业者在清朝初期一般属于贱籍,地位低下。在手工业领域,清朝的雍正和乾隆年间,废止了手工业者的贱级制度,官府对于手工业者的人身控制和经济上的盘剥大为降低,这也是一种进步。

官府招募手工业者,一般采用雇佣制,雇佣制相比古代的贱级的人身依附关系是有很大进步的。但在实践当中,它仍然具有很强烈的伦理色彩。在劳动关系中,它和雇主也存在很强的人身依附关系。当时常常是学徒制,也没有正式的法律来规制。整个世界通过战争和贸易,建立了很紧密的利益关系,使我们不得不打开国门,再加上清末的洋务运动,以及民国时期的商品经济。但整体而言,制度上还是有所进步的。同时,工人的数量是在增加的,或者说城市劳动者的数量在增加,在这个增加的过程中,民国时期,文本层面也有一些劳动法的规定。

(**资料来源**:https://www.sohu.com/a/312344468_120055348)

影片《包身工》

1935 年,我国现代作家夏衍写了一部报告文学作品《包身工》,它以报告文学的形式叙述了当时在上海等地的包身工遭遇的种种非人的待遇。《包身工》,这部报告文学后来被改编成同名电影。

电影中的一个片段是这样的:珍儿的妈妈把她以包身工的形式卖给了工头。这天一大早,她到工地来看女儿,结果看到的是天刚蒙蒙亮女儿和其他十几个年龄相仿的年轻姑娘疲惫万分、边走边打盹儿地走出了车间。她诧异地唤女儿的名字,结果女儿条件反射地大哭起来,以为是老板在骂人,立刻跪在地上求饶。珍儿的妈妈十分不解,为什么来工作要遭到如此虐待?于是工头拿出了包身契。通过包身契的内容,大家了解到,全部收入都归包工头,生死由命。本来是母女相见的温馨场面,结果却因为相见耽误了女工回宿舍,包工头当着珍儿妈妈的面把珍儿痛揍了一顿。

《包身工》这部报告文学不仅仅是一个文学作品,它还极具现实意义,它取材当时现实生活中的真人真事,再加以适当的艺术加工。为了写得更好、更真实,作者亲自混到东洋纱厂内,去观察制纱厂里女工所处的劳动环境。从这部电影里,可以看到当时包身工的劳动制度,以及代工老板对工人残忍的压榨。

在当时国民党所处的环境中,劳动者的权益是受到极大损害的,那时有一个人物,叫芦柴棒,她是一个 15 岁的小女孩,但她每天不到四点就要起床工作,吃的和居住条件都非常差,这在一定程度上反映出当时劳动者所处环境的恶劣。

(**资料来源**:https://www.sohu.com/a/312344468_120055348)

3.我国劳动法的基本原则

女职工的"四期保护"

"经期"保护标准:女职工在月经期间,所在单位不得安排其从事高空、低温、冷水和国家规定的第三级体力劳动强度的劳动。患有重度痛经及月经过多的女职工,经医疗或妇幼保健机构确诊后,月经期间可适当给予1至2天的休假。

"孕期"保护标准:女职工在怀孕期间,所在单位不得安排其从事国家规定的第三级体力劳动强度的劳动和孕期禁忌从事的劳动。对于怀孕7个月以上的女职工,用人单位不得安排其从事夜班劳动,也不得安排其在正常劳动时间以外延长劳动时间,对不能胜任原劳动的怀孕女职工,应当根据医务部门的证明予以减轻劳动量或者安排其他劳动,并在劳动时间内应当安排一定的休息时间。怀孕女职工在劳动时间内需要进行产前检查的,应当视为劳动时间,并要相应地减少生产定额,以保证产前检查时间。

"产期"保护标准:女职工生育享受不少于90天的产假。产假分为两个部分,即产前假15天,产后假75天。如果孕妇早产,可以将不足的产前假和产后假合并使用。如果推迟生产,可将超出的天数按病假处理。女职工如果难产,增加产假15天。多胞胎生育的,每多生育一个婴儿,增加产假15天。产假期满恢复工作时,应允许有1至2周的时间逐步恢复原定额产量。女职工怀孕不满4个月流产时,应当根据医务部门的意见,给予15天至30天的产假;怀孕满4个月以上流产的,给予42天产假。产假期间,工资照发。

"哺乳期"保护标准:女职工在哺乳未满1周岁的婴儿期间,用人单位不得安排其从事国家规定的第三级体力劳动强度的劳动和哺乳期禁忌从事的其他劳动,不得安排其延长工作时间和夜班劳动。对于有不满1周岁婴儿的女职工,其所在单位应当给予每班2次,每次不少于30分钟的哺乳时间。多胞胎生育的,每多哺乳一个婴儿,每次哺乳时间增加30分钟。每班2次的哺乳时间可以合并使用。哺乳时间和在本单位内哺乳往返途中的时间算作劳动时间。如果婴儿满周岁后身体特别虚弱,经医务部门证明,可将哺乳期酌情延长。如果哺乳期满正值夏季,也可延长1到2个月。

(**资料来源**:http://china.findlaw.cn/jingjifa/fuyoubaohufa/bhfs/tsbh/1260414.html)

影视公司招录未成年人违法吗

某影视公司准备招录2个13岁小孩子当偶像明星,经双方家长同意,签订了劳动合同。2个月后双方家长反悔,认为13岁小孩子属于未成年人,进入影视圈工作属于童工,不符合法律规定,于是双方家长打算与影视公司解约。请问,未成年人进入影视圈工作,算童工吗?

案例分析:根据我国《中华人民共和国劳动法》第十五条禁止用人单位招用未满十八周岁的未成年人。文艺、体育和特种工艺单位招用未满十六周岁的未成年人,必须依照国家有关规定,履行审批手续,并保障其接受义务教育的权利。因对于文艺、体育等特殊领域,一般要从很小开始培养人才,若等孩子长大,就会错过最佳的学习年龄。因此,未成年人进入影视圈工作,不属于童工。本案中影视公司与家长签订劳动合同,培养小孩子往文艺方向发展,没有违反法律的规定。

三、劳动法规定劳动者的权利与义务

1. 劳动者的权利

用人单位能否以新冠肺炎疫情属不可抗力为由中止劳动合同

张某为某物流公司员工,双方签订的劳动合同约定其从事跨省货品运送工作,月工资为5000元;物流公司于每月月底发放张某当月工资。受疫情影响,物流公司按照所在地区人民政府施行的防疫措施,自2020年2月3日起停工。2月底,张某发现公司未发工资,便询问公司人力资源部门,人力资源部门答复:"因疫情属不可抗力,公司与你的劳动合同中止,2月停工你无需上班,公司也没有支付工资的义务。"张某对此不理解,于3月初,通过互联网申请劳动仲裁。裁决物流公司支付2020年2月工资5000元。

处理结果:仲裁委员会裁决物流公司支付张某2020年2月工资5000元。

案例分析:本案的争议焦点是物流公司能否以不可抗力为由拒绝支付张某工资。

本次新冠肺炎疫情是突发公共卫生事件,属于不能预见、不能避免且不能克服的不可抗力。不可抗力是民法的一个法定免责条款。《中华人民共和国合同法》第一百一十七条规定:"因不可抗力不能履行合同的,根据不可抗力的影响,部分或者全部免除责任,但法律另有规定的除外。"第九十四条规定:"有下列情形之一的,当事人可以解除合同:(一)因不可抗力致使不能实现合同目的......"最高人民法院《关于依法妥善审理涉新冠肺炎疫情民事案件若干问题的指导意见(一)》第二条规定:"人民法院审理涉疫情民事案件,要准确适用不可抗力的具体规定,严格把握适用条件。"人力资源社会保障部、最高人民法院等七部门《关于妥善处置涉疫情劳动关系有关问题的意见》(人社部发〔2020〕17号)第(一)条规定:"受疫情影响导致原劳动合同确实无法履行的,不得采取暂时停止履行劳动合同的做法,企业和劳动者协商一致,可依法变更劳动合同。"因此,受疫情影响的民事合同主体可依法适用不可抗力条款,但劳动合同主体则不适用并不得因此中止履行劳动合同。

本案中,物流公司主张疫情属不可抗力,双方劳动合同因此中止缺乏法律依据,仲裁委员会不予采信。物流公司自2020年2月3日停工,张某2月未提供劳动。根据人力资源社会保障部办公厅《关于妥善处理新型冠状病毒感染的肺炎疫情防控期间劳动关系问题的通知》(人社厅明电〔2020〕5号)第二条规定:"企业停工停产在一个工资支付周期内的,企业应按劳动合同规定的标准支付职工工资。超过一个工资支付周期的,若职工提供了正常劳动,企业支付给职工的工资不得低于当地最低工资标准。"仲裁委员会裁决物流公司按照劳动合同约定,支付张某2020年2月工资5000元。一审人民法院判决结果与仲裁裁决一致。

典型意义:劳动法未引入不可抗力免责条款,主要原因是劳动关系是一种从属性的不对等关系,不同于民事关系是两个平等主体之间的关系。 如果用人单位因不可抗力而免责,则会直接影响劳动者生存权。劳动报酬是劳动者赖以生存的经济来源,即使出现不可抗力,劳动者的该项权益仍需予以维护,用人单位也应谨慎区分民事关系与劳动关系适用不可抗力的条件、法律后果,避免适用错误,侵害劳动者权益,并因此承担违法后果。

(**资料来源**:https://zhuanlan.zhihu.com/p/167669910)

受疫情影响延迟复工复产期间，用人单位是否有权单方面安排劳动者休带薪年休假

李某在某餐饮公司担任厨师，月工资为8000元，2019年开始李某可以享受每年5天带薪年休假，其书面提出要求跨年休假并征得餐饮公司同意。2020年2月3日，当地市政府要求全市所有非涉及疫情防控企业延迟复工复产至2月17日。餐饮公司即通知李某延迟复工，并要求李某2月3日至14日期间休完2019、2020年度的带薪年休假。李某表示不同意，餐饮公司要求李某服从安排并支付了李某2月3日至14日期间工资。3月9日，餐饮公司复工复产后，因李某多次旷工，餐饮公司与其解除劳动合同。李某提出餐饮公司未征得本人同意就安排休假不合法，该期间工资应当视为停工停产期间工资，并要求支付2019、2020年度未休年休假工资报酬，餐饮公司拒绝。李某遂申请仲裁。裁决餐饮公司支付2019、2020年度未休带薪年休假工资6620.69元（8000元/21.75天×6天×300%）。

处理结果：仲裁委员会裁决驳回李某的仲裁请求。

案例分析：本案的争议焦点是餐饮公司未经李某同意安排其在延迟复工复产期间休带薪年休假是否合法。

《职工带薪年休假条例》第五条第一款规定："单位根据生产、工作的具体情况，并考虑职工本人意愿，统筹安排职工年休假。"《企业职工带薪年休假实施办法》第九条规定："用人单位根据生产、工作的具体情况，并考虑职工本人意愿，统筹安排年休假。"人力资源社会保障部等四部门《关于做好新型冠状病毒感染肺炎疫情防控期间稳定劳动关系支持企业复工复产的意见》（人社部发〔2020〕8号，以下简称8号文件）规定："对不具备远程办公条件的企业，与职工协商优先使用带薪年休假、企业自设福利假等各类假"。从上述条款可知，**用人单位有权统筹安排劳动者带薪年休假，与劳动者协商是用人单位需履行的程序，但并未要求"必须协商一致"。** 无论劳动者是否同意，企业都可以在履行协商程序后统筹安排带薪年休假。

本案中，餐饮公司在市政府要求延迟复工复产期间，主动与李某沟通后安排李某休带薪年休假符合法律和政策规定，而且李某2月3日至14日期间已依法享受2019、2020年度带薪年休假并获得相应的工资。李某要求餐饮公司支付2019、2020年度未休带薪年休假工资无事实依据，故依法驳回李某的仲裁请求。

典型意义：8号文件明确引导企业与劳动者优先使用带薪年休假、企业自设福利假等各类假，把新冠肺炎疫情对企业经营和劳动者收入损失降到最低。安排劳动者在延迟复工复产期间优先使用带薪年休假时，企业应当尽量考虑劳动者实际情况，依法履行协商程序，并依法支付带薪年休假工资；劳动者应当准确理解法律和政策规定，积极接受用人单位安排。

（资料来源：https://zhuanlan.zhihu.com/p/167669910）

无偿"996"、公司压榨休息时间

陈某入职北京某科技公司后，双方签订的劳动合同中约定每月工资3000元，前3个月试用期工资按80%支付。上班10个月，陈某每天加班加点工作，超负荷工作让身体健康情况不断恶化。于是，他休了一段时间的病假，公司却提出让他主动离职。离职后，公司以陈某自动辞职为由不付经济补偿金。案件经过调解之后，双方达成协议，该公司支付陈某一个月的工资作为补偿。

涉及权利:劳动者休息权、劳动者报酬权。

《中华人民共和国劳动法》第三十六条:国家实行劳动者每日工作时间不超过八小时、平均每周工作时间不超过四十四小时的工时制度。

《中华人民共和国劳动法》第八十五条:用人单位有下列情形之一的,由劳动行政部门责令限期支付劳动报酬、加班费或者经济补偿;劳动报酬低于当地最低工资标准的,应当支付其差额部分;逾期不支付的,责令用人单位按应付金额50%以上100%以下的标准向劳动者加付赔偿金:(一)未按照劳动合同的约定或者国家规定及时足额支付劳动者劳动报酬的;(二)低于当地最低工资标准支付劳动者工资的;(三)安排加班不支付加班费的。

(资料来源:https://m.thepaper.cn/baijiahao_4764182)

不买社保、伤后无处索赔

某年7月,计算机专业博士袁某受聘于某软件开发公司任技术部主管。劳动合同中载明:袁某月工资1万元,无其他奖金福利,养老保险、医疗保险等公司概不负责。今年3月,因开发方向等问题,袁某与公司高层发生分歧,被炒了"鱿鱼"。袁某要求公司为其补交社会保险,但公司认为,协议事先讲好不缴社保,无权反悔。袁某最终向法院提起诉讼,法院最终判决:公司应为袁某补交社会保险。

涉及权利:劳动者社会保险权、劳动安全卫生权。

《中华人民共和国劳动法》第七十二条:用人单位和劳动者必须依法参加社会保险,缴纳社会保险费。

《中华人民共和国劳动法》第五十二条:用人单位必须建立、健全劳动安全卫生制度,严格执行国家安全卫生规程和标准,为劳动者提供符合国家规定的劳动安全制度,严格执行国家安全卫生规程和标准,为劳动者提供符合国家规定的劳动安全卫生条件和必要的劳动防护用品,对从事特种作业的人员进行专门培训,防止劳动过程中的事故,减少职业危害。

(资料来源:https://m.thepaper.cn/baijiahao_4764182)

2. 劳动者的义务

新冠肺炎疫情期间,劳动者以处于居家观察期为由拒绝提供正常劳动如何认定

2019年4月2日,张某与某商业公司签订了两年期劳动合同,双方约定月工资为10000元。张某2020年春节期间返回外省父母家休假。同年2月3日,张某称其父母所在小区出现新冠肺炎确诊患者密切接触者,故按小区物业公司要求居家观察14天,拒绝返回公司上班。14天后,张某表示因其在公司所在城市租住的小区禁止租户入住,仍不能按期返岗。2020年3月16日,张某返回公司上班,商业公司经与张某协商后向张某支付了2020年3月3日至3月16日期间超过一个工资支付周期的生活费。张某认为该行为违法,遂申请仲裁,要求裁决商业公司支付2020年3月3日至3月16日期间工资差额4800元。

处理结果:仲裁委员会裁决驳回张某的仲裁请求。

案例分析:本案的争议焦点是新冠肺炎疫情期间,张某以处于居家观察期为由拒绝提供正常劳动应如何认定。

《中华人民共和国传染病防治法》(以下简称《传染病防治法》)第三十九条规定:"医疗机构发现甲类传染病时,应当及时采取下列措施:(一)对病人、病原携带者,予以隔离治疗,

隔离期限根据医学检查结果确定;(二)对疑似病人,确诊前在指定场所单独隔离治疗;(三)对医疗机构内的病人、病原携带者、疑似病人的密切接触者,在指定场所进行医学观察和采取其他必要的预防措施。"第四十一条规定:"对已经发生甲类传染病病例的场所或者该场所内的特定区域的人员,所在地的县级以上地方人民政府可以实施隔离措施……被隔离人员有工作单位的,所在单位不得停止支付其隔离期间的工作报酬。"人力资源社会保障部办公厅《关于妥善处理新型冠状病毒感染的肺炎疫情防控期间劳动关系问题的通知》(人社厅明电〔2020〕5号)第一条规定:"对新型冠状病毒感染的肺炎患者、疑似病人、密切接触者在其隔离治疗期间或医学观察期间以及因政府实施隔离措施或采取其他紧急措施导致不能提供正常劳动的企业职工,企业应当支付职工在此期间的工作报酬。"人力资源社会保障部、最高人民法院等七部门《关于妥善处置涉疫情劳动关系有关问题的意见》(人社部发〔2020〕17号)规定:"对不属于被依法隔离情形但属于因政府依法采取停工停业、封锁疫区等紧急措施情形,导致企业延迟复工或劳动者不能返岗的,区分不同情况处理。……三是对企业未复工或者企业复工但劳动者未返岗且不能通过其他方式提供正常劳动的,企业参照国家关于停工停产期间工资支付相关规定与劳动者协商,在一个工资支付周期内的,按照劳动合同规定的标准支付工资;超过一个工资支付周期的,由企业发放生活费,生活费标准按地方有关规定执行。"从上述条款可知,关于新冠肺炎疫情期间劳动者依法隔离的情形有明确规定:一是医疗机构对确诊的新型冠状病毒感染的肺炎患者、疑似病人、密切接触者可予以隔离治疗或医学观察;二是所在地的县级以上地方人民政府,根据法律规定可采取隔离措施。此外,企业对超过一个工资支付周期不能提供正常劳动的职工发放生活费应与劳动者协商,但并未规定必须达成一致方可发放生活费。

本案中,张某不属于需隔离治疗或医学观察的三类人,其所在地区的县级以上地方人民政府亦未对新冠肺炎确诊病例密切接触者所在小区人员采取隔离措施,要求张某居家观察系物业公司从小区管理角度采取的防范措施。故依照上述规定,张某不属于因处于隔离治疗期或医学观察期以及因政府实施隔离措施而不能提供正常劳动的情形。同时,该商业公司在向张某发放生活费之前与其进行了协商,对超过一个工资支付周期的,商业公司支付张某生活费并不违反相关规定,故依法驳回张某的仲裁请求。

典型意义:根据《传染病防治法》规定,国家卫生健康委已明确将此次新冠肺炎纳入该法规定管理的乙类传染病,并采取甲类传染病预防、控制措施。在疫情期间,县级以上地方人民政府根据疫情防控需要作出的疫区封锁、交通检疫、停工停业停课以及密切接触者集中定点隔离等措施,均在法律授权范围内。劳动者在主张自己权益时应严格依照相关规定,严格区分隔离治疗期、医学观察期和居家观察期的不同内涵,避免"权利滥用"问题的发生。

(资料来源:https://zhuanlan.zhihu.com/p/167669910)

四、劳动合同

试用期陷阱

试用期是指用人单位和劳动者双方为进一步加深互相了解而约定的一定期限的考察期。用人单位可在试用期内考察劳动者的基本素质和品行,看其是否能胜任岗位要求与劳动职责;劳动者可利用试用期进一步了解用人单位的状况,看其工作条件和福利待遇是否与招聘时的承诺相一致,再看自己是否适合目前的工作并愿意长期从事此项工作。但是在就业过程中,许多毕业生和劳动者往往对试用期的认识一知半解,一些用人单位也利用毕业生这种认知上的不足,在试用期内肆意侵犯毕业生的合法权益。目前,由试用期引起的就业纠纷所占比例越来越高,应当引起毕业生的高度警惕。典型的"试用期陷阱"主要有以下几种类型。

（一）试用期过长

《劳动法》第二十一条规定:"劳动合同可以约定试用期。试用期最长不得超过六个月。"从实际用工情况看,用人单位与毕业生约定的试用期多数为1至3个月,劳动合同在6个月以下,试用期不能超过15日;劳动合同期限在6个月以上1年以下,试用期不得超过30日;劳动合同期限在1年以上2年以下,试用期不得超过60日。

另外,有些用人单位故意混淆"试用期"与"见习期"这两个概念,将见习期的有关规定生搬硬套到试用期上,变相延长毕业生的试用期。见习期是国家按照有关规定对大中专、技校毕业生转为国家干部编制之前执行的见习考察期限,期限一般为一年以上,而且是强制性的,毕业生必须经过见习期才能转正为人事部编制的国家干部。因此,毕业生在签约时要清楚自己所适用的是试用期还是见习期,不要被蒙蔽而导致自身权益受损。

（二）重复约定试用期

有的用人单位会在双方约定的试用期快要结束的时候,找个冠冕堂皇的理由（如时间太短、考察不全面等）,要求与毕业生重新约定一个试用期,以做进一步的考察。事实上,依据劳动法规规定,在试用期满后只可能出现两种情况,要么是毕业生在试用期内被证明不符合单位录用条件而被辞退,要么是试用期满后享受正式职工的待遇和权利即转正。试用期是不可以重复约定的。

如果在试用期结束后和劳动者解除合同,应该提前30天通知劳动者,如果未提前30天通知劳动者,那么要以劳动者上一个月的每天平均工资作为标准,每延迟一天就要支付劳动者一天的赔偿金。

（三）将试用期从劳动合同中剥离

有的用人单位会与毕业生同时签订两份合同:试用期合同和劳动合同,并将试用期合同作为劳动合同的前置程序;甚至有的用人单位只与学生约定试用期,试用期满正式录用后才签订劳动合同。

劳动部《关于实行劳动合同制度若干问题的通知》中明确规定:"试用期是劳动合同期限的组成部分,试用期生效之日就是劳动合同生效之日。"因此,将试用期从劳动合同中剥离是不合法的。只有签订了正式的劳动合同,双方才可约定试用期,而不是在试用期满后签订劳动合同。由于试用期包括在劳动合同期限内,因此试用期内的工资、福利等权利和义务不能够违反劳动法规的有关规定,其中包括试用期工资不低于当地最低工资标准;试用期内用人单位必须依法为劳动者缴纳社会保险费;等等。

"五险"指的是养老保险、医疗保险、事业保险、工伤保险和生育保险。"一金"指的是住房公积金。其中,养老保险、医疗保险和失业保险,这三种险是由企业和个人共同缴纳保费,而工伤保险和生育保险完全是由企业承担,个人不需要缴纳。这里要注意的是"五险"是法定的,而"一金"不是法定的。

企业可以不为5类人缴纳社会保险:退休返聘的员工、在校出来企业实习的大学生、劳务派遣的员工、接外包项目的个体户。

(四)利用试用期廉价使用劳动力

由于试用期内的工资待遇一般比正式录用要低很多,因此,有些用人单位会临时招聘一些能力颇佳的毕业生,等完成项目后再以试用期不合格等理由将其辞退;或在试用期满后提出苛刻条件,逼迫毕业生知难而退自动辞职。这样,既用低成本完成了劳动,又不用承担任何法律责任。这些不良的用人单位,专门通过剥削劳动者来追求企业利润的最大化,在试用期内廉价使用劳动力,到试用期满再借故辞退劳动者,继续"试用"另一批求职者。

《劳动法》第二十五条规定,劳动者在试用期被证明不符合录用条件的,用人单位可以解除劳动合同。也就是说,如果单位不能很好地证明毕业生"不符合录用条件",就不能将毕业生辞退。但是,"欲加之罪,何患无辞"。因此,毕业生在与用人单位签约之前,最好能多了解招聘单位的用人意图以及过往用人的诚信记录。若毕业生在试用期内被辞退,则可以请求劳动争议仲裁委员会或者人民法院裁定自己在试用期内的表现有无不符合单位的录用条件,进而裁定用人单位是否违法,以保护自己正当的就业权益。

(五)要求毕业生在试用期内承担违约责任

设立试用期的目的,就在于给予双方相互考察、相互了解的时间。但当毕业生在试用期内提出辞职时,有很多用人单位会以毕业生违约为由要求其承担违约责任并支付违约金,这是不合法的。我国《劳动法》第三十二条规定,"在试用期内劳动者可以随时通知用人单位解除劳动合同",不必征得用人单位的同意,也不存在违反劳动合同向对方赔偿经济损失的问题。若毕业生在试用期内要求解除劳动关系,即使其间用人单位出资培训了毕业生,也不得向毕业生索求培训费用。

毕业生还要警惕用人单位偷换"违约金"概念的做法。

就业协议书

佛山市某高校的一位2004届毕业生到单位报到后,发现实际工作岗位与招聘人员的许诺相差甚远,上了几天班后便向用人单位提出辞职。当时劳动合同尚未签订,于是单位拿出双方所签订的就业协议书,要求该生按照协议书上"试用期三个月""违约金3000元"的条款向单位支付违约金。

案例解析:就业协议书中的"违约金"是针对违反就业协议的行为所做出的约定,既然毕业生已经去该用人单位报到并实践试用期,就已经履行了就业协议书中关于就业意向的约定,不存在违约问题。毕业生在试用期内与用人单位已经形成事实劳动关系,违约与否应该按照《劳动法》的有关规定进行判定。显然这名学生是不需要为其在试用期内辞职而承担任何违约责任的。

员工业绩不达标被解除劳动合同,能否请求赔偿金?

马某于2011年8月1日进入某房屋销售有限公司担任区域经理负责房屋销售,双方签订劳动合同至2014年7月31日,入职时公司告知马某《考核管理规定》中规定"销售管理人员淘汰线是指业绩指标完成率<50%",同时明确"淘汰是指公司将解除与员工的劳动关系、并不支付任何赔偿金和补偿金",马某在上述《考核管理规定》上签字,该《考核管理规定》实施前已经过公司职代会民主商讨。2013年12月1日,公司作出《解除劳动合同通知书》称马某考核结果低于淘汰线,无法胜任工作,根据《考核管理规定》公司解除劳动合同并不给予任何补偿。2014年1月,马某以该公司违法解除劳动合同为由提起仲裁申请,请求该公司支付违法解除劳动合同的赔偿金17690元。

裁决结果:房屋销售有限公司向马某支付赔偿金17690元。用人单位规章制度的合法性要具备民主程序制定、内容合法、公示或告知的条件。规章制度规定的解除或终止劳动合同的条件要符合法律规定。

案例点评:本案是一起因业绩淘汰解除劳动合同而引起的典型案例。某房屋销售有限公司单方面解除马某的劳动合同,应当符合法律的规定。虽然某房屋销售有限公司的《考核管理规定》经过民主程序并经马某签字确认,但规章制度中有关业绩淘汰直接解除劳动关系并不支付任何补偿的规定内容与《劳动合同法》第四十条规定相违背,构成违法解除劳动合同,因此对于马某要求用人单位支付违法解除劳动合同赔偿金的请求,仲裁委员会予以支持。

《劳动合同法》第四条规定,用人单位应当依法建立和完善劳动规章制度,保障劳动者享有劳动权利、履行劳动义务。用人单位在制定、修改或者决定有关劳动报酬、工作时间、休息休假、劳动安全卫生、保险福利、职工培训、劳动纪律以及劳动定额管理等直接涉及劳动者切身利益的规章制度或者重大事项时,应当经职工代表大会或者全体职工讨论,提出方案和意见,与工会或者职工代表平等协商确定。

在规章制度和重大事项决定实施过程中,工会或者职工认为不适当的,有权向用人单位提出,通过协商予以修改完善。用人单位应当将直接涉及劳动者切身利益的规章制度和重大事项决定公示,或者告知劳动者。

最高人民法院《关于审理劳动争议案件适用法律若干问题的解释》(法释〔2001〕14号)第十九条规定,用人单位根据《劳动法》第四条之规定,通过民主程序制定的规章制度,不违反国家法律、行政法规及政策规定,并已向劳动者公示的,可以作为人民法院审理劳动争议案件的依据。

可见,用人单位规章制度的合法性取决于以下三个要件:1.制定或修改规章制度的民主程序合法;2.内容合法,不违反国家法律、行政法规及政策规定;

3.向劳动者公示或告知。

在实践中,实行末位淘汰制需要注意以下几点:1.企业制定末位淘汰制的规章制度,应当履行职工民主程序;2.建立一套科学和客观公正的绩效考核标准和程序;3.对于绩效确实不佳的员工,如果是因为不适合所在工作岗位,应当采取调整工作岗位或进行培训,经调岗或培训,仍不能胜任工作的,用人单位才能依据《劳动合同法》第四十条的规定可以提前三十日以书面形式通知劳动者本人或者额外支付劳动者一个月工资的方式解除劳动合同,并依法支付相应的经济补偿金。

本案中,用人单位解除劳动合同适用的规章制度内容不合法,应当支付劳动者违法解除劳动合同赔偿金。

（资料来源：http://www.mohrss.gov.cn/tjzcgls/TJZCdianxingal/201712/t20171206_283159.html）

劳动者提供虚假学历证书是否导致劳动合同无效

2018年6月，某网络公司发布招聘启事，招聘计算机工程专业大学本科以上学历的网络技术人员1名。赵某为销售专业大专学历，但其向该网络公司提交了计算机工程专业大学本科学历的学历证书、个人履历等材料。后赵某与网络公司签订了劳动合同，进入网络公司从事网络技术工作。2018年9月初，网络公司偶然获悉赵某的实际学历为大专，并向赵某询问。赵某承认自己为应聘而提供虚假学历证书、个人履历的事实。网络公司认为，赵某提供虚假学历证书、个人履历属欺诈行为，严重违背诚实信用原则，根据《中华人民共和国劳动合同法》第二十六条、第三十九条规定解除了与赵某的劳动合同。赵某不服，向劳动人事争议仲裁委员会申请仲裁。请求裁决网络公司继续履行劳动合同。

处理结果：仲裁委员会裁决驳回赵某的仲裁请求。

案例分析：本案的争议焦点是赵某提供虚假学历证书、个人履历是否导致劳动合同无效。

《劳动合同法》第八条规定："用人单位招用劳动者时，应当如实告知劳动者工作内容、工作条件、工作地点、职业危害、安全生产状况、劳动报酬，以及劳动者要求了解的其他情况；用人单位有权了解劳动者与劳动合同直接相关的基本情况，劳动者应当如实说明。"第二十六条第一款规定："下列劳动合同无效或者部分无效：（一）以欺诈、胁迫的手段或者乘人之危，使对方在违背真实意思的情况下订立或者变更劳动合同的……"第三十九条规定："劳动者有下列情形之一的，用人单位可以解除劳动合同。（五）因本法第二十六条第一款第一项规定的情形致使劳动合同无效的……"从上述条款可知，劳动合同是用人单位与劳动者双方协商一致达成的协议，相关信息对于是否签订劳动合同、建立劳动关系的真实意思表示具有重要影响。《劳动合同法》第八条既规定了用人单位的告知义务，也规定了劳动者的告知义务。如果劳动者违反诚实信用原则，隐瞒或者虚构与劳动合同直接相关的基本情况，根据《劳动合同法》第二十六条第一款规定属于劳动合同无效或部分无效的情形。用人单位可以根据《劳动合同法》第三十九条规定解除劳动合同并不支付经济补偿。此外，应当注意的是，《劳动合同法》第八条"劳动者应当如实说明"应仅限于"与劳动合同直接相关的基本情况"，如履行劳动合同所必需的知识技能、学历、学位、职业资格、工作经历等，用人单位无权要求劳动者提供婚姻状况、生育情况等涉及个人隐私的信息，也即不能任意扩大用人单位知情权及劳动者告知义务的外延。

本案中，"计算机工程专业""大学本科学历"等情况与网络公司招聘的网络技术人员岗位职责、工作完成效果有密切关联性，属于"与劳动合同直接相关的基本情况"。赵某在应聘时故意提供虚假学历证书、个人履历，致使网络公司在违背真实意思的情况下与其签订了劳动合同。因此，根据《劳动合同法》第二十六条第一款规定，双方签订的劳动合同无效。网络公司根据《劳动合同法》第三十九条第五项规定，解除与赵某的劳动合同符合法律规定，故依法驳回赵某的仲裁请求。

典型意义：《劳动合同法》第三条规定："订立劳动合同，应当遵循合法、公平、平等自愿、协商一致、诚实信用的原则。"第二十六条规定以欺诈、胁迫的手段或者乘人之危，使对方在违背真实意思的情况下订立或者变更劳动合同的劳动合同无效或部分无效；第三十九条有关以欺诈手段订立的劳动合同无效、可以单方解除的规定，进一步体现了诚实信用原则。诚实信用既是《劳动合同法》的基本原则之一，也是社会基本道德之一。用人单位与劳动者订立劳动合同时都必须遵循诚实信用原则，建立合法、诚信、和谐的劳动关系。

（资料来源：https://www.51zhishang.com/shiti/tk-st-424060.html）

用人单位未支付竞业限制经济补偿，劳动者是否需承担竞业限制违约责任

2013年7月，乐某入职某银行，在贸易金融事业部担任客户经理。该银行与乐某签订了为期8年的劳动合同，明确其年薪为100万元。该劳动合同约定了保密与竞业限制条款，约定乐某须遵守竞业限制协议约定，即离职后不能在诸如银行、保险、证券等金融行业从事相关工作，竞业限制期限为两年。同时，双方还约定了乐某如违反竞业限制义务应赔偿银行违约金200万元。2018年3月1日，银行因乐某严重违反规章制度而与乐某解除了劳动合同，但一直未支付乐某竞业限制经济补偿。2019年2月，乐某入职当地另一家银行依旧从事客户经理工作。2019年9月，银行申请仲裁。请求裁决乐某支付违反竞业限制义务违约金200万元并继续履行竞业限制协议。

处理结果：仲裁委员会裁决驳回银行的仲裁请求。

案例分析：本案的争议焦点是银行未支付竞业限制经济补偿，乐某是否需承担竞业限制违约责任。

依据《中华人民共和国劳动合同法》（以下简称《劳动合同法》）第二十三条第二款规定："对负有保密义务的劳动者，用人单位可以在劳动合同或者保密协议中与劳动者约定竞业限制条款，并约定在解除或者终止劳动合同后，在竞业限制期限内按月给予劳动者经济补偿。劳动者违反竞业限制约定的，应当按照约定向用人单位支付违约金。"由此，竞业限制义务，是关于劳动者在劳动合同解除或终止后应履行的义务。本案中，双方当事人在劳动合同中约定了竞业限制条款，劳动合同解除后，竞业限制约定对于双方当事人发挥约束力。《劳动合同法》第二十九条规定："用人单位与劳动者应当按照劳动合同的约定，全面履行各自的义务。"《最高人民法院关于审理劳动争议案件适用法律若干问题的解释（四）》（法释〔2013〕4号）第八条规定："当事人在劳动合同或者保密协议中约定了竞业限制和经济补偿，劳动合同解除或者终止后，因用人单位的原因导致三个月未支付经济补偿，劳动者请求解除竞业限制约定的，人民法院应予支持。"用人单位未履行竞业限制期间经济补偿支付义务并不意味着劳动者可以"有约不守"，但劳动者的竞业限制义务与用人单位的经济补偿义务是对等给付关系，用人单位未按约定支付经济补偿已构成违反其在竞业限制约定中承诺的主要义务。具体到本案中，银行在竞业限制协议履行期间长达11个月未向乐某支付经济补偿，造成乐某遵守竞业限制约定却得不到相应补偿的后果。根据公平原则，**劳动合同解除或终止后，因用人单位原因未支付经济补偿达三个月，劳动者此后实施了竞业限制行为，应视为劳动者以其行为提出解除竞业限制约定，用人单位要求劳动者承担违反竞业限制违约责任的不予支持**，故依法驳回银行的仲裁请求。

典型意义：随着新兴行业迅猛发展，越来越多的用人单位增强了知识产权和核心技术的保密意识，强化了其高级管理人员、高级技术人员及负有保密义务的其他人员的竞业限制约束力。用人单位应当严格按照劳动合同的约定向劳动者履行竞业限制期间的经济补偿支付义务，劳动者亦应秉持诚实守信原则履行竞业限制义务。同时，仲裁与司法实务中应始终关注劳动关系的实质不平等性，避免用人单位免除自己的法定责任，而排除劳动者的合法权益的情形，依法公正地维护双方的合法权益。

（资料来源：https://zhuanlan.zhihu.com/p/167669910）

五、解决劳动争议

劳动争议解决程序对劳动者的意义

对于劳动者来说，维权程序十分重要，遇到问题，劳动者需要知道最便捷、最经济的解决方式。程序上的问题，劳动仲裁是不收费的，所以在这种情况下诉讼的效率是高的，而且到今天我们的仲裁方式基本仍沿用20世纪50年代的。很多劳动仲裁都是一裁终局，例如工资报酬，对劳动者给予很急迫的一些事项，采取一裁终局的方式，时间上能保证损失获得及时的补偿。诉讼存在程序问题，时间会相对较慢，所以程序问题非常重要。

劳动法在整个演变的过程中，无论是西方还是中国，它的定位不是民法。民法，一般而言是平等主体之间，纯粹的民事上的合同关系，政府一般不会介入。就一个事项而言，人们的地位是大致平等的。但劳动法不同，劳动法所调整的一般是用人单位，就我国的环境而言，是指党政机关企事业单位、社会团体。用人单位和个体的劳动者之间，双方地位不是完全对等的。相对而言，用人单位处于强势的地位，劳动者处于弱势的地位。

法律是一个调整器，它在规定的时候，更多地倾向于对弱势群体的保护。所以劳动法无论从程序设计上，还是从时间、权益保护或福利待遇上，都更倾向于个体的劳动者。

（资料来源：https://m.sohu.com/a/312344468_120055348）

"一站式"劳动纠纷联处案

某公司及环保子公司因经营困难、停产裁员，已被多家法院查封，无力支付职工工资、经济补偿金等费用共计1434.75万元，面临较大债务压力和发展困局，且涉及职工人数众多，陆续引发多起信访问题。

判决结果：成都市青白江区法院、区人社局、区司法局、区总工会本着矛盾纠纷源头治理的理念，落实"一站式"多元解纷和诉讼服务体系建设相关机制，综合运用涉法未诉信访预期引导、提前预判介入，引导案件进入劳动争议"一站式"调处，召集劳企双方召开见面会、协调会、调解会，在仲裁调解期间与单位协调通过多种渠道筹集资金支付了欠缴的社保费78余万元，保障了职工失业金的领取。针对89件未能达成调解的案件仅用时30天快速办结仲裁案件，公司起诉后，青白江区法院开辟劳动争议诉讼"绿色通道"，仅用时25天促成双方达成调解协议。实现202件纠纷的批量、非对抗式解决，为企业和劳动者创造了进一步调和矛盾、平衡利益的空间和条件。鉴于该批案件涉及劳动者众多、赔偿数额较大，"一站式"联处中心各组成单位与区委政法委、园区管委会、经科信等部门沟通联系，组建专班前往杭州中院协调拖欠工资执行问题。通过多方努力，杭州中院优先解决了集团总公司和环保子公司职工权益问题,2020年2月24日,202名职工拿到了自己的工资、经济补偿、工伤待遇等款项合计1 356.75万元。两家公司的职工代表向青白江区劳动纠纷"一站式"联处中心各组成单位送上锦旗表示感谢。

典型意义:本案因上市公司经营不善不能足额支付劳动者工资、社保、经济补偿金、工伤待遇等款项而引发,涉及劳动者众多、赔偿数额较大。青白江区劳动纠纷"一站式"联处中心准确把握案情和形势,成功化解纠纷,并执行到位。纠纷有效化解既展示了"一站式"联处中心在实质化解纠纷方面取得的卓越成效,也为进一步探索和完善多元化纠纷解决机制提供了可行路径和借鉴经验:一是坚持诉源治理工作思路,下沉纠纷发现渠道。二是整合各部门职能,形成全链条解纷平台。三是坚持依法调解,实现202件纠纷的批量、非对抗式解决,为企业和劳动者创造了进一步调和矛盾、平衡利益的空间和条件。

(资料来源:https://m.thepaper.cn/baijiahao_12498404)

用人单位以承揽协议否认劳动关系案

2018年8月1日,蒋某某与某垃圾清运公司签订书面《劳动合同》,约定劳动期限为一年。蒋某某到某垃圾清运公司从事驾驶员(工种)工作。该《劳动合同》第十条约定,某垃圾清运公司的规章制度及垃圾清运承揽协议书作为本劳动合同的附件,与劳动合同具有同等法律地位。同日,蒋某某与某垃圾清运公司签订《垃圾清运承揽协议》,协议第十三条约定:为了确保本协议的履行,蒋某某应向某垃圾清运公司缴纳风险保证金20000元;风险金在承揽期限届满后,若蒋某某无违规行为,某垃圾清运公司应如数退还。2019年1月2日,某垃圾清运公司向蒋某某出具收条,载明收到蒋某某风险保证金20000元。蒋某某在职期间,驾驶某垃圾清运公司提供的清运车从事清运工作,某垃圾清运公司为蒋某某发放工资并缴纳社保。

2019年7月22日,蒋某某向绵阳市劳动人事争议仲裁委员会提起仲裁,仲裁请求确认蒋某某与某垃圾清运公司自2018年8月1日至裁决生效时止存在劳动关系,后某垃圾清运公司对仲裁裁决书不服,遂向法院提起诉讼。

判决结果:天府新区法院认为,某垃圾清运公司与蒋某某签订《劳动合同》,蒋某某为某垃圾清运公司提供劳动,某垃圾清运公司为蒋某某发放工资并购买社保,故某垃圾清运公司与蒋某某之间为劳动合同关系。尽管某垃圾清运公司以双方签订了《垃圾清运承揽协议》来抗辩双方系承揽关系而非劳动关系,但双方签订《垃圾清运协议书》的实质是为了履行主合同即劳动合同,某垃圾清运公司与蒋某某之间应以其主合同即劳动合同来确定法律关系,即双方为劳动合同关系,而并非承揽合同关系。

典型意义:实践中,一些用人单位在与劳动者签订《劳动合同》之后再签订附属协议,附属协议常常表述为"承揽协议"或者"承揽合同"。产生纠纷时,用人单位常常以双方为"承揽关系"而非劳动关系为由进行抗辩,在判断附属协议的法律关系时,应当以双方签订的主合同即《劳动合同》为主,附属协议应理解为《劳动合同》的组成部分,劳动者按照附属协议完成工作系履行劳动合同的体现,进而认定用人单位主张双方系承揽关系不成立。

(资料来源:https://m.thepaper.cn/baijiahao_12498404)

教学资源

六、《民法典》简介

《中华人民共和国民法典》被称为"社会生活的百科全书",是新中国第一部以法典命名的法律,在法律体系中居于基础性地位,也是市场经济的基本法。

《中华人民共和国民法典》共 7 编、1260 条,各编依次为总则、物权、合同、人格权、婚姻家庭、继承、侵权责任,以及附则。通篇贯穿以人民为中心的发展思想,着眼满足人民对美好生活的需要,对公民的人身权、财产权、人格权等作出明确详实的规定,并规定侵权责任,明确权利受到削弱、减损、侵害时的请求权和救济权等,体现了对人民权利的充分保障,被誉为"新时代人民权利的宣言书"。

2020 年 5 月 28 日,十三届全国人大三次会议表决通过了《中华人民共和国民法典》,自 2021 年 1 月 1 日起施行。婚姻法、继承法、民法通则、收养法、担保法、合同法、物权法、侵权责任法、民法总则同时废止。

《民法典》新规

一、居住权:租房不会被轻易"赶走"

场景:2020 年 6 月,女青年小王与某长租公寓签订了租房合同,后房东以"未收到房租"为由要赶走她。小王据理力争,维护了自己的居住权,卧室的门重新装回来了。她把民法典放在床头,说"这是我的信仰"。

以案说法:民法典第三百六十六条:居住权人有权按照合同约定,对他人的住宅享有占有、使用的用益物权,以满足生活居住的需要。

民法典里规定了"买卖不破租赁",沿用了合同法的原则,"使用权优先于房东所有权",租房的小伙伴不能轻易被"轰走"。

二、新增30天离婚冷静期:给"闪婚、闪离"降降温

场景:女青年小燕的婚姻亮起红灯,想尽快离婚。民法典对离婚登记增设 30 天"冷静期",她不免担忧:办理离婚是不是更加麻烦了?

以案说法:民法典第一千零七十七条:自婚姻登记机关收到离婚登记申请之日起三十日内,任何一方不愿意离婚的,可以向婚姻登记机关撤回离婚登记申请。前款规定期限届满后三十日内,双方应当亲自到婚姻登记机关申请发给离婚证;未申请的,视为撤回离婚登记申请。

离婚不是"一拍两散"那么简单,30 天冷静期里可以想想曾经的一粥一饭,想想未来的诗与远方。

三、隐私权:向偷拍、骚扰电话等说"不"!

场景:一天,张某夫妇住酒店时偶然发现一个隐秘的针孔摄像头,正对着床铺,他们深感震惊,怀疑被偷拍了……

以案说法:民法典第一千零三十二条:自然人享有隐私权。任何组织或者个人不得以刺探、侵扰、泄露、公开等方式侵害他人的隐私权。隐私是自然人的私人生活安宁和不愿为他

人知晓的私密空间、私密活动、私密信息。

每个人的私人生活空间都很宝贵,发送骚扰电话短信、强制弹窗广告……肆无忌惮侵犯公民的私人生活安宁,将会承担侵权责任。

四、受教育权:冒名顶替者要受法律制裁

场景:2020年6月,某省农家女陈春秀发现她16年前被人冒名顶替入读大学。经查,是陈某某父亲通过请托多部门人员,伪造学籍、户籍等资料,冒名顶替陈春秀入学就读。

以案说法:第一千零一十四条:任何组织或者个人不得以干涉、盗用、假冒等方式侵害他人的姓名权或者名称权。

冒名顶替者不仅侵害了他人姓名权,更是公然剥夺"陈春秀们"的受教育权,逝去的时光,被改写的人生,不法者必定要付出法律代价。

五、个人信息受保护:人脸识别不能滥用

场景:2020年11月20日,被称为国内"人脸识别第一案"一审判决,杭州野生动物世界有限公司删除市民郭兵办理年卡时提交的面部特征信息……

以案说法:第一千零三十九条:国家机关、承担行政职能的法定机构及其工作人员对于履行职责过程中知悉的自然人的隐私和个人信息,应当予以保密,不得泄露或者向他人非法提供。

人脸识别技术如何使用?最高立法机关回应:只有在特定目的和充分必要性前提下,方可处理敏感个人信息。个人信息要保护,刷脸需谨慎。

六、名誉权:不能让网络暴力猛如虎

场景:浙江杭州一未婚女子在小区取快递时被偷拍,并被恶意造谣"出轨快递小哥",给她生活、工作带来极大困扰。当地公安机关依法立案侦查。

以案说法:民法典第一千零二十四条:民事主体享有名誉权。任何组织或者个人不得以侮辱、诽谤等方式侵害他人的名誉权。情节严重的,将会构成侮辱罪或诽谤罪。

网络暴力是"键盘侠"们低成本的精神伤害,民法典给"网络喷子"念上了"紧箍咒",也给网络诽谤受害者以维权利器。

七、人格权:拒绝校园霸凌

场景:某学校小曦等6名学生对同学江某口塞纸巾、绑皮带进行凌辱,持续数个小时,还拍视频群发。江某身心受到伤害。

以案说法:第九百九十条:人格权是民事主体享有的生命权、身体权、健康权、姓名权、名称权、肖像权、名誉权、荣誉权、隐私权等权利。第九百九十五条:人格权受到侵害的,受害人有权依照本法和其他法律的规定请求行为人承担民事责任。

公民的人格尊严受保护。不做沉默的羔羊,不做冷漠的旁观者,阻止可恶的施暴者,用法律武器勇敢面对霸凌者。

八、收养增加评估程序:让被收养人利益最大化

场景:某男子多次在网上发布"收养"信息,其后以"收养"名义与一女子交往。后经民政部门认定,两人不符合法定收养条件,不存在收养关系。

以案说法:第一千零九十八条(四):收养人应当无不利于被收养人健康成长的违法犯

罪记录。第一千一百零五条:县级以上人民政府民政部门应当依法进行收养评估。

收养人的个人和家庭基本状况、收养动机和抚育安排等情况,都要仔细调查,以更加严格的收养评估标准,用"最有利"原则呵护未成年人健康成长。

九、虚拟财产受保护:网络账号可继承

场景:网游玩家小峰拥有的游戏账号被盗,丢失价值数万元的装备。原来是被黑客入侵所为,虚拟财产如何追索?

以案说法:第一百二十四条:自然人合法的私有财产可以依法继承。只要是自然人合法取得的财产,包括虚拟财产,都应当视为遗产被继承。

账号虚拟不虚无,网络账号等成为可以转让、赠与、继承的财产,实则是保护产权人的合法权益。

十、设立临时监护制度:未成年人监护不留盲区

场景:2020年春节,小龙的父母因确诊为新冠肺炎被隔离,当地民政部门把小龙接到未成年人救助保护中心照料,直到他和父母团聚。

以案说法:第三十四条:因发生突发事件等紧急情况,监护人暂时无法履行监护职责,被监护人的生活处于无人照料状态的,被监护人住所地的居民委员会、村民委员会或者民政部门应当为被监护人安排必要的临时生活照料措施。

当家长"缺位"无法履行监护责任时,临时监护制度让民政等部门及时"补位",给未成年人织起一个细密的保护网。

(资料来源:https://baijiahao.baidu.com/s?id=1687634329381523550&wfr=spider&for=pc)

民法典之亮点

亮点一:见义勇为免责《民法典》第183条规定:因保护他人民事权益使自己受到损害的,由侵权人承担民事责任,受益人可以给予适当补偿。没有侵权人、侵权人逃逸或者无力承担民事责任,受害人请求补偿的,受益人应当给予适当补偿。第184条规定,因自愿实施紧急救助行为造成受助人损害的,救助人不承担民事责任。明确了侵权人和受益人的各自责任,同时也明确了见义勇为者依法不承担民事责任,这非常有助于杜绝"英雄流血又流泪"的现象。

亮点二:小区共有场所收入归业主。《民法典》第282条规定:建设单位、物业服务企业或者其他管理人等利用业主的共有部分产生的收入,在扣除合理成本之后,属于业主共有。小区电梯广告、外墙广告、共有道路上的车位租金等收入都是属于业主共有的,但实践中这些共有部分都是物业公司在管理,大多数小区外墙广告、电梯广告都是由物业公司和广告公司直接签订协议,事先并没有征询过业主意见,业主很难获得得到这部分利益。所以为了保护业主的合法权益,《民法典》明确规定在扣除合理成本之后共有部分产生的收益归业主共有。同时《民法典》第278条还规定,改变共有部分的用途或者利用共有部分从事经营活动由业主共同决定,应当经参与表决专有部分面积四分之三以上的业主且参与表决人数四分之三以上的业主同意。也就是说,如果物业想要利用共有部分去从事经营活动是需要经过业主同意的,而不能私下去签合同而不告知业主。

亮点三:禁止高利放贷。《民法典》第680条规定:禁止高利放贷,借款的利率不得违反

国家有关规定。借款合同对支付利息没有约定的,视为没有利息。借款合同对支付利息约定不明确,当事人不能达成补充协议的,按照当地或者当事人的交易方式、交易习惯、市场利率等因素确定利息;自然人之间借款的,视为没有利息。

《民法典》禁止高利放贷,为借款利率设定画上了法律红线。具体来说,根据2020年8月20日起施行的《最高人民法院关于修改〈关于审理民间借贷案件适用法律若干问题的规定〉的决定》第二十六条规定,出借人请求借款人按照合同约定利率支付利息的,人民法院应予支持,但是双方约定的利率超过合同成立时一年期贷款市场报价利率四倍的除外。前款所称"一年期贷款市场报价利率",是指中国人民银行授权全国银行间同业拆借中心自2019年8月20日起每月发布的一年期贷款市场报价利率。以2020年7月20日发布的一年期贷款市场报价利率3.85%的4倍计算为例,民间借贷利率的司法保护上限为15.4%,相较于过去的24%和36%有较大幅度的下降。

亮点四:保护个人信息。民法典第1035条规定:处理个人信息的,应当遵循合法、正当、必要原则,不得过度处理,并符合下列条件:

(一)征得该自然人或者其监护人同意,但是法律、行政法规另有规定的除外;

(二)公开处理信息的规则;

(三)明示处理信息的目的、方式和范围;

(四)不违反法律、行政法规的规定和双方的约定。

民法典强调了自然人的个人信息受法律保护,并明确了个人信息的种类,除自然人的姓名、出生日期、身份证件号码、生物识别信息、住址、电话号码外,另外还将电子邮箱,行踪信息等信息也纳入个人信息,受法律保护,这样更有利于自然人了解自己的权利,并维护自己的合法权益。"如果个人信息权益受到侵害时,要敢于运用个人信息的法律保护制度捍卫自己的合法权益。

亮点五:界定夫妻共同债务。《民法典》第1064条规定:夫妻双方共同签字或者夫妻一方事后追认等共同意思表示所负的债务,以及夫妻一方在婚姻关系存续期间以个人名义为家庭日常生活需要所负的债务,属于夫妻共同债务。夫妻一方在婚姻关系存续期间以个人名义超出家庭日常生活需要所负的债务,不属于夫妻共同债务;但是,债权人能够证明该债务用于夫妻共同生活、共同生产经营或者基于夫妻双方共同意思表示的除外。

亮点六:禁止高空抛物。《民法典》第1254条规定:禁止从建筑物中抛掷物品。从建筑物中抛掷物品或者从建筑物上坠落的物品造成他人损害的,由侵权人依法承担侵权责任;经调查难以确定具体侵权人的,除能够证明自己不是侵权人的外,由可能加害的建筑物使用人给予补偿。可能加害的建筑物使用人补偿后,有权向侵权人追偿。物业服务企业等建筑物管理人应当采取必要的安全保障措施防止前款规定情形的发生;未采取必要的安全保障措施的,应当依法承担未履行安全保障义务的侵权责任。发生本条第一款规定的情形的,公安等机关应当依法及时调查,查清责任人。"首先是明确了物业服务企业等建筑物的管理者的安全保障义务责任,物业若未尽到安全保障义务,则可作为赔偿责任人之一。那么物业能做哪些安全保障措施呢?比如物业公司应安装摄像头监控高空抛物情况、加强对住户安全教育管理等措施均是防止高空抛物、坠物有效措施。同时,《民法典》规定公安等机关应当依法及时调查,查清责任人。这就为后续受害人查清责任人,从而请求赔偿打下了基础。民法典这样规定,符合我国国情,因为公安等机关作为公权力机关,具有法律赋予调查侦查权,有利于及时发现真正行为人,从而有效解决归责难题。

(资料来源:http://szb.xnnews.com.cn/zwtx/html/2020-09/10/content_517450.htm)

七、民法典之婚姻家庭编

婚姻家庭编是调整婚姻和家庭关系的法律规范的总称。

因而婚姻是组成家庭的一种方式,但不是唯一的方式,组成家庭的方式还包括:血缘、收养。

婚姻家庭编的创新和发展

一、婚姻家庭编在民法典中宏观体系的确立与微观体系的整合

二、树立优良家风入法,强化社会主义核心价值观在婚姻家庭中的导向作用

(一)树立优良家风入法,体现了家庭在贯彻社会主义核心价值观中的重要作用。

婚姻家庭编在"一般规定"中增加了"家庭应当树立优良家风,弘扬家庭美德,重视家庭文明建设"的倡导性规定,贯彻了习近平总书记关于注重家庭、注重家教、注重家风的重要思想,体现了党和国家对家庭在国家的政治、经济、文化建设和社会生活中重要地位的重视,是民法典第1条关于"弘扬社会主义核心价值观"之立法目的规定在婚姻家庭编的具体体现。

(二)树立优良家风入法,体现了婚姻家庭关系德法共治的特殊属性

树立优良家风、弘扬家庭美德、重视家庭文明建设,既是家庭人伦关系本质属性的内在要求,也是回应婚姻家庭现实挑战的必然选择,体现了婚姻家庭关系德法共治的特殊属性。

三、完善婚姻制度,体现法律公平正义

(一)修改禁止结婚条件,完善无效婚姻与可撤销婚姻制度

婚姻家庭编将"患有医学上认为不应当结婚的疾病"从结婚的禁止要件改为可撤销婚姻。同时,在婚姻无效或者被撤销的法律后果中增加了无过错方的损害赔偿请求权,使得婚前隐瞒重大疾病的不诚信一方除承担婚姻被撤销的法律后果之外,还须承担损害赔偿的过错责任。

(二)增设登记离婚冷静期制度,防止冲动草率离婚

婚姻家庭编明确规定了登记离婚的程序和离婚冷静期。设置离婚冷静期的目的主要为了保障当事人在法定冷静期间内对是否同意离婚以及如何处理离婚后的各项事宜有时间冷静思考,提高当事人之间意思表示的真实性和一致性,以保护双方当事人的利益以及未成年子女的利益,从制度上减少冲动型和规避政策型的草率离婚。

(三)完善离婚救济制度,体现保护弱者利益的实质正义

婚姻家庭编的离婚家务劳动经济补偿请求权不再以夫妻约定适用分别财产制度为前提条件,夫妻一方因抚育子女、照料老年人、协助另一方工作等负担较多义务的,离婚时有权向另一方请求补偿,另一方应当给予补偿。这一修改体现了总则编中公平原则的精神,反映了我国婚姻家庭法律对于无酬的家务劳动价值的进一步肯认。

婚姻家庭编增设了离婚损害赔偿法定事由的兜底性规定,在2001年修订的婚姻法规定

的"重婚""与他人同居""实施家庭暴力""虐待、遗弃家庭成员"外,增加了"有其他重大过错"作为法定理由的兜底性条款,以切实保护无过错一方的利益,提升离婚损害赔偿制度的适用效度。

四、完善法定夫妻财产制,确立夫妻共同债务的认定规则,平衡各方利益

(一)法定夫妻财产制的完善

夫妻财产制度的安排应当有利于维护夫妻关系、实现家庭职能;婚后所得共同制体现了婚姻生活共同体的本质要求,与我国的国情、历史文化传统、民众生活习惯等相契合,因此,婚姻家庭编仍然坚持采用婚后所得共同制,并将劳务报酬、投资收益纳入共同财产的范围。

婚姻家庭编确立了婚内共同财产分割的原则,将《婚姻法司法解释(三)》中关于婚内共同财产分割的规定上升为法律并进一步完善。

(二)确立夫妻共同债务的认定规则

我国对如何认定夫妻共同债务一直未作出明确规定,仅就离婚时如何清偿夫妻共同债务作了规定。婚姻家庭编将最高人民法院相关司法解释上升为法律,对如何认定夫妻共同债务作出了明确规定。这一规定有效平衡了夫妻双方与债权人各方的利益,基本解决了司法实践中夫妻共同债务的认定问题。

夫妻双方基于共同意思表示所负的债务应当认定为夫妻共同债务。无论双方举债的目的是为了共同生活、共同经营还是为了其他,只要夫妻双方对共同举债达成了意思表示的一致,双方均同意举债,就应当将该债务认定为夫妻共同债务。

夫妻一方在婚姻关系存续期间以个人名义为家庭日常生活需要所负的债务属于夫妻共同债务,从而将"以家庭日常生活需要为限"确立为认定夫妻一方对外举债性质的标准。

夫妻一方以个人名义超出家庭日常生活需要所负债务,原则上应认定为个人债务;但是,如果"债权人能够证明该债务用于夫妻共同生活、共同生产经营或者基于夫妻双方共同意思表示的",可以认定为夫妻共同债务。

五、明确亲子关系异议路径,进一步完善收养条件,注重对未成年人利益的保护

(一)明确亲子关系异议路径

亲子关系异议的规定实质上涉及亲子关系确认制度中的两大核心问题:亲子关系的否认与亲子关系的确认。在我国,亲子关系的否认是指否认婚姻关系存续期间受胎或出生的子女与其法律意义上的父亲或母亲具有亲子关系。父亲或母亲只要能提出现存亲子关系中的父亲或母亲不是或不可能是该子女的生父(母)的证明,便有权向法院提起否认之诉,请求否认亲子关系存在。亲子关系的确认是指权利人请求确认某人是该子女的生物学意义上的父亲或母亲。父亲、母亲或者成年子女只要能够提出指认某人是其子女或其本人之生父(生母)的证明,便有权向法院提起确认之诉,请求确认亲子关系。成年子女仅可以向法院提起确认亲子关系之诉,而不能提起否认之诉,其立法目的是防止成年子女逃避对养育其长大的老年父母的赡养义务。亲子关系的异议,在追求血缘真实的同时,还要考虑亲子关系的稳定性,保障老年人的合法权益。

(二)进一步完善收养条件

收养成立条件的变化主要有以下几个方面:第一,放宽收养实质要件。取消了不满14

周岁的限制,所有符合法定条件的未成年人均可作为被收养人。在收养人的条件中增加了有一名子女亦可收养的规定。增加了收养人收养子女的数额,无子女的收养人可以收养两名子女,有一名子女的收养人只能收养一名子女。第二,扩大单身收养的限制条件。第三,提高对收养人的要求,保护被收养的未成年人的利益。在收养人的条件中增加了一项要求:"无不利于被收养人健康成长的违法犯罪记录。"第四,增加收养评估程序。

(**资料来源**:https://baijiahao.baidu.com/s? id =1676715000435135822&wfr = spider&for = pc)

民法典婚姻家庭编八大亮点

(一)协议离婚设置三十天冷静期

为减少轻率离婚、冲动离婚,维护家庭稳定,《民法典》婚姻家庭编设置"离婚冷静期"条款。简单来说,协议离婚的流程将会变成:(1)递交申请:夫妻双方协商一起向民政局递交离婚登记申请。(2)冷静期三十天:等待三十天,三十天内任何一方不愿意离婚的,都可以向民政局撤回离婚登记申请,则协议离婚未达成。若均未撤回申请,则进入下一步。(3)抉择期三十天:在接下来的三十天内,双方要共同亲自到婚姻登记机关申请离婚证。如果在这第二个三十天内,双方没有亲自到婚姻登记机关申请离婚证,视为撤回离婚登记申请。对于冲动离婚的当事人来说,离婚冷静期能够给双方再次慎重考虑的机会。

(二)久拖不判离得以解决

按照《更高人民法院关于人民法院审理离婚案件如何认定夫妻感情确已破裂的若干具体意见》第七条的规定,因感情不和分居已满三年,确无和好可能的,或者经人民法院判决不准离婚后又分居满一年,互不履行夫妻义务的,视为夫妻感情确已破裂。一方坚决要求离婚,经调解无效,可依法判决准予离婚。但离婚诉讼实践中,存在"久调不判"问题,为解决此问题现《民法典》婚姻家庭编新增一款"应准予离婚"的情形,即如果次起诉法院判决不准离婚后,男女双方分居满一年,再次起诉离婚的话,法院应判决准予离婚。这为那些被故意拖延离婚,无法从不幸婚姻的泥潭中挣脱出来的人提供了一个路径。

(三)全职太太离婚补偿得到明确

《婚姻法》对于全职太太离婚时的补偿规定,只有在"夫妻书面约定婚姻关系存续期间所得的财产归各自所有"的条件下,一方因付出较多义务才有权请求另一方补偿。这一条的可操作性较低,因为在我国很少有夫妻会约定"夫妻分别财产制"。《民法典》婚姻家庭编删掉了对于"离婚补偿"的限定性条件。新规定施行后,离婚补偿只要一方因抚育子女、照料老年人、协助另一方工作等负担较多义务,离婚时就有权提出"离婚补偿"。这是从法律的层面,对全职太太的权益保障。

(四)婚前隐瞒重大疾病,婚姻可撤销

《民法典》修改了原本婚姻无效的事由,现规定"患有医学上认为不应当结婚的疾病"不再是结婚的障碍,是否结婚由当事人自己决定,保障了当事人的婚姻自主权。如果一方在婚前隐瞒了重大疾病的情况,另一方有权提出撤销婚姻,恢复自由身,并且作为无过错方还有权请求损害赔偿。但如果一方在婚前知道另一方重大疾病的情况,而自愿结婚的话,法律会保护双方的选择权,婚姻不会被一刀切认定为无效。

(五)离婚时"挥霍"共同财产的可对其不分或少分财产

《婚姻法》中规定如果离婚时一方存在隐藏、转移、变卖、毁损和伪造债务的情形,可以对该方不分或者少分财产。现《民法典》新增了如果夫妻一方存在"挥霍"共同财产的情形,在离婚分割财产时也可对该方不分或少分财产。作为夫妻,婚后的生活应当彼此分担与付出,任何一方都不能以挥霍的方式损害夫妻共同财产利益。

(六)进一步明确夫妻共同财产范围

《民法典》将劳务报酬和投资收益明确列为夫妻共同财产。这是因为劳务报酬和工资、奖金的性质是相似的,都属于婚姻关系存续期间的用劳动所换取的财产收入,而投资收益较为复杂,投资收益既指夫妻一方利用共同财产进行投资所获的收益,也包含一方利用个人财产在婚姻存续期间进行投资活动所获得的收益,比如炒股、基金理财等产生的收益均属于共同财产,虽然个人婚前的本金不属于共同财产,但婚后产生的投资收益属于共同财产。

(七)扩大了收养人范围

为了与计划生育政策的调整相协调,《民法典》将收养人须无子女的要求修改为收养人无子女或者只有一名子女,拓宽了收养人的范围。同时,为进一步加强对被收养人利益的保护,在收养人条件中增加"无不利于被收养人健康成长的违法犯罪记录"。如果收养人有违法犯罪的前科,可能会存在对被收养人不利的情况,该条对收养人条件加以限制,有利于避免此类情况发生。

(八)界定了"亲属""近亲属""家庭成员"的范围

《民法典》明确界定了"亲属""近亲属""家庭成员"的范围。亲属包括配偶、血亲和姻亲;配偶、父母、子女、兄弟姐妹、祖父母、外祖父母、孙子女、外孙子女为近亲属;配偶、父母、子女和其他共同生活的近亲属为家庭成员。这相比《婚姻法》规定更加明确具体,也为《民法典》其他编提供了明晰的亲属关系的法律依据。

八、婚姻家庭法的基本原则

1. 婚姻自由原则

婚姻自由包括结婚自由和离婚自由两个方面。

疑难困惑

宗然对美女林凌一见钟情,强烈催逼林凌:你要是不同意跟我结婚,我马上就死在你面前;林凌惊慌失措,只好违心地办理结婚登记。林凌后悔不已,该咋办法呢?

评析:民法典第一千零五十二条:因胁迫结婚的,受胁迫的一方可以向人民法院请求撤销婚姻。请求撤销婚姻的,应当自胁迫行为终止之日起一年内提出。被非法限制人身自由的当事人请求撤销婚姻的,应当自恢复人身自由之日起一年内提出。结婚自由是婚姻自由的重要内容,结婚应当男女双方完全自愿。宗然以死胁迫林凌结婚,显然与结婚自由精神相悖,林凌可依法撤销该婚姻。

(**资料来源**:https://www.thepaper.cn/newsDetail_forward_11564111)

暴力干涉女儿的婚姻自由都成犯罪吗

洪某(男,51岁)的女儿小玲(24岁)与邻村男青年余某(25岁)相爱,确立了恋爱关系。

洪某认为余某家境不好,生活困难,便对女儿婚事横加干涉,多次殴打小玲。某日余某又约小玲外出。当日晚,洪某带领儿子和其亲戚共6人,冲到邻村余某家,不分青红皂白,对余某拳打脚踢,致其轻伤。后小玲与余某二人跳河身亡。

问题:干涉自己女儿的婚姻,也会构成犯罪吗?

法律评析:在我国一些地方,特别是农村地区,很多人认为子女婚事要听父母之命。有些人虽然认为干涉子女的婚事确实不对,但也不会想到这种行为会构成犯罪。本案中的洪某就是因为法律意识淡薄而构成犯罪,他的行为构成了我国刑法规定的暴力干涉婚姻自由罪。暴力干涉婚姻自由罪,是指以暴力干涉他人结婚或离婚自由的行为。构成本罪必须具备以下几个条件:

(1)侵犯了他人的婚姻自由权。婚姻自由权是宪法以及婚姻法赋予公民的一项基本权利,包括结婚自由权利和离婚自由权利。法律禁止包办、买卖婚姻和其他干涉婚姻自由的行为。

(2)行为人必须实施了以暴力手段干涉他人婚姻自由的行为。首先,必须有干涉他人婚姻自由的行为。其表现形式主要有:强迫被害人与自己结婚,强迫被害人与他人结婚,强迫被害人与他人离婚或者不准被害人与他人离婚等。司法实践中,常常有干涉他人恋爱自由的行为,这是否也属于干涉婚姻自由的行为呢?我们认为,爱情是绝大多数正常婚姻的基础。干涉恋爱自由实质上就是干涉结婚自由,如果以暴力手段实施,并且情节严重的,应该以暴力干涉婚姻自由罪定罪。其次,必须以暴力手段干涉他人婚姻自由,也就是要对被害人实施捆绑、殴打等人身打击或者强制的行为。这是区分本罪与干涉婚姻自由的一般违法行为的关键条件。如果行为人以非暴力手段,如中断供给、断绝关系或以自杀相威胁等,干涉他人婚姻自由的,属一般违法行为,不构成犯罪。

(3)本罪的主体为一般主体,即年满16周岁、具备刑事责任能力的人。在实践中,多为被害人的父母、祖父母、监护人、兄弟姐妹及其他亲属。

(4)本罪的主观方面为直接故意。犯罪动机则多种多样,有的贪图财礼;有的为高攀权势;有的为门当户对;有的为了换亲,甚至有的为了霸占他人妻子等。动机如何,不影响本罪的成立。

认定本罪还有两个问题需要注意:

(1)一般情况下,本罪"告诉的才处理"。即被害人如果不告诉,司法机关一般不主动介入此类案件。这是因为本罪的主体多为被害人的亲属,有的甚至是父母。被害人一般只要求行为人停止实施干涉婚姻自由的行为即可,而不希望行为人被追究刑事责任。当然,如果被害人因为受强制、威吓无法告诉的,人民检察院和被害人的近亲属也可以告诉。此外,暴力干涉婚姻自由如果致使被害人死亡的,不需要告诉才处理,司法机关应当主动介入。

(2)本罪中的"致使被害人死亡",是指因使用暴力手段过失致使被害人死亡或导致被害人自杀身亡的情形。如果行为人明显以故意杀人的方法干涉他人婚姻自由的,则应以故意杀人罪论处。

本案中,洪某嫌余某家境不好,对女儿小玲的婚事进行干涉,不仅殴打女儿,还带人到余某家对余某拳打脚踢,致其轻伤。洪某已经构成暴力干涉婚姻自由罪。不仅如此,洪某的行为还导致小玲和余某双双自杀身亡,司法机关应主动介入,对洪某应判 2 年以上 7 年以下有期徒刑量刑。

(**资料来源**:http://www.wendangku.net/doc/899103f51eb91a37f0115c69.html)

2. 一夫一妻原则

一切公开或隐蔽的一夫多妻或一妻多夫的两性关系都是违法的。

"赌王"为何能一夫多妻?

我国古代是可以一夫多妻的,民国成立后,"一夫多妻制"逐渐被废除,但很多官宦富豪仍然是一夫多妻。直到 1949 年后,一夫多妻制完全被消灭。1997 年香港回归,我们发现香港很多人都不止一个妻子。香港很多富豪 1949 年后还娶了多个老婆,按照香港特区法律,娶多个老婆是合法的。

这个事情还要追溯到香港的历史,1842 年中英签订《南京条约》,清政府割让香港岛给英国;香港被沦为英国殖民地,香港仍然使用《大清律例》。1912 年清朝灭亡,由于《大清律例》在香港已经实行多年,大家都已经习惯了,当时也没有合适的替代法律,因此香港还是继续实行《大清律例》。后来的民国军阀混战,香港是殖民地,没有人再去管香港的事。

《大清律例》在香港一直实行到 1971 年,按照《大清律例》一夫多妻制是合法的。70 年代港英政府才决定将《大清律例》废除,澳门也是如此。回归前的澳门也一直沿用《大清律例》和葡萄牙的法律。

何鸿燊在 20 世纪 40 年代初娶了他的第一个老婆——在澳门土生土长的黎婉华。1957 年,何鸿燊娶了第二个老婆蓝琼缨,但他并没有与第一个老婆黎婉华离婚,有人质疑何鸿燊是否犯重婚罪。赌王拿出《大清律例》振振有词:"按大清律娶两个老婆不算犯法。"赌王后面的三太太和四太太,何鸿燊只是按照港澳富豪的传统摆了个酒,没有领证,所以何鸿燊能有四个老婆是合法合规的。

(**资料来源**:https://new.qq.com/omn/20190528/20190528A0CMYD.html?pc)

3. 男女平等原则

男女平等是指男女两性在婚姻关系和家庭生活各方面都享有平等的权利,负有平等的义务。

家庭分工同贡献,全职主妇获补偿

妻子陆敏全职家庭主妇,负责抚育子女、照料老人;丈夫雷伦寻花问柳、夜不归家。陆敏诉讼离婚,请求雷伦经济补偿。陆敏请求能获得支持吗??

评析:民法典第一千零八十八条:夫妻一方因抚育子女、照料老年人、协助另一方工作等负担较多义务的,离婚时有权向另一方请求补偿,另一方应当给予补偿。具体办法由双方协议;协议不成的,由人民法院判决。

新法对家庭分工、对妇女权益给予特别保护,陆敏请求雷伦经济补偿能够获得支持。

(**资料来源**:https://www.thepaper.cn/newsDetail_forward_11564111)

4. 保护妇女、儿童和老人的合法权益原则

妇女、儿童和老人是社会中的弱势群体,强调对他们的保护,对于维护他们的合法权益有特殊意义。

女方怀孕期内,男方能提出离婚吗

原告曾某甲与被告丁某于2004年相识,后登记结婚并育有一女曾某乙。双方于2011年12月12日在黄石市西塞山区民政局办理协议离婚登记手续。之后,原、被告又于2013年4月28日办理了复婚登记手续。复婚后被告丁某怀孕,并于2013年12月20日在广州济慈医院实施了人流手术。双方为此发生矛盾,原告遂于2014年4月17日向本院起诉,要求本院判令:(1)原、被告离婚;(2)婚生女曾某乙归原告抚养,被告每月支付抚养费600元(从判决之日起至婚生女曾某乙独立生活之日止)。

评析:法院认为,依照《中华人民共和国婚姻法》的相关规定,男方不得在女方终止妊娠后六个月内提出离婚。本案中,被告丁某与原告曾某甲复婚怀孕后,于2013年12月20日在广州济慈医院实施了人流手术,而原告曾某甲于2014年4月17日向本院提起诉讼。原告曾某甲起诉时距离被告丁某终止妊娠期间明显不到六个月。故原告曾某甲的起诉不符合法定起诉条件,依法应予驳回。为保护妇女的合法权益,根据《中华人民共和国婚姻法》第三十四条、《中华人民共和国民事诉讼法》第一百二十四条第(六)项、第一百五十四条第(三)项、最高人民法院《关于适用〈中华人民共和国民事诉讼法〉若干问题的意见》第一百三十九条第一款之规定,裁定如下:驳回原告曾某甲的起诉。

法律依据,《婚姻法》第34条的规定,女方在怀孕期间、分娩后一年内或终止妊娠后六个月内,男方不得提出离婚,人民法院认为确有必要受理男方离婚请求的,不在此限。

为了保护女性的权益,法律明文规定了在三种情况下男方不得提出离婚,包括怀孕、分娩后一年和终止妊娠六个月内,其中终止妊娠包括了自然和人为流产,这是需要注意的地方。同时,女方在怀孕期间可以提出离婚。小孩尚未出生,则法院将不会对小孩抚养问题做出判决。

(资料来源:http://china.findlaw.cn/jingjifa/fuyoubaohufa/bhal/1260404.html)

恋爱同居,解除同居关系能否主张青春损失费

原、被告于2007年1月经人介绍相识并确定恋爱关系,同年12月在未办理结婚登记手续的情况下便以夫妻名义同居。2009年9月24日生育一男孩取名王顺。原、被告同居生活期间,因双方性格不合,经常为生活琐事发生争吵,2012年9月18日,被告因家庭存款和小孩教养问题与原告以及原告的母亲发生争吵,并发生打架事件。随后,被告离开与原告同居的住所至今。

问题:同居多年未办理结婚证,解除同居关系时能不能主张青春损失费?

解析:法院认为双方未办理结婚登记手续而同居生活,属同居关系。当事人起诉请求解除同居关系的,人民法院不予受理。当事人因同居期间财产分割或者子女抚养纠纷提起诉讼的,人民法院应当受理。本案原告起诉请求中既有解除同居关系,又有同居期间财产分割和子女抚养纠纷,故请求中的解除同居关系不予审理,只对同居期间财产分割和子女抚养纠纷进行处理。根据《最高人民法院关于人民法院审理未办理结婚登记而以夫妻名义同居生活案件的若干意见》之规定,同居生活期间双方共同所得的收入和购置的财产,按一般共有财产处理,同居期间为共同生产、生活而形成的债权、债务,可按共同债权、债务处理。被告提出要求原告赔偿青春损失费30万元的主张,无法律依据,法院不予支持。

律师评析,青春损失费诉请得到法院支持的判例很少,在双方曾经签订过相关协议且协议具有可执行性的前提下,法院才可能会适当考虑赔偿问题;有的案件中法官可能会适用赠与的相关法律规定,判决男方给付一定相关款项。法院不提倡非婚同居,鼓励青年人重视合法婚姻关系,只有在法律的框架下才能更好地保护自身权利。而女性,即使在甜蜜的爱情中,也不能忘记保护好自己的身体健康,切勿因法律认知不足与自我保护不够,而造成不可挽回的伤害。

(资料来源:http://china.findlaw.cn/lawyers/article/d634008.html)

5. 实行计划生育原则

计划生育是我国的一项基本国策。

计划生育大事件

1971年7月,国务院批转《关于做好计划生育工作的报告》,把控制人口增长的指标首次纳入国民经济发展计划。

1980年9月,党中央发表《关于控制我国人口增长问题致全体共产党员、共青团员的公开信》,提倡一对夫妇只生育一个孩子。

1982年9月,党的十二大把计划生育确定为基本国策,同年12月写入宪法。

1991年5月,中共中央、国务院做出《关于加强计划生育工作严格控制人口增长的决定》,明确贯彻现行生育政策,严格控制人口增长。

2002年9月,《中华人民共和国人口与计划生育法》施行。

2011年11月,全国各地全面实施双独二孩政策。

2013年11月,《中共中央关于全面深化改革若干重大问题的决定》提出"启动实施一方是独生子女的夫妇可生育两个孩子的政策"。

2013年12月,中共中央、国务院印发《关于调整完善生育政策的意见》。

2015年12月27日下午,全国人大常委会表决通过了人口与计划生育法修正案,全面二孩于2016年1月1日起正式实施。

2021年5月31日,中共中央政治局召开会议,听取"十四五"时期积极应对人口老龄化重大政策举措汇报,审议《关于优化生育政策促进人口长期均衡发展的决定》。中共中央总书记习近平主持会议。会议指出,进一步优化生育政策,实施一对夫妻可以生育三个子女政策及配套支持措施。

(资料来源:https://baike.baidu.com/item/%E8%AE%A1%E5%88%92%E7%94%9F%E8%82%B2/608369?fr=aladdin)

九、婚姻家庭法的主要内容

1. 结婚

结婚又称婚姻的成立,是男女双方依照法律规定的条件和程序,确立夫妻关系的法律行为。谨记:结婚是一种法律行为。

结婚的条件包括实质要件(含必备要件与禁止要件)和形式要件。

婚约有法律效力吗

2005年元月,李某与王某经媒人陈某介绍认识并确立恋爱关系,2006年8月双方按当地习俗订立婚约。订婚后,李某通过介绍人陈某分别于2006年农历8月8日和8月10日送给王某"花篮钱"2882元、金器款人民币7600元、"送年钱"2882元,合计人民币13364元。王某在收取"花篮钱"和金器款后当天回赠李某礼金和礼物计人民币930元,在收取"送年钱"后当日回赠礼金和礼物计人民币500元,两次合计人民币1430元。婚约礼金与回赠礼金礼物抵扣后,王某实收李某婚约礼金计人民币11934元。由于李某在外工作,基本不在家,李某与王某双方相互联系和见面的时间极少,彼此又不积极寻找机会进行沟通,导致双方关系日趋冷淡,于2007年9月双方均有解除婚约的意思表示。2007年11月李某要求王某返还婚约礼金,王某不予返还,经村委会调解未果,李某于2008年4月5日向法院提起诉讼。

问题: (1)请结合本案谈谈婚约的法律效力?

(2)本案中,婚约解除后李某赠与给王某的财物应如何返还?

解析: (1)婚约不具有法律约束力。我国现行婚姻法并未规定男女双方自行订立婚约的行为受法律保护,因此,婚约对双方当事人没有法律约束力。

(2)婚约解除后,李某赠与王某的财物应予以返还。根据最高人民法院《关于适用〈中华人民共和国婚姻法〉若干问题的解释(二)》第10条规定,双方未办理结婚登记手续的,当事人请求返还按照习俗给付的彩礼的,人民法院应当予以支持。李某给付王某婚约礼金共计人民币13364元,王某在收取李某婚约礼金时回赠给李某的礼金和礼物折价人民币1430元,可在王某应返还的婚约礼金中抵扣。

(资料来源:https://wenku.baidu.com/view/92e2577eb0717fd5360cdcf9.html)

结婚必备要件:①必须男女双方完全自愿。不许任何一方对他方加以强迫或者任何第三者加以干涉。②必须达到法定婚龄。《婚姻法》第6条规定:结婚年龄,男满22周岁,女满20周岁。③必须符合一夫一妻制。结婚的男女,必须双方都无配偶,禁止重婚。

禁止要件:①直系血亲和三代以内旁系血亲;②患有医学上认为不应当结婚的疾病。

表哥表妹不要孩子可以结婚吗

表哥小刚与表妹小华年龄相差无几,从小到大都是同学,总是形影不离。初中毕业后,两人外出打工,为省房租合租一室,在互相照顾中感情迅速升温。2005年8月,两人回家向父母提出结婚请求,受"舅表婚,亲上亲"传统观念的影响,双方父母均未反对。随后,两人到婚姻登记部门办理结婚登记,婚姻登记部门得知两人是表兄妹,遂以有碍后代健康为由拒绝办理结婚证。"我们结婚不是为要孩子!"小华当即到医院做了绝育手术。2006年1月,两人再次到婚姻登记部门办理登记,但仍遭拒绝。小刚认为,婚姻登记部门不办理结婚登记,干涉了其婚姻自由。

问题: 你认为婚姻登记部门应该给他们办理结婚登记吗?

解析: 他们属于《婚姻法》第7条规定:"有下列情形之一的,禁止结婚:(1)直系血亲和三代以内旁系血亲;(2)患有医学上认为不应当结婚的疾病。"虽然他们自愿不要孩子,但为了维护法律的权威性和稳定性,不会为了极少数人而改变法律。

（资料来源：https://iask.sina.com.cn/b/gVHzeAdI8saV.html）

2. 无效婚姻

无效婚姻是因欠缺婚姻的成立条件，不具有法律效力的婚姻。

有下列情形之一的，婚姻无效：①重婚的；一方或双方有配偶者与他人同居；②有禁止结婚的亲属关系的；③婚前患有医学上认为不应当结婚的疾病，婚后尚未治愈的；④未达法定婚龄的。

什么情形才可以宣告婚姻无效

刘某在2004年与丈夫领取了结婚证，现在想与丈夫离婚。刘某的户口簿和身份证上的出生日期是1984年，而她实际出生日期是1988年，也就是说，她结婚的时候还不到法定年龄。她现在想到法院申请宣告婚姻无效。

问题：法院会支持刘某的申请吗？

解析：根据《婚姻法》第十条的规定，未到法定婚龄的，婚姻无效。但是，根据《婚姻法解释（一）》第八条的规定，刘某提出申请时已经达到了法定的结婚年龄，所以法院不会支持刘某提出的宣告婚姻无效的申请。刘某如果想与丈夫离婚，可以采取协商或者离婚诉讼途径解决。

（资料来源：https://www.sohu.com/a/329181972_120225085）

无效婚姻和可撤销婚姻的历史发展

无效婚姻起源于古代法。古代巴比伦王国的《汉谟拉比法典》中就将事先未定婚约的结合，视为无效婚姻。罗马市民法对违反结婚的必备条件和婚姻禁例的，不认其为正式婚姻。依照传统的亲属法学中比较公认的见解，婚姻无效制度滥觞于欧洲中世纪寺院法全盛的时代。那时基督教本着教义奉行禁止离婚主义，对于无法共同生活的男女双方，只能基于一定理由，经教会当局宣告其婚姻无效。从一定意义上来说，当时婚姻无效制度和别居制度一样，是作为禁止离婚的救济手段而得到重视和应用的。1804年的法国民法典将无效婚姻分为两种，即绝对无效婚姻和相对无效婚姻，法国的相对无效婚姻相当于可撤销婚姻。1896年的德国民法典，兼采无效婚和撤销婚两种制度。此后，瑞士、日本、英国等国以及美国的部分州，都相继设立了这两种制度。有些国家则采用无效婚姻单一制度，不设立可撤销婚姻，如俄罗斯、意大利、罗马尼亚、保加利亚、古巴、秘鲁、原南斯拉夫等国以及美国统一结婚离婚法。还有的国家将无效婚姻和可撤销婚姻融合为单一的婚姻撤销制度，如现行德国民法典只规定有可撤销婚姻一种形式。在同时设立无效婚姻与可撤销婚姻的国家，法律对导致两者产生的事由规定不尽相同。此外，一种违法行为在一国为无效婚姻，在他国则可能是可撤销婚姻。

（资料来源：http://www.lawtime.cn/info/hunyin/wuxiaohunyin/2010101563163.html）

3. 可撤销婚姻

可撤销婚姻是指因胁迫结婚的，受胁迫的一方或被非法限制人身自由的当事人，可以向婚姻登记机关或人民法院请求撤销该婚姻。

受男友威胁而结婚的婚姻可以撤销吗

原告顾某某与被告唐某某都是驴友,两人在一次旅行当中相识。随着两人关系的发展,于一次酒后顾某某与唐某某发生了性关系。顾某某认为两人已经有了一定的感情基础,于是要求与唐某某结婚。不料唐某某以自己暂时不想结婚为由拒绝了顾某某的要求。于是,顾某某用唐某某的裸照和性爱视频威胁唐某某与其结婚,唐某某无奈同意其要求。2012年10月,顾某某与唐某某在顾某某户口所在地民政局办理了结婚登记。2012年12月,唐某某向法院起诉要求撤销婚姻。

问题:法院对唐某某的诉讼请求应当予以支持吗?

解析:可撤销婚姻是指婚姻当事人一方采取暴力、威胁、恐吓等手段,以给对方或对方亲友的人身自由、健康、荣誉、名誉、财产等造成损害为要挟,迫使对方违背自己的真实意愿做出虚假的意思表示而与之结婚的行为。《中华人民共和国婚姻法》第十一条,因胁迫结婚的,受胁迫的一方可以向婚姻登记机关或人民法院请求撤销该婚姻。受胁迫的一方撤销婚姻的请求,应当自结婚登记之日起一年内提出。被非法限制人身自由的当事人请求撤销婚姻的,应当自恢复人身自由之日起一年内提出。《最高人民法院关于适用〈中华人民共和国婚姻法〉若干问题的解释(一)》第十条规定,婚姻法第十一条所称的"胁迫",是指行为人以给另一方当事人或者其近亲属的生命、身体健康、名誉、财产等方面造成损害为要挟,迫使另一方当事人违背真实意愿结婚的情况。因受胁迫而请求撤销婚姻的,只能是受胁迫一方的婚姻关系当事人本人。

在本案中,顾某某以唐某某的裸照、性爱视频相威胁,迫使唐某某在违背自己真实意愿的情况下与其结婚,属于法定可撤销婚姻的情形。唐某某作为被胁迫的当事人以原告的身份提起诉讼,符合法律的规定。因此,唐某某的诉讼请求得到支持。

(资料来源:https://wenku.baidu.com/view/847a794b71fe910ef12df8d9.html)

骗得一时婚配,谎破泪流无益

阳伟为获得婚姻机会,故意隐瞒自己患有重大疾病和不能生育的缺陷;婚后,阳伟认为生米煮成熟饭,告诉妻子婚前疾病缺陷。妻子听后,立即申请撤销婚姻;阳伟痛哭流涕。法院咋判呢?

点评:民法典第一千零五十三条 一方患有重大疾病的,应当在结婚登记前如实告知另一方;不如实告知的,另一方可以向人民法院请求撤销婚姻。请求撤销婚姻的,应当自知道或者应当知道撤销事由之日起一年内提出。

患有重大疾病、生育缺陷的一方,婚前如实告诉对方,其婚姻有效;法律否定的是隐瞒欺骗建立婚姻关系。本案中,法院将有可能支持妻子撤销婚姻申请。

(资料来源:https://www.thepaper.cn/newsDetail_forward_11564111)

冒充富商欺骗结婚的属于可撤销婚姻吗

40岁的离异男子廖某自从结识从事模特表演职业的女子黎某以后,便冒充富商频频与其约会。廖某还四处向亲朋好友借钱,带黎某出入各种高档消费和娱乐场所。半年之后,两人决定结婚。结婚以后,黎某才知上当,于是到法院撤销两人的婚姻。

问题:廖某和黎某两个人的婚姻属于可撤销婚姻吗?

解析：廖某和黎某两个人的婚姻不属于可撤销婚姻。法院对采取欺骗手段与另一方结婚的，视不同情况给予不同认定：如果隐瞒了法律上禁止结婚和婚姻无效的情形，则依据《婚姻法》第十条的规定，判决婚姻无效，如果只隐瞒了家庭经济条件等信息，那么以有效婚姻论处。

（**资料来源**：https://www.sohu.com/a/331003235_120225085）

4. 夫妻间的权利义务

"包二奶"行为会受到法律制裁吗

一对夫妇结婚7年，婚姻关系一直很稳定。最近妻子发现丈夫与一未婚女子有不正常的男女关系，丈夫甚至将该女子包养起来。妻子对此非常生气，一怒之下报了警。

问题：丈夫包养情人的行为会受到法律制裁吗？

解析：不会。"包二奶"是指有配偶的男性通过提供金钱等物质利益，供养婚外异性并与之较为长期地保持两性关系的行为。"包二奶"不是一个法学概念，而是一个社会用词，因此，对其认定是十分复杂的，法律上对此也没有明确的规定。比较相近的规定是禁止重婚，否则以重婚罪论处。但"包二奶"与重婚不一样，重婚的构成要件是两次确实的婚姻关系存在，"包二奶"的认定要模糊得多。所以现阶段，我们只能对"包二奶"的行为在道德上进行谴责，无法在法律上予以制裁。

5. 离婚

婚姻自由既包括结婚自由也包括离婚自由，但反对轻率离婚。

离婚冷静期已过，不再申请视撤回

赖斌夫妻到婚姻登记机关申请离婚登记；工作人员告诉他们：需等待三十日离婚冷静期。三十日后该咋办呢？

解析：民法典第一千零七十七条：自婚姻登记机关收到离婚登记申请之日起三十日内，任何一方不愿意离婚的，可以向婚姻登记机关撤回离婚登记申请。前款规定期限届满后三十日内，双方应当亲自到婚姻登记机关申请发给离婚证；未申请的，视为撤回离婚登记申请。

三十日"离婚冷静期"后，赖斌夫妻可申请撤销离婚登记申请或申请离婚证；否则，视为撤回离婚登记申请，这有利于婚姻关系维护。

（**资料来源**：https://www.thepaper.cn/newsDetail_forward_11564111）

诉讼离婚要审慎，设立冷静一年期

程戴琳夫妻因琐事经常争吵，程戴琳诉讼离婚；法院判决不准离婚。程戴琳什么时候可再次诉讼离婚？

解析：民法典第一千零七十九条：……经人民法院判决不准离婚后，双方又分居满一年，一方再次提起离婚诉讼的，应当准予离婚。

俗称"诉讼离婚冷静期"，即判决不准离婚后；程戴琳夫妻又分居满一年，可再次诉讼离婚。

（**资料来源**：https://www.thepaper.cn/newsDetail_forward_11564111）

第八章 生活常用法律

人损获赔属专有，离婚不能享分割

石富贵因遭遇车祸，导致身体残疾，生活不能自理，遭到妻子嫌弃。妻子提出离婚，要求平均分割石富贵的残疾赔偿款。石富贵咋办呢？

解析：民法典第一千零六十三条 下列财产为夫妻一方的个人财产：（二）一方因受到人身损害获得的赔偿或者补偿；……。

石富贵因人身损害获得的赔偿款具有人身专属性，不属于夫妻共同财产，妻子离婚时不能主张分割。资料来源：百度文库

（资料来源：https://www.thepaper.cn/newsDetail_forward_11564111）

丈夫偷卖财产，妻子诉请保护

青良迷恋赌博恶习，经常偷卖夫妻共同财产。夫妻以泪洗面，但又不愿离婚。夫妻咋办呢？

解析：民法典第一千零六十六条：婚姻关系存续期间，有下列情形之一的，夫妻一方可以向人民法院请求分割共同财产：（一）一方有隐藏、转移、变卖、毁损、挥霍夫妻共同财产或者伪造夫妻共同债务等严重损害夫妻共同财产利益的行为……。

婚姻关系存续期间，任何一方均不能随意处置共同财产；本案中，妻子可诉请法院分割夫妻共同财产。

（资料来源：https://www.thepaper.cn/newsDetail_forward_11564111）

巨额负债未同认，超常借款自担责

邱查儿为使包养小三喜心，不惜巨额负债供奢侈。邱查儿与妻子离婚时，要求妻子共同承担婚姻关系存续期间120万元借款清偿。妻子该咋办呢？

解析：民法典第一千零六十四条：夫妻一方在婚姻关系存续期间以个人名义超出家庭日常生活需要所负的债务，不属于夫妻共同债务；……。

夫妻应当互相忠实，互相尊重，互相关爱；邱查儿120万元借款由其个人清偿，与妻子无关。

（资料来源：https://www.thepaper.cn/newsDetail_forward_11564111）

有下列情形之一，调解无效，应准予离婚：①实施家庭暴力或虐待、遗弃家庭成员的；②重婚或有配偶与他人同居的；③有赌博、吸毒等恶习屡教不改的；④因感情不合分居满两年的；⑤其他导致夫妻感情破裂的情形。

家庭暴力过错，少分财产应该

童董嫌弃妻子潘芬生女不生儿，非打即骂；潘芬忍无可忍，诉讼离婚，请求多分夫妻共同财产。潘芬请求能获得支持吗？

评析：民法典第一千零八十七条：离婚时，夫妻的共同财产由双方协议处理；协议不成的，由人民法院根据财产的具体情况，按照照顾子女、女方和无过错方权益的原则判决。

夫妻共同财产分配应当照顾子女、女方和无过错方，童董实施家庭暴力是过错方，应当少分；潘芬请求多分财产能获得支持。

（资料来源：https://www.thepaper.cn/newsDetail_forward_11564111）

227

十、民法典之继承编

《民法典》继承编新规

一、增加打印、录像两种新的遗嘱形式

《继承法》仅规定了公证、自书（亲笔书写的遗嘱）、代书、录音、口头五种设立遗嘱的形式。《民法典》与时俱进，有些老人不识字或者没法写字了，打印遗嘱和录像遗嘱能够为老人省去许多麻烦。

此外要注意，设立这两种遗嘱有严格的限定：

【中华人民共和国民法典】第一千一百三十六条 打印遗嘱应当有两个以上见证人在场见证。遗嘱人和见证人应当在遗嘱每一页签名，注明年、月、日。

【中华人民共和国民法典】第一千一百三十七条 以录音录像形式立的遗嘱，应当有两个以上见证人在场见证。遗嘱人和见证人应当在录音录像中记录其姓名或者肖像，以及年、月、日。

二、最后一份遗嘱效力最强

以往《继承法》规定当存在多份遗嘱的情况下，公证遗嘱的效力优先。但在《民法典》中删除了这项规定，立有数份遗嘱，内容相抵触的话，现在是以最后的遗嘱为准。

这主要考虑到，以往公证遗嘱的效力最强，老人如果想变更遗嘱内容，为保证效力，只能通过公证的方式变更。但谁也不知道明天和意外哪个先到来，紧急情况下想变更遗嘱是没办法公证的，那么之前公证的遗嘱就不能反映老人的真实意愿。这是《民法典》尊重个人意愿的表现。

三、扩大继承人的范围

法定继承是指在没有遗嘱或者其他协议的情况下，由法律规定继承顺序。这里所说的扩大继承人的范围，是指对法定继承范围的扩张。

《继承法》规定，第一顺位继承人有：配偶、父母、子女；第二顺位继承人有：兄弟姐妹、祖父母、外祖父母。一般来说，当老人去世后，由第一顺位继承人继承，如果没有第一顺位继承人，由第二顺位继承人继承。但是《民法典》规定，当没有第一第二顺位合法有效的继承人时，侄子、侄女、外甥、外甥女也有可能继承叔、伯、姑、舅、姨的遗产。

四、增加遗产管理人制度

《中华人民共和国民法典》

第一千一百四十五条【遗产管理人的选任】继承开始后，遗嘱执行人为遗产管理人；没有遗嘱执行人的，继承人应当及时推选遗产管理人；继承人未推选的，由继承人共同担任遗产管理人；没有继承人或者继承人均放弃继承的，由被继承人生前住所地的民政部门或者村民委员会担任遗产管理人。

具体来说，遗产管理人负责清点遗产、制作清单；向继承人报告遗产的状况；防止遗产毁损、灭失；处理死者生前的债权债务，即还债和要钱；按照遗嘱或者法律规定分割遗产等。安排专人打理遗产，能够更好地维护继承人的利益，减少继承纠纷。

五、新增丧失继承权的两种情形

【中华人民共和国继承法(2021年1月1日失效)】第七条 继承人有下列行为之一的,丧失继承权:

(一)故意杀害被继承人的;

(二)为争夺遗产而杀害其他继承人的;

(三)遗弃被继承人的,或者虐待被继承人情节严重的;

(四)伪造、篡改或者销毁遗嘱,情节严重的。

而《民法典》第一千一百二十五条,在第(四)款增加了"隐匿遗嘱"的行为,并且新增第(五)款,规定以欺诈胁迫手段,迫使或者妨碍被继承人设立、变更或撤回遗嘱,情节严重的,也会丧失继承权。

六、对继承人的"宽恕"制度

对继承人的"宽恕"制度,是最大程度尊重老人的意愿。根据继承编的规定,儿女对老人有过遗弃、虐待的行为,伪造、篡改遗嘱或者欺骗、胁迫老人设立遗嘱等行为,原本是会丧失继承权的。在现实生活中,经常有不孝顺的子女,为了老人的房产当面一套背后一套。但只要儿女确有悔改的表现,并且得到了老人的原谅,就不会丧失继承权。

(资料来源:https://www.sohu.com/na/440047713_120178192)

1. 法定继承

第一顺序:配偶、子女、父母。

第二顺序:兄弟姐妹、祖父母、外祖父母。

继承开始后,由第一顺序继承人继承,第二顺序继承人不继承。没有第一顺序继承人继承的,由第二顺序继承人继承。

同一顺序继承人继承遗产的份额,一般应当均等。

"二奶"的孩子有继承权吗

2000年12月的某一天,安然的丈夫小方在去上海出差的路上,出车祸死亡。小方是个生意人,除一笔赔偿金外,还留下了一笔可观的遗产,可就在安然处理丈夫后事时,有个女人带着孩子找上门来,声称孩子是小方和她的私生子,要求从小方的遗产里分割一份给孩子做抚养费。安然差点昏过去,一直以为自己是丈夫的最爱,没想到丈夫背着自己在外边"包二奶",而且还生了个孩子,如今,竟公然上门争遗产。安然怎么也想不通,这些财产都浸透了她和丈夫的心血,要分给"二奶"的孩子,她死也不肯。

问题:女人以私生子的名义告到法庭,法庭应该如何处理?

解析:非婚生子女享有与婚生子女同等的权利,任何人不得加以危害和歧视。非婚生子女的生父,应负担子女必要的生活费和教育费的部分或全部,直至子女能独立生活为止。

(资料来源:http://www.fabang.com/a/20190703/1095019.html)

2. 遗嘱继承

胎儿有继承权吗

李四夫妻共有存款5万元,李四有一母,儿子刚参加工作,女儿已读中学,李四突然死亡,在清理遗物中发现其亲笔书写、签名的一份遗嘱,并注明日期,其中写明,在其死后将

5000元留给女儿乙读书用。李四死时,其妻怀有身孕四个月。

问题:(1)遗嘱是否有效?

(2)5万元应如何继承?

解析:(1)遗嘱有效。

(2)5万元做如下分割:①5万元为李四夫妻共有财产,其中2.5万元归其妻所有,2.5万元为遗产。②2.5万元遗产中,0.5万元为遗嘱继承,归其女所有;另外2万元为法定继承。③法定继承人有其妻、母、儿子、女儿,同为第一顺序继承人。④同一顺序继承人,分配时原则上均等。⑤应为胎儿保留一份,待胎儿出生后最后确定此份遗产的去向:生时为活体的归胎儿继承;死体的由法定继承人分割;是活体而后死亡的,由他的法定继承人继承。

(**资料来源:**https://wenku.baidu.com/view/53ce820a844769eae009ed21.html)

遗嘱继承和法定继承哪个优先

李某一生艰苦奋斗,创办了一家全国知名的大型企业。李某立下遗嘱,自己死后,名下使用的资产全部捐献给希望小学。遗嘱中没有提到给其在美国工作的子女保留遗产的条款。

问题:李某死后,其子女可以要求继承遗产吗?

解析:不能。《继承法》规定,继承开始后,如果有遗嘱,按遗嘱规定的继承,即使遗嘱没有给法定继承人留下遗产,仍然是有效的遗嘱,即遗嘱可以排除法定继承人的继承权,但《继承法》同时规定,遗嘱应当对缺乏劳动能力又没有生活来源的继承人保留必要的遗产份额。本案中,李某的子女在美国工作,不属于没有劳动能力又无生活来源的人。因此,遗嘱有效,李某的子女不能要求继承遗产。

(**资料来源:**http://www.sdchongjie.com/index.php?m=content&c=index&a=show&catid=135&id=189)

3. 遗赠扶养协议

附条件的遗赠

胡平与自幼残疾的儿子胡波相依为命,共同生活。为了在自己死后,胡波有人照顾,胡平立下遗嘱:把自己财产中的3间房屋和4万元存款在自己死后赠给邻居陈强,但陈强必须照顾胡波的生活。胡平在遗嘱中指定居委会主任作为遗嘱执行人。2000年2月,胡平去世后,陈强没有照顾胡波的生活,却提出要胡平的遗产,遭居委会主任拒绝,于是向法院起诉,请求居委会主任履行交付胡平的遗产。

问题:(1)胡平对陈强的遗赠属什么性质的遗赠?

(2)法院应做何判决?

解析:(1)胡平在遗嘱中对遗赠财产给陈强附有一定的义务,即陈强必须照顾胡波的生活。此种遗赠是附义务的遗赠或叫附条件的遗赠。

(2)我国《继承法》第二十一条规定:"遗嘱继承或者遗赠附有义务的,继承人或受赠人应当履行义务。没有正当理由不履行义务的,经有关单位或者个人请求,人民法院可以取消他接受遗产的权利。"根据该规定,陈强没有履行照顾胡波生活的义务,法院应判决驳回陈强的诉讼请求,取消陈强接受遗产的权利。

（资料来源：https://wenku.baidu.com/view/7ecdc7b6773231126edb6f1aff00bed5b9f37390.html）

推荐阅读

1. 黎建飞. 劳动合同法热点、难点、疑点问题全解. 北京：中国法制出版社，2007.
2. 林嘉. 劳动合同法热点问题讲座. 北京：中国法制出版社，2007.
3. 李银河，马忆南. 婚姻法修改论争. 北京：光明日报出版社，1999.
4. 王洪. 婚姻家庭法热点问题研究. 重庆：重庆大学出版社，2000.
5. 姜颖. 劳动争议调解仲裁法专题讲座：原理－制度－案例. 北京：中国法制出版社，2008.

学习笔记

授课时间		授课教师	
授课主题			
学习反思			

第八章 生活常用法律

> 自我测评

一、单选题

1. 中华人民共和国第一部婚姻法的施行日期是（　　）。
   A. 1951年1月1日　　　　　　　　B. 1950年4月13日
   C. 1950年5月1日　　　　　　　　D. 1950年3月8日

2. 下列行为中哪一种属于遗弃行为（　　）。
   A. 经常打骂妻子　　　　　　　　B. 限制子女人身自由
   C. 不送适龄子女上学接受义务教育　　D. 夫或妻不履行扶养对方的义务

3. 下列各种亲属关系中属于直系拟制血亲的有（　　）。
   A. 外祖父母与外孙子女　　　　　B. 养父母与养子女
   C. 祖父母与孙子女　　　　　　　D. 继父母与未受其抚养教育的继子女

4. 按照我国法定夫妻财产制，下列财产中属于夫妻个人财产是（　　）。
   A. 婚后一方接受亲友馈赠的财物
   B. 一在婚前接受继承而于婚后实际取得的财产
   C. 夫妻分居两地分别管理、使用的婚后所得财产
   D. 婚后一方所得的奖金

5. 按照有关的司法解释，配偶一方下落不明达到一定时间，对方起诉离婚经公告查找确无下落的可以视为感情确已破裂准予离婚。这个时间为（　　）。
   A. 一年　　　B. 二年　　　C. 三年　　　D. 四年

6. 离婚后子女抚育费的给付期限为（　　）。
   A. 一般至子女18周岁为止　　　　B. 一律至子女18周岁为止
   C. 一般至子女结婚成家时为止　　D. 一律至子女结婚成家时为止

7. 中华人民共和国公民和外国人离婚适用（　　）。
   A. 原告的本国法或住所地法律　　B. 婚姻缔结地法律
   C. 受理案件的法院所在地法律　　D. 被告的本国法或住所地法律

8. 未成年子女对国家、集体或他人造成损害时父母应承担（　　）。
   A. 行政责任　　B. 刑事责任　　C. 民事责任　　D. 一切责任

9. 甲男22周岁为达到与乙女19周岁结婚的目的，故意隐瞒乙的真实年龄办理了结婚登记。两年后因双方经常吵架，乙以办理结婚登记时未达到法定婚龄为由向法院起诉请求宣告婚姻无效。人民法院应如何处理（　　）。
   A. 以办理结婚登记时未达到法定婚龄为由宣告婚姻无效
   B. 对乙的请求不予支持
   C. 宣告婚姻无效确认为非法同居关系并予以解除
   D. 认定为可撤销婚姻乙可行使撤销权

10. "夫妻双方都有参加生产、工作、学习和社会生活的自由一方不得对他方加以限制和干涉。"这一规定体现了我国婚姻法的（　　）。

A. 婚姻自由原则

B. 男女平等原则

C. 保护妇女、儿童忽然老人合法权益原则

D. 一夫一妻原则

11. 下列权利主体适用于《劳动法》的有(　　)。

    A. 国家机关公务员　　　　　　　B. 大型企业国务院稽查特派员

    C. 计算机公司硬件组装员　　　　D. 家庭保姆

12. 劳动法律关系主体,一方是劳动者,另一方是(　　)。

    A. 用人单位　　　B. 事业单位　　　C. 企业　　　D. 团体

13. 劳动合同的下列条款中,不属于劳动法规定的必备条款的是(　　)。

    A. 劳动报酬　　　　　　　　　　B. 劳动保护和劳动条件

    C. 劳动合同期限　　　　　　　　D. 试用期条款

14. 根据《劳动合同法》规定,试用期最长不得超过(　　)。

    A. 3 个月　　　B. 6 个月　　　C. 12 个月　　　D. 24 个月

15. 未缴交医疗保险费期间员工发生的医疗费用由(　　)支付。

    A. 基本医疗保险基金　　　　　　B. 地方补充医疗保险基金

    C. 用人单位　　　　　　　　　　D. 本人

16. 基本医疗保险缴费中涉及的单位职工年工资总额是指单位在一个年度内直接支付给本单位全部职工的(　　)。

    A. 计时工资总额　　B. 计件工资总额　　C. 基本工资总额　　D. 劳动报酬总额

17. 《工伤保险条例》规定申请工伤认定的时效为(　　)。

    A. 15 天　　　B. 一年　　　C. 3 个月　　　D. 二年

18. 参加工伤保险由(　　)。

    A. 单位缴费,职工个人不缴费　　B. 职工缴费

    C. 单位和职工共同缴费　　　　　D. 国家财政负责缴纳

19. 劳动者达到法定退休年龄,开始依法享受基本养老保险待遇,劳动合同(　　)。

    A. 解除　　　B. 终止　　　C. 撤销　　　D. 消亡

20. 用人单位安排劳动者延长工作时间的,支付不低于工资的(　　)的工资报酬;休息日安排劳动者工作又不能安排补休的,支付不低于工资的(　　)的工资报酬;法定休假日安排劳动者工作的,支付不低于工资的(　　)的工资报酬。(　　)

    A. 100%　150%　300%　　　　　B. 100%　200%　300%

    C. 150%　200%　300%　　　　　D. 200%　150%　300%

二、多选题

1. 有下列情形之一的为夫妻一方的财产(　　)。

    A. 一方的婚前财产

    B. 一方因身体受到伤害获得的医疗费、残疾人生活补助费等费用

    C. 遗嘱或赠予合同中确定只归夫或妻方的财产

D. 一方专用的生活用品

2. 具有下列哪种情形男方不得提出离婚(　　)。
   A. 女方在怀孕期间　　　　　　　　B. 女方分娩后一年内
   C. 女方终止妊娠后六个月内　　　　D. 女方怀孕是因与他人通奸所致

3. 有下列情形之调解无效的应准予离婚(　　)。
   A. 甲经常暴力打老婆
   B. 乙在外面长期与一男子同居乙的丈夫人民法院提出了离婚要求
   C. 丙吸毒恶习屡教不改妻子提出了离婚请求
   D. 丁与妻子因感情不和从2000年分居到2004年的双方都提出了离婚的诉讼请求

4. 有下列情形之一导致离婚的无过错方有权请求损害赔偿(　　)。
   A. 重婚的　　　　　　　　　　　　B. 有配偶者与他人同居的
   C. 实施家庭暴力的　　　　　　　　D. 虐待、遗弃家庭成员的

5. 可以招用未满16周岁的少年儿童的用人单位包括(　　)。
   A. 文艺单位　　　　　　　　　　　B. 体育单位
   C. 特种工艺单位　　　　　　　　　D. 兵工厂

6. 《劳动法》规定,有下列情形之一的,用人单位可以解除劳动合同(　　)。
   A. 被依法追究刑事责任的
   B. 在试用期间被证明不符合录用条件的
   C. 严重违反劳动纪律或用人单位规章制度的
   D. 严重失职,对用人单位利益造成重大损害的

7. 根据我国劳动法的规定,具有下列情形之一的,企业延长职工工作时间不受限制,具体是(　　)。
   A. 企业为了完成紧急生产经营需要,经与职工协商同意
   B. 发生重大事故,威胁劳动者生命健康,需紧急处理的
   C. 交通运输发生故障,必须及时抢修的
   D. 发生地震,需紧急救援的

8. 下列情形中,视同工伤的有(　　)。
   A. 在工作时间和工作岗位,突发疾病死亡
   B. 自残或自杀的
   C. 患职业病的
   D. 在抢险救灾等维护国家利益、公共利益活动中受到伤害的

9. 用人单位有下列情形之一的(　　),劳动者可以解除劳动合同。
   A. 未按照劳动合同约定提供劳动保护或者劳动条件的
   B. 未及时足额支付劳动报酬的
   C. 严重违反用人单位的规章制度的
   D. 未依法为劳动者缴纳社会保险费的

10. 在最低工资的计算过程中,不得作为职工的最低工资进行计算的收入有(　　)。

A. 职工按照工作数量或劳动进度获得的工资

B. 职工的奖金

C. 加班加点工资

D. 特殊工作环境、条件下的津贴

三、简答题

1. 简述夫妻个人特有财产的范围。

2. 简述劳动合同的必备条款包括哪些内容。

3. 简述不作为最低工资的部分。

4. 简述离婚损害赔偿的构成要件。

5. 简述应当订立无固定期限劳动合同的情形。

四、案例分析题

1. 张某2008年2月年应聘至某报社，双方达成口头协议，约定张某在某报社从事兼职校对员工作，每天下午到报社工作4小时，每周工作五天，报社对张某进行考勤管理。张某在报社的劳动待遇与校对量挂钩，与该报社全日制职工的待遇不同。2012年10月15日，报社以张某在从事校对工作时出现重大差错、严重违反单位规章制度为由，做出了"取消张某临时校对资格"的处理决定，并于当日口头对张某予以辞退。张某向劳动仲裁委员会申请仲裁，请求确认张某与某报社之间的劳动关系，要求与报社签订并继续履行劳动合同。报社认为，其与张某之间不存在劳动关系，张某基于劳动关系的请求没有法律依据。

请回答：(1)张某与某报社之间是否存在劳动关系？为什么？如果是劳动关系，是全日制还是非全日制劳动用工关系？为什么？

(2)张某的仲裁请求能否得到支持？为什么？

2. 李志刚与吴淑华于2001年1月登记结婚，双方均系老年人再婚，婚后二人居住在李志刚2000年12月购买的商品房内。2001年10月李志刚的儿子因病去世，留有遗嘱，指定将N市"丁香园"内住房一套留给父亲。该房价值人民币20万元。婚后李志刚劝吴淑华辞去工作安度晚年，吴淑华考虑到自己身体不太好，遂辞去工作。李志刚每天早出晚归，忙于做生意，吴淑华认为李志刚对自己漠不关心，加之其定居国外的女儿请她前去同住，遂于2003年9月向法院起诉离婚。她诉称双方婚前缺乏了解，婚后感情不稳定，现感情已破裂，要求离婚并依法分割夫妻共同财产。她认为其与李志刚婚后共同居住的房屋和"丁香园"的住房的均为夫妻共同财产；她还提出要求李志刚给予2万元的经济帮助，因为是李志刚劝其辞去工作，致使其没有生活来源。李志刚同意离婚，但不愿给予经济帮助。在离婚诉讼期间，吴淑华的父亲去世，留有价值10万元的古画一幅，但未留下遗嘱，吴淑华是唯一的法定继承人。

根据本案案情回答下列问题，并简述理由：

(1)二人婚后共同居住的房屋能否作为共同财产分割？

(2)"丁香园"内的住宅能否作为共同财产分割？

(3)吴淑华继承的古画是吴的个人财产还是夫妻共同财产？

(4)对吴淑华提出的要李志刚予以经济帮助的请求，人民法院是否应予支持？

附录

社会实践专题

专题设计概述

在思政课教学中,我们应当坚持学以致用,理论联系实际,强化实践教学,建设与课堂教学相互促进的思想政治理论课第二课堂教学体系,要着力培育学生理论骨干和理论社团,着力提高校园文化建设的理论品质,着力整合资源强化实践教学,同时还要注重总结实践教学成果,把优秀调研报告等作为课堂教学的补充材料。这样才能让学生在实践中更好地了解社会、融入社会,增强他们的社会责任和担当意识。

思维导图

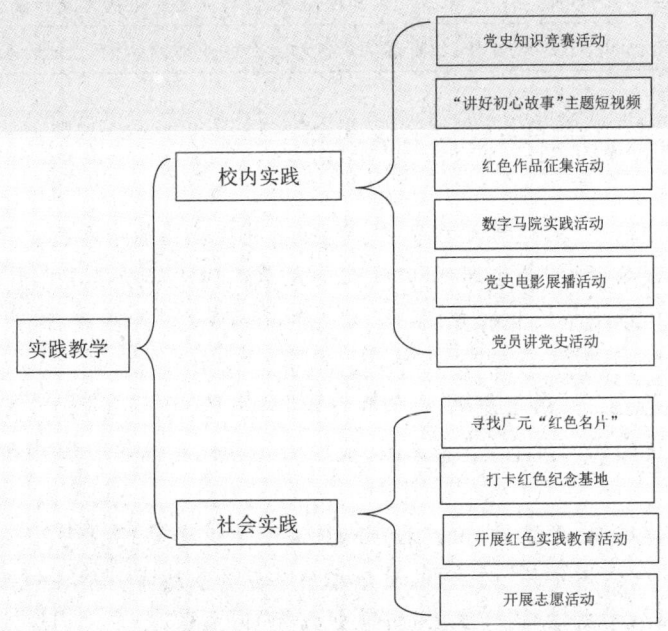

平语近人

要学习掌握认识和实践辩证关系的原理,要根据时代变化和实践发展,不断深化认识,不断总结经验,不断实现理论创新和实践创新良性互动。

——习近平总书记在中共中央政治局第二十次集体学习时强调指出

不论学习还是工作,都要面向实际、深入实践,实践出真知;都要严谨务实,一分耕耘一分收获,苦干实干。广大青年要努力成为有理想、有学问、有才干的实干家,在新时代干出一番事业。我在长期工作中最深切的体会就是:社会主义是干出来的。

——2018年5月2日,习总书记在北京大学师生座谈会上的讲话

课时安排 8课时

序号	题目	课型	课时分配
1	校内实践	实践	4课时
2	社会实践	实践	4课时

教学目标

知识目标	通过社会实践,使学生了熟悉和理解教材理论知识
能力目标	学生能熟悉掌握调研报告的基本写法
情感目标	提升爱党爱国爱人民的强烈情感

教学重难点

重点	教会学生如何在实践中把握和认知理论知识,提高思想道德素质和法律素质
难点	如何把初心、使命、责任、担当落实到行动上,做一个对社会有贡献的人

调研选题

1. 以"共享爱的阳光,托起明天的希望"为主题,赴广元正德中学关爱青少年健康成长
2. 以"帮残助残献爱心"为主题,赴广元社会儿童福利院帮助残疾儿童
3. 以"弘扬和传承中华民族敬老、养老、爱老的传统美德"为主题,赴广元各个养老院关爱老人
4. 以"建设绿色、生态、康养广元,我们在行动"为主题,赴南山湿地公园美化环境
5. 以"争做传统文化的传承者"为主题,赴广元具有代表性的全国重点文物单位感受传统文化
6. 以"坚守法律底线"为主题,赴广元市人民法院旁听庭审,亲身感受法律的威严
7. 以"珍爱生命,远离毒品"为主题,赴广元禁毒教育基地学习禁毒知识
8. 以"学史明理,学史增信,学史崇德,学史力行"为主题,赴广元周边红色文化教育基地探寻红军精神

教学资源

一、调研报告的基本格式

社会实践教学调研报告格式要求

一、封面格式要求
　　（见后附页。）
二、正文格式要求
　　（一）标题
　　论文题目（居中，黑体小二号）
　　（二）摘要
摘要：摘要应反映论文的主要内容，概括地阐述实践活动中得到的基本观点、实践方法、取得的成果和结论。摘要字数要适当，中文摘要一般以 200 字左右为宜，英文摘要一般至少要有 100 个实词。摘要包括：

1. "摘要"字样（小四楷体）；

2. 摘要正文（200 字左右，小四宋体）；

3. 关键词（3～5 个，黑体 5 号）；

（三）正文内容（宋体小 4 号）

1. 首先简要说明调查目的、调查对象、调查方法等基本情况，然后再写正文内容。

2. 正文是实践论文（报告）的核心内容，是对实践活动中得到的结论和观点的详细叙述。注意要做到论述充分，有理有据。

3. 各级标题格式：

一级标题：空两格，三号黑体，一、二、三、

二级标题：空两格，小三黑体，（一）（二）（三）

三级标题：空两格，四号黑体，1. 2. 3.

四级标题：空两格，小四宋体，（1）（2）（3）

正文内容均为小四宋体

（四）结束语

结束语包含对整个实践活动进行归纳和综合而得到的收获和感悟，也可以包括实践过程中发现的问题，并提出相应的解决办法。

（五）谢辞

谢辞通常以简短的文字对在实践过程与论文撰写过程中直接给予帮助的指导教师、答疑教师和其他人员表示谢意。

（六）参考文献

注意：文中引文序号应和文后参考文献序号一致。

各类参考文献条目的编写格式及示例如下:

(1)专著、论文集

[序号]著者.书名[文献类型标识].出版地:出版者,出版年.起止页码(任选).

[1]马克思恩格斯全集:第23卷[M].北京:人民出版社,1972:698.

(2)期刊文章

[序号]著者.题名[J].刊名.年,卷(期):起止页码.

[3]张楚廷.教学要素层次论[J].教育研究,2000,(6):65-69.

(3)报纸文章

[序号]著者.题名[N].报纸名,出版日期(版次).

[5]谢希德.创造学习的新思路[N].人民日报,1998-12-25(10).

注:专著为[M],报纸为[N],期刊文章为[J],论文集为[C],学位论文为[D],报告为[R]

(七)小组成员、指导老师

为统一格式,方便装订成册,注明"组长和小组成员"(包括姓名、学号和指导老师。(与封面相同)(后附社会调查报告格式范文)

二、调研报告的范文

(一)封面

网络对大学生影响程度的调查报告

(黑体小二,居中)

班　　级:20级数控技术(宋体四号)

组　　长:×××

组　　员:×××

　　　　　×××

　　　　　×××

　　　　　×××

指导老师:×××

实践时间：××××年××月××日—××月××日

(二) 正文

网络对大学生影响程度的调查报告
（黑体小二，居中）

摘要：随着信息技术的发展和完善，网络时代已经正在以前所未有的速度在我国迅速普及来临。"网络文化"已经成为大学校园中的一种新的文化现象。本论文从加强和改进大学生思想政治教育的紧迫性出发，重点分析了网络对大学生成长的正、负面影响。在揭露网害的基础上，对思想政治教育工作的困难问题，提出预防性的对策，特别是面对日益严峻的网络危害，应尽快使网络成为大学生寻找新的求知空间、开辟新的信息渠道和掌握高新技术服务的有益工具。为提升大学生思想道德文化素质、营造和谐的社会公德氛围起到积极作用。（宋体五号）

关键词：大学生思想政治教育网络影响（楷体小四）

调查目的（楷体小四）

网络对当代大学生的影响程度、影响方面及对策。（楷体小四）

调查对象（楷体小四）

××××学院在校大学生。

调查方法（楷体小四）

问卷调查、实地访谈等方法。

本论文通过对大学生进行抽样调查的方法来分析并总结网络对大学生的影响，结果显示部分人的时间都浪费在网络上，女生占50%，男生占50%；从年级来看：大一占60%，大二占20%，大三占15%，大四占5%。

一、网络对大学生的正面影响

调查显示，网络对大学生的正面影响有以下几方面：

(一) 开凿信息渠道，广纳百川营养

根据调查情况：对于问卷调查中的第5题有80%的学生认为网络可以广开学生的信息渠道，获得营养。计算机网络的逐步普及，使得大学生能够从各种网络上获得千变万化的时代信息和人文科技知识。

(二) 开拓知识视野，有所创造

调查结果表明：对于问卷中的第7、14题有88.5%的学生认为网络确实开拓了人们的视野。网络是知识和信息的载体，它作为一个全新的事物进入我国，引发了创造性极强的大学生群体的极大好奇。

(三) 友情互动，共同提高

网络最突出的优点是它的交互性（在问卷中的第5、9题有75%的学生都是这样认为的），网络既是信息的载体，又是媒体中介，实现了人与人之间交流的通畅。花样繁多的论坛、聊天室、虚拟社区、情感驿站等使广大学子网民可以直抒胸臆，发表自己的见解和看法，并充分表达和表现自我,结交各种朋友,相互介绍经验,共同进步。

二、网络对大学生的负面影响

世间的事物都有双面性,"祸福相随,利弊相生"就是事物的本质特点,网络当然也不例外。网络就像一条巨龙,它既带来雨水的润泽津润,又带来了暴风的肆虐,既撒下了文明又囊括来了文化垃圾。

(一)冲击了现存的道德规范

网络为道德相对主义提供了温床,为许多不道德的行为提供了新的场所,网络的使用冲击了现存的道德规范。

(二)影响学业

根据调查显示:针对问卷中的第2、4、7题有91.5%的大学生认为网络影响了学业,其原因总结为,大学生自由支配的时间较多,一些大学生平时下午和晚上经常上网聊天或玩游戏,真正在网上学习的寥寥无几。

(三)影响心理健康

不难发现在问卷中的13、15题中有42.2%的大学生认为网络在一定程度上会影响大学生的心理健康,因为大学生正处在身心发育阶段,一些学生网上游戏或聊天时间过长,星期五、星期六更是如此,学生因上网而不按时就餐。导致这些学生身心疲惫、神经生物钟混乱,精力和体力的透支,睡眠质量下降,食欲不振,这对大学生的身心健康极为有害。

三、分析与对策

调查组认为,针对网络存在的问题,应具体分析原因,并采取以下不同的应对策略。

(一)对沉溺网络游戏者的原因探析

为什么这么多的大学生在网游上成为了迷途的羔羊,为什么不断地还有人奋勇直前,为什么惩罚和约束会失效,如此种种皆有其因:

1. 网络游戏本身的魅力

2. 学生自己的原因

(1)内在控制力差

(2)没有对大学生活进行系统的规划,缺乏人生目标和理想追求

3. 学校的原因

(1)学校的管理和引导疏忽

(2)教师的教学水平良莠不齐

(3)课程设置与市场脱节

在对网络游戏进行客观审视,全面的评判,辩证的分析之后,我们可以知道它并不是主流观点所鼓吹的那样夸张,那样可怕,就算它是毒品,我们也可以很好驾驭,将其变为一种良药,鸦片本身是被作为一种药引进来,然而由于人们过度地使用,便成为了一个毁灭人的毒物。

(二)大学生网络问题的应对策略

1. 从大学生自身这个主体入手,找出症结所在

(1)开展信息素养教育,提高自控能力和信息辨别能力万事都有一个度,大学生玩网游亦然。

(2)通过认知行为疗法,来防治玩网游成瘾,制定个人目标和规范日常生活。

(3)加强大学生个人素养教育,提高思想防范能力。

2.大学生应志存高远,奋斗不息

理想和信念是人生的精神支柱。有相当一部分大学生进入大学以后,人生的目标恍惚,特别是没有崇高的人生理想,所以对许多现实的东西不感兴趣,精神空虚,缺乏人生追求。大学生应志存高远,奋斗不息,努力创造辉煌的人生,对社会多做贡献。有了这样人生追求的大学生,自然就没有那么多网络问题了。

3.高校领导要提高认识,发挥心理咨询室作用,大力加强网络管理

高校是培养人才的摇篮,"大学生是健康的一代,是朝气蓬勃的一代"。既然大学生网络问题普遍而严峻,高校领导应提高对大学生网络问题的正确认识,以高度负责的态度切实加强对大学生使用网络的管理,研究有效的管理运行机制。

四、结束语

古往今来,我们的道德教育逐渐拓展为思想政治教育,为社会主义事业服务,并随着社会的发展,尤其是网络信息化时代的到来,网络的日益普及,思想政治教育的手段逐渐开辟出一条新途径。然而,网络就像阴阳之分一样,从出现之初就是矛盾的产物,一方面,网络为教育开辟了一个新的环境,为大学生提供了新的信息渠道,拓宽了新的求知空间,极大地推动着教育事业的改革与发展,但另一方面,网络对思想政治教育对象的影响也是多方面的,网络游戏、网络色情、网络暴力、网恋等充斥了大学生平静而纯洁的生活,大学生沉溺于虚拟世界,痴迷忘返,无法自拔,网络毒瘾贻害一代,负面影响很大。这就增加了思想政治教育工作的难度,对高校的思想政治教育工作提出了新的挑战。

五、谢辞

衷心感谢小组各成员的辛勤付出,以及各网站及书籍资料的支持,以及被调查人员的大力配合。

六、参考文献

[1]马克思恩格斯全集(第23卷)[M].北京:人民出版社,1972.

[2]何光.当代中国的劳动力管理.北京:中国社会科学院出版社,1990.

[3]毛泽东文集(第六卷)[M].北京:人民出版社,1999.

[4]陈少辉.国有企业劳动就业体制研究[M].北京:中国经济出版社,1998.

[5]毛泽东文集(第七卷)[M].北京:人民出版社,1999.

[6]毛泽东选集(第3卷).北京:人民出版社,1991.

七、网络对大学生影响的调查问卷(宋体5号)

1.你的性别

A.男　　　　　B.女

2.请问你经常上网吗?

A.经常　　　　B.不经常

3.你最早接触网络的时间?

A.小学　　　　B.初中　　　　C.高中　　　　D.大学

4. 你每天平均上网的时间?

　A. 半小时以内　　　　　　　　B. 半小时至一小时

　C. 一小时至两小时　　　　　　D. 两小时以上

5. 你上网花时间较多的几项?（多选）

　A. 网游戏　　　　　　　　　　B. 使用聊天工具,比如QQ、微信等

　C. 看电影、小说　　　　　　　D. 网上购物拍卖

　E. 浏览各类新闻信息　　　　　F. 查阅资料

　G. 下载各种资源　　　　　　　H. 专业课用

　I. 其他

6. 每次上网在QQ、微信等聊天软件上的时间?

　A. 不到半小时　　　　　　　　B. 1小时

　C. 1—2小时　　　　　　　　　D. 2小时以上

7. 每次上网玩游戏的时间?

　A. 不到半小时　　　　　　　　B. 1小时

　C. 1—2小时　　　　　　　　　D. 2小时以上

8. 每次上网用来学习的时间?

　A. 不到半小时　　　　　　　　B. 1小时

　C. 1—2小时　　　　　　　　　D. 2小时以上

9. 通过网络和别人交流吗?

　A. 经常　　　　B. 偶尔　　　　C. 不经常　　　D. 很少

10. 平时上网途径?

　A. 用自己的笔记本电脑　　　　B. 去网吧

　C. 学校的电子阅览室　　　　　D. 手机

11. 平时上网都利用什么时间?

　A. 上课时间　　　　　　　　　B. 空余时间

　C. 晚上睡觉时间　　　　　　　D. 减少其他娱乐活动

12. 你觉得在网上比在现实生活中更快乐吗?

　A. 是　　　　　　B. 否

八、小组成员、指导老师

附:小组成员名单

组长:×××

电话:

组员:×××

　　　×××

　　　×××

　　　×××（宋体小4）

　　（空3行）

指导老师：×××（宋体小4）

（资料来源：https://wenku.baidu.com/view/7b9de2a67f21af45b307e87101f69e314232faf8.html）

三、实践教学形式

（一）校内实践

1. 党史测试活动：举办党史知识测试竞赛，深入学习党史，加强对党的热爱。
2. "讲好初心故事"主题短视频：组织学生在家乡或者在学校所在地，用镜头忠实记录普通共产党员平凡人生的信仰之美，传递榜样力量，用一个个鲜活的共产党形象引领新时代的主流精神和价值取向。
3. "传承红色文化，讲好中国故事"红色作品征集活动：围绕"百年辉煌""百年奋斗""百年沧桑""百年梦圆"主题，征集书画类、摄影类作品，通过该征集活动，激发大学生们自主创作"红色"作品，使大学生进一步坚定中国共产党的领导。
4. 数字马院实践活动：在校内数字马院，通过两款VR游戏，"血战剑门关和大国工匠"让学生身临其境的感受红军精神和工匠精神。
5. 党史电影展播活动：聚焦初心使命，讲好党的故事，以影视作品为载体，从不同角度展示中国共产党百年光辉历程，学生在观看完之后写出心得体会。
6. 党员讲党史活动：邀请老党员或者学生党员，讲述他们身边的或者历史上的党史小故事，继承先辈初心使命。

（二）社会实践

1. 寻找广元"红色名片"，点亮广元"红色地图"：选部分优秀学生代表一起寻找广元地区"红色名片"，拼起"红色地图"，通过该活动，有利于引导学生树立正确的革命道德观。
2. 打卡红色纪念基地：在疫情防控条件允许的情况下，利用暑假时间到家乡附近的红色纪念基地打卡，品味红色文化。
3. 开展红色实践教育活动：以班为单位，到马院指定的思政课实践教学基地中开展课外实践活动。
4. 开展志愿活动：以班为单位，在校外社区进行环境卫生清洁活动，或者在校外实践基地开展与留守儿童做游戏的互动活动。

> **推荐阅读**

1. 陈曦. 大学生社会实践教程. 北京：机械工程出版社，2006.
2. 石新明. 大学生素质拓展指导手册. 北京：冶金工业出版社，2006.
3. 张建. 应用写作. 北京：高等教育出版社，2008.
4. 石新明. 大学生素质拓展计划理论与实践. 北京：中国青年出版社. 2009.
5. 陈曦. 大学生志愿服务. 北京：冶金工业出版社，2009.
6. 胡树祥，吴满意，等. 大学生社会实践教育理论与方法. 北京：人民出版社. 2010.

学习笔记及实践考核

大学生社会实践活动
写实记录及考核登记表

姓　名:＿＿＿＿＿＿＿＿＿＿　学　号:＿＿＿＿＿＿＿＿

学　院:＿＿＿＿＿＿＿＿＿＿＿＿＿＿＿＿＿＿＿＿

专　业:＿＿＿＿＿＿＿＿＿＿＿＿＿＿＿＿＿＿＿＿

年　级:□一年级　□二年级　□三年级　□其他＿＿＿＿

所在团支部:＿＿＿＿＿＿＿＿＿＿＿＿＿＿＿＿＿＿

填表须知

一、本表用于写实记录和登记考核我校学生的社会实践经历,是《思想道德修养与法律基础》必修课社会实践环节的考试试卷及评分依据。

二、本表每学年开学后第四周,由学校统一下发,平时由学生自己保存。每学年开学后第一周收回上一学年所发表格,并收取社会实践报告及辅助性证明材料。

三、表1主要记录学生参加社会实践活动的概况,表2主要记录学生参加社会实践活动的过程,由学生本人本着写实性、集中性、实时性的原则填写。

四、表3主要填写学生在某一时间段集中性开展某一类社会实践活动的总结及成绩成果,由学生本人填写,以及实践接收单位或个人对学生的评价意见,由实践接收单位负责人或实践接收个人签署,参加家庭角色体验类实践活动的由家长签署,并注明接收单位(个人)或家长的具体联系方式(固定电话及通讯地址),参加团队活动的学生还必须由团队指导教师签署评价意见。参加非家庭角色体验类实践活动的评价意见不得由家长签署,学生提供的联系方式不完整、不准确、不真实的视为弄虚作假。

五、如果实践活动无固定的接收单位或个人,则"接收单位(个人)信息及评价意见"栏可由辅导员代替填写,但学生必须同时提供实践过程照片、录音、录像、实物等相关辅助性材料,无法提供的辅导员填写的信息无效。

六、表格所有内容须如实填写,所附材料须真实可信,对在社会实践活动考核工作中弄虚作假者,当年社会实践活动考核定为不合格,按考试作弊处理。

(一)活动概况

活动名称	
参与形式	(　)个人分散活动　　　(　)参加团队活动,分工:
活动类别	□家庭角色体验　□社会角色体验　□专业素质拓展　□其它
活动主题	
活动时间	年　月　日——年　月　日
活动计划	
活动地点、区域或路线	

（二）活动日志

活动地点 （区域或路线）	
活动时间	年　　月　　日　　时——　　时
活动记录 ［详细描述活动内容、体验、收获与感悟，不少于600字；参加团队活动时，证明人必须为团队指导教师，个人分散活动时，证明人必须为接收个人或接收单位负责人］	 个人签名：　　　　证明人签名：

附 录
社会实践专题

（三）活动总结

活动总结 与成绩成果				
接收个人 （单位）信息及 评价意见	单位名称或 个人姓名			
	通讯地址			
	固定电话		邮政编码	
	评价意见	接收个人或接收单位负责人签名（单位盖章）： 　　　　　　　　　　　　　　　年　　月　　日		
指导教师信息及评价意见（个人分散活动的不需填写）	姓　名		固定电话	
	EMAIL			
	评价意见	签　名： 　　　　　年　　月　　日		

　　致学生社会实践接收个人(单位)：学生"社会实践经历"是四川信息职业技术学院人才培养模式之一，是《思想道德修养与法律基础》必修课的社会实践环节，请本着诚信的原则如实填写有关意见，并期待您对我们的工作提出宝贵建议。

其他类次社会实践活动概况、活动日志及活动总结材料
社会实践报告及辅助性证明材料
粘　贴　处

249